王安石传

国学大师梁启超权威解读

梁启超 著
解玺璋 译写

湖南人民出版社 博集天卷 CS-BOOKY

梁启超为何要写《王安石传》（代序）

解玺璋

1908年，梁启超特别忙。这一年，他36岁，距离戊戌变法失败的1898年，恰好过去了整整十年。

此前的1906年9月，清政府迫于形势下诏宣示预备立宪。尽管只是"预备"，何时真正实行还遥遥无期，但这个消息已经使避居海外多年的梁启超异常欣喜，以为"政治革命问题可告一段落"，今后的任务就是对宪政进行"学理"的研究，宣传和阐释立宪的主张和理论，并适时地监督和参与政府有秩序的变革。这时，他与革命党人的论战还在如火如荼地进行。这一年的11月，他主动通过友人徐佛苏向革命党人表达了停战求和的意向，以便抽身转投于立宪运动。在他看来，目前最急迫的是要建立一个强有力的政党，此事的重要性远远超过了与革命党打嘴仗。但革命党却不想放过他，他们拒绝了梁启超的建议，迫使他将论战继续下去。不过，1907年7月，《新民丛报》因故停刊，给了梁启超撤出战斗的机会。于是，他乘机单方面停火，开始将精力全部转移到联络同志、组建政党这件紧急的事上。当年 10 月，政闻社在日本成立，这是梁启超政党实践的第一步，表面上是由马相伯、徐佛苏、麦孟华负责，但实际上却是梁启超主政。

由于马相伯的努力，政闻社本部于 1908 年 2 月迁往上海。此时，远居海外的梁启超只能遥控指挥。他的武器就是手中的笔，他在政闻社的机关刊物《政论》上发表了大量文章，宣传政闻社的宗旨，普及宪政知识，“劝告”清政府从速颁布宪法，从速立宪。同时，他还通过大量信函对立宪运动进行具体的指导。徐佛苏后来在回忆这段经历时曾说，那时梁启超指导余进行之手札，“约计每三日必有一通”（1909 年之事——编注）。经过政闻社成员的积极活动，国内的立宪运动发展很快。他们联络各省的咨议局、立宪公会，呈请清政府限期召开国会，并派遣会员到各地发动社会各界人士签名请愿，准备上书朝廷，一时间签名者达四万多人，甚至连在旗的士民也被他们鼓动起来，发起八旗国会请愿，“连日签名者，异常踊跃”，但这种大好局面很快就在清政府顽固势力的打击和压迫下迅速瓦解了。以政闻社成员、时任法部主事的陈景仁被革职查办为导火索，1908 年 8 月 3 日，应袁世凯等大臣的请求，慈禧太后发布上谕，着民政部、各省督抚、步军统领、顺天府等衙门严拿惩办政闻社的“悖逆要犯”，梁启超再次榜上有名，而成立只有十个月的政闻社也被迫解散。

此时的梁启超只能暂时退居书斋，“专务著述”。而且，他当时已是五个孩子的父亲，家累日重，开销日增，如果不是友人接济，几乎无法维持一家人的生活。他在写给仲弟梁启勋的信中曾提到，他目前正“以从事于著述以疗饥”。但他对于政治事业并没有“灰心放弃”，一边读书著述，一边通过书信指示国内的前政闻社成员继续从事宪政活动，继续为立宪事业大声地鼓与呼。大概就在这个时候，他撰写了《王荆公》（今名《王安石传》）一书。据《梁启超年谱长编》记载：“是年先生著《王荆公》一书成，该书凡二十二章，主旨在发挥王荆公的政术，所以对于王氏所创新法的内容和得失，讨论极详，并且往往以近世欧美的政治比较之。”

王安石（1021—1086），字介甫，号半山，抚州临川（今江西抚州）人氏，北宋政治家、文学家，封舒国公，后改荆国公，后人也称他为“荆公”。死后赠太傅，谥号文，所以有人又称他为“王文公”。王安石的牌位曾配享神宗庙，和皇帝一起受到供奉，后来又配享孔庙，和孔圣人一起受到供奉，成为继孔孟之后的第三位圣人，直到最后晋封舒王，位极人臣，在中国历史上没有第二个。然而时隔不久，政治变迁，舆论倒戈，王安石竟至身败名裂。近千年来，王安石及其新法一直受到不公正的评价，人们把他当作历史上最大的奸臣，把他的新法诬蔑为“祸国殃民”，北宋灭亡的责任也要让他承担。梁启超写作《王荆公》一书，就是要为王安石辩诬，就是要翻中国历史上这个第一大冤案。

我们知道，当时的梁启超并不清闲，也不轻松，为什么他忽然动了思古之幽情，要写一本为古人翻案、辩诬的书呢？要揭开这个秘密，我想还是要回到梁启超所生活的晚清时期和他的具体处境中去。那时，中国正遭受着前所未有的民族危机，内忧外患，比起王安石执政时要严重得多，主张通过变法改良而使中国强大起来的梁启超很自然地会想起王安石以富国强兵为目的的新法改革。他后来奏呈《上摄政王书》，长达万言，讨论国内时局，提出施政方略，建议抓住“理财政”“改官制”“励人才”三件大事，很难说不是仿效王安石的《上仁宗皇帝言事书》，甚至在他的潜意识里，不能说没有对王安石的羡慕，希望当政者能成为宋神宗。此前，他曾对美国的民主共和政体做过仔细考察，但他得出的结论却是怀疑它是否符合中国的国情，并一改往日的主张，鲜明地提出了君主立宪乃至开明专制的目标。这也使得他更加看重王安石的变法，在他看来，只有实行日耳曼俾斯麦式的“铁腕政策”，才能挽救中国于水深火热之中，从而逐步推行民主开明政策。

以当时的情形而言，梁启超对王安石及其变法的肯定和张扬代表了那个时代知识界要求改变屈辱现状的共识。钱穆曾说：“至晚清而主变法者，争言荆公政术。”看来，在那个时候，谈论王安石的政治主张是一件很时髦的事。而梁启超的不同则表现为他在谈到王安石及其所创新法的时候，“往往以今世欧美政治比较之”，读者可以将两个方面进行比较，相互启发。比如他把青苗法和市易法看作近代“文明国家”的银行，把募役法视作“与今世各文明国收所得税之法正同”；他还称赞王安石变法“实国史上、世界史上最有名誉之社会革命”，并以为保甲法“与今世所谓警察者正相类”。总之，在他眼里，“今世欧洲诸国，其所设施，往往与荆公不谋同符”。这里面当然有他的一厢情愿，但也要看到，梁启超对王安石及其新法的评价一改近千年来的否定而为肯定，代表了20世纪前半叶的主流观点，并使其成为近百年来研究王安石及其新法的影响最为持久的著作。

梁启超给予王安石及其新法以高度评价，除了上述现实、政治的原因，还有其更深层的思想基础，即他对于陆王学说的认同。这里的“陆”即陆九渊，“王”则是王阳明。陆九渊，字子静，因其曾在贵溪龙虎山建茅舍聚徒讲学，山形如象，故自号象山翁，世称象山先生、陆象山。他是南宋著名哲学家、教育家，“心学”的创始人，与当时著名理学家朱熹齐名，却是朱熹的对立面。王阳明即王守仁，字伯安，因尝筑室故乡阳明洞中，人称阳明先生，明朝人。明朝立国后尊奉程朱理学，作为朝廷所提倡的主流精神与核心价值观，它所造成的弊端即“学者惟知科第，而学问尽于章句”。所以，王阳明不喜欢朱熹，也不喜欢程朱理学，他讲“致良知”，就是针对当时的章句、训诂等功利之见而发言。于是，恰如钱穆所说：“阳明之推本象山。”这是因为陆象山也反对朱熹那一套。贺麟先生曾说：“一个哲学家，亦必有其政治主张，有其所拥护的政治家。”所以，程朱比较拥护司马光，陆九渊、王阳明则拥护司马光的政敌王安石。

实际上，陆九渊是第一个为王安石说公道话的人。当时，为王安石说好话是要承担很大风险的，陆九渊这样做，是因为他是江西人，与王安石是同乡，后来的挺王派吴澄、虞集、章衮、陈汝锖、李绂、蔡上翔、杨希闵等都是江西临川人。中国古代有尊重和敬仰“乡贤”的优良传统，北宋以降，无论王安石受到怎样的非议或诬谤，在他的江西老家，人们还是以出了一位他这样的“乡贤”而感到自豪。他们不仅延绵不绝地为他供祀香火，而且勇敢地站出来为他鸣不平。可以说，在严复、梁启超为王安石翻案之前，为他喊冤叫屈的人大都来自他的家乡。所以，陆九渊作《荆国王文公祠堂记》，专门为王安石所受到的冤屈辩诬正名。这也是第一篇公开为王安石所受到的不公正待遇大鸣不平的传世之作，开了后世辩诬性质的评论之先河。

但朱熹反对王安石却不仅仅是一种政治态度，还有学理上的分歧。我们知道，王安石变法是有其指导思想和理论基础的，他的新学在北宋后期数十年间曾长期处于独尊于官学的地位。在当时，程颢、程颐兄弟的理学只是一个民间流传的很小的学派而已。但自从王安石及其新法在政治上被否定之后，他的新学也遭到了严厉的批判，特别是在宋理宗取缔王安石配享孔庙之后，新学更被反对派指责为“得罪于孔孟”“得罪于名教”，甚至王安石的新学所受到的打击比他的新法还要严重。新学被视为“异端邪说”，被彻底封杀了。朱熹是批判王安石最卖力的，也是最有眼光的，他对王安石新学的批判离不开这个大背景。而他们的分歧则主要在于所谓的义利之争，他把王安石的诸项新法称作聚敛之术，所谓“聚敛害民”；他把王安石的理财思想视作兴利之道，所谓“剥民兴利”。其实，这不仅是熙宁、元祐以来反对派批评王安石新法的主要观点，也是南宋至晚清绝大多数史学家和思想家评议王安石新法的基本观点之一，包括顾炎武这样的所谓的进步思想家，也对所谓王安石“趋利而不知义”表示反对，一再指责王安石“藏富于国”。王夫之更是强调义利之辩的重要性，他在《宋论》中对王安石的批判贯穿了由义利之辩衍生出来的“华夷之辩”和“君子小人之辩”的指导思想，从而认定王安石是小人。这种争论一直延续到今天，一些人不能接受王安石的理由仍然是他趋利逐义。

但实际上，王安石不是不讲义，他只是反对空谈义理。他不认为一个人仅仅道德修养很高尚，治理国家、社会实践的学问就是举手之劳、自然而然的事。特别是后来，朱熹的四书章句那一套更发展到寻章摘句的方面去了，许多人为此耗尽一生的精力，对于国家和社会则没有一点儿用处。在《王荆公》这本书中，梁启超有专章讲到王安石的学术，他概括为两个方面：对于自身来说，是认识天命，激励节操，把握个人命运；对于外部来说，在于治理国家，用于社会实践。也就是说，他用来进行个人修养和施行于国家政治的，都是他的学术。除此之外，没有别的学术。王安石是个知行合一的人，对于他的道德情操，即使是他的敌人、反对他的人也没有不加以赞赏的。梁启超更将王安石视为千古一人，他大为感叹“悠悠千祀，间生伟人”，“而国民所当买丝以绣，铸金以祀也”。在他看来，王安石无人能比，“其德量汪然若千顷之陂，其气节岳然若万仞之壁，其学术集九流之粹，其文章起八代之衰，其所设施之事功，适应于时代之要求而救其弊，其良法美意往往传诸今日莫之能废，其见废者，又大率皆有合于政治之原理，至今东西诸国行之而有效者也”。他惊呼，如果在尧、舜、禹之后寻求一个完美之人，那么只有一位王安石可以胜任。

说起来，后代那些肯定王安石及其新法的人恰恰都是从义利之辩入手，主张学以致用的。像清代的颜元和龚自珍，他们都与王安石有着十分相近的思想理路。颜元是清初的反理学斗士，公然扯起反对程朱理学的大旗，也很看不起注疏考据的学问，对于所谓的“宋学”“汉学”，他是“两皆吐弃，在诸儒中尤为挺拔”。他反对理学、考据之学及词章之学的空虚，力倡“实学”“致用”，将学以致用作为其理论体系的宗旨，所以颜元“评量宋儒，则不从其道德、学术着眼，即从其所轻之事功立论”。宋儒之所轻，正是颜元所推崇的。他对王安石的评价也表现出这种意识，他认为王安石的被诬陷不只是王安石一个人的不幸，更是整个宋朝的不幸。龚自珍是 19 世纪前期开风气之先的思想家，面对重重社会危机，他心怀匡时济世的愿望，指陈时弊，倡言“更法”。他也十分推崇王安石，是王安石的粉丝，“少好读王介甫《上宋仁宗皇帝书》，手录凡九通，慨然有经世之志”。皇皇万言的一篇文章，手抄九遍，非粉丝不能办到。

到了梁启超的时代，中国有一部分先知先觉者已经醒来，知道睁开眼睛看看这个世界了，他们不再迷信那些空谈义理的儒家经典，也不再担心讲经济、讲利益会被人指责了。他们面对着列强的欺辱、侵略，国家的衰微、腐败，以及经济的凋敝，军队的涣散，吏治的腐朽、糜烂，希望能从历史中找到可以救亡图存的精神资源。于是，王安石就被他们从历史的尘埃中发掘出来，成为变法革新者的精神偶像，后来的孙中山诸公都不同程度地因袭了王安石的思想。那时，便有人写文章说：“王荆公的经济政策是汉唐以来政治思想史上的一大转变，不但当时的人感觉着新奇讶异，就是从今日的观点来看也并不见得怎样陈腐，而且事实上，当时荆公所见到的问题，所要倾全力而实施的策略，在今日也还是急待实行的事件。譬如方田均税之法在宋代固是重要问题，在现在也并未完全解决；青苗贷款之法在那时固为要务，在今日农村高利贷盛行之日，也未尝不是当行之政。今日研究国民财政学和农村问题的人在猎取西洋糟粕，来解决中国问题，削足适履，阻碍横生，实则把荆公当时的新政拿来过细研讨一番，做个惩前毖后的参考资料，大概也不算完全白费时间。”胡适有一段话说得很好：“看惯了近世国家注重财政的趋势，不觉王安石的可怪了，懂得了近世社会主义的政策，自然不能不佩服王安石的见解和魄力了。”

其实，直到今天，我们也没有完全摆脱王安石所遇到的问题和麻烦。我常常在想，“天妒英才”这四个字用在王安石的身上真是再适合不过了，他太杰出、太强悍，太超前了，于是连老天都嫉妒，天夺其命。他变法不是为了追求权力，不是为了追求个人利益，而是彻彻底底的赤子之心。但他富国强兵的变法失败了，受谤将近一千年，直到百年前与梁启超相遇——梁启超是王安石的知己，他所作的《王荆公》一书在 20 世纪是研究王安石及其新法的影响最为持久的著作——王安石得此知己，九泉之下也该感到欣慰了。最后，我想以一首《金缕曲》结束这篇序文：

寂寞千年久。
更谁能，
推心置腹，
呼朋唤友。
自古英才多奇志，
不信蝇营狗苟。
是与非，
唯天知否。
问道人心何所见，
却原来，只是跟风走。
真心话，

难出口。

任公奋作狮子吼。
想当年，
神州陆沉，
举国悲愁。
只取临川成一梦，
怎奈杯中残酒。
看群贤，
争说肥瘦。
毕竟文章惊海内，
且由他，覆雨翻云手。
知己在，何所有。

王安石变法人物关系表

◆变法改革派

宋神宗——王安石变法的主要支持者

宋朝第六位皇帝，1067—1085年在位。宋神宗对王安石富国强兵的变法主张极为欣赏，并对新法的推行给予大力支持。

王安石

1021—1086，字介甫，号半山，江西临川人氏，北宋政治家、文学家，封舒国公，后改荆国公，世人又称他王荆公。唐宋八大家之一，今有《临川先生文集》《王文公文集》等。

吕惠卿——王安石变法的第二号人物

1032—1111，字吉甫，泉州晋江人，王安石变法的第二号人物。能言善辩、声名狼藉的势利小人，后背叛王安石，与曾布交恶。

曾布——王安石变法的得力助手

1036—1107，字子宣，江西南丰人，曾任参知政事（副宰相），曾经是王安石变法的得力助手，与吕惠卿共同参与变法筹划、制定，是新法的主要起草人之一。

韩绛

1012—1088，字子华，开封雍丘（今河南杞县）人。韩绛是王安石推荐选拔的，并继王安石之后担任了宰相，一心一意地守护新法。

李定

字资深，扬州人，少受学于王安石。王安石举荐他，元丰初年将他提拔为御史中丞。弹劾苏东坡，将其抓入大牢，即李定同舒亶制造的“乌台诗案”。

舒亶

字信道，号嬾堂。北宋明州慈溪（今浙江慈溪东南）人，治平进士。王安石执政时，为审官院主簿，与李定一同弹劾苏东坡。

◆变法反对派

司马光——反对派之首

1019—1086，初字公实，更字君实，晚号迂叟。北宋政治家、史学家、文学家，主持编纂了中国历史上第一部编年体通史《资治通鉴》。翰林学士，屡次要求辞职，熙宁三年（1070年）九月，被贬为知永兴军。

吕诲——第一个弹劾王安石的人

1014—1071，字献可，开封人，御史中丞。王安石刚执政时，第一个弹劾王安石的人，捏造王安石十大罪状。他也是治平年间（宋英宗年号，1064—1067）因濮议事件弹劾韩琦、欧阳修，请求杀欧阳修以谢祖宗的人。

苏轼——反对新法最卖力的人之一

1037—1101，字子瞻，又字和仲，自号东坡居士，眉州眉山（今属四川）人。北宋文学家、书画家，与父苏洵、弟苏辙合称“三苏”，唐宋八大家之一。多次上疏反对新法，遭遇二度迫害被贬岭南。

苏辙——反对新法最卖力的人之一

1039—1112，字子由，眉州眉山（今属四川）人。北宋政治家、文学家。王安石专门提拔小官吏就是从苏辙开始的，最初设立制置条例司时，首先提拔苏辙为检详文字。后来因其不赞成新法，出为河南推官。唐宋八大家之一。

范纯仁——反对新法最卖力的人之一

1027—1101，字尧夫，谥忠宣，吴县（今江苏苏州）人，范仲淹次子。北宋大臣，人称“布衣宰相”。数次上疏并公开指责王安石新法，因反对王安石变法遭贬逐。

文彦博

1006—1097，字宽夫，汾州介休（今属山西）人。四朝为官，北宋时期政治家。与司马光一起反对王安石新法。熙宁六年（1073 年）四月，文彦博请求辞官，授予他司空河东节度使，判河阳。

韩琦

1008—1075，字稚圭，自号赣叟，相州安阳（今属河南）人。北宋政治家、名将，天圣进士。与欧阳修一起反对青苗法等，数次上疏与王安石申辩。

吕公著

1018—1089，字晦叔，寿州人。王安石举荐破格提拔为显要官员，后与司马光一起破坏新法。熙宁三年（1070 年）四月，因议论青苗法被贬出京城，知颍州。

目录

例　言

一、本书把阐述王安石的政治主张和施政纲领作为最重要的内容，所以对于他所创立的各种新法的内容及其得失讨论得最为详细，而且往往和当今世界，特别是欧美的政治制度加以比较，使读者能够将新旧知识融会贯通。

二、《宋史》关于神宗熙宁、元丰年间所发生的那些事的记载是在南宋时期由史官完成的，元代修《宋史》的人因袭了南宋史官的记述，其中所收集的都是王安石新政反对者一边倒的见解，是不能当作可以引证的材料而轻信的。在这里，我要把其中污蔑王安石的地方一条条详细地分辨清楚，另外还有若干条有异议而有待进一步考证的也分别单列出来。

三、王安石不仅是中国的大政治家，也是中国的大文学家，因此本书对其文章采录得比较多。其中，散见于前面各章的文章都是与政治关系十分密切的。还有一些可以当作范文的诗词散文，也挑选了十余篇，用在最后两章里，读者由此可以比较全面地对王安石有所了解和认识。

四、写本书时，参考书用了不下百种，其中取材最多的是清代学者、江西金溪人蔡元凤先生撰写的《王荆公年谱考略》。蔡先生名上翔，元凤是他的字，乾隆二十六年（1761 年）进士，他的学问博大深厚，他的文章华采天成，都是那个时代非常罕见的。他修撰的这部年谱正文共有二十五卷，附杂录两卷。完成这部书的时候，他已经八十八岁，他把一生的精力都用在这本书上了。这本书流传不广，他这个人在当时的文人士大夫中也不属于名气很响的，是个不追求虚名的真君子，于是写下这几句话，纪念这位历史学家。

五、本书的写作信笔而成，没有深思熟虑，又不曾反复审读、修改，杂乱疏漏、敷衍简单之处在所难免，希望海内外精通历史的专家学者有不同见解的，一定要不客气地给我指出来。

作者自记

绪 论

中国的历史学者说，研究一个古人，不仅要了解这个人，还要了解他所处的时代，这真是太不容易了。在我看来，宋代的太傅、荆国公王安石这个人，他的德行就像深广浩渺的千顷波涛一样；他的气节就像巍峨耸立的万丈峭壁一样；他的学术集中了儒家、道家、阴阳家、法家、名家、墨家、纵横家、杂家、农家（九流）以及佛教等各个流派的精华；他的文章在东汉以来儒家道统沦丧、文章衰落、异端并起之时，重新振奋了精神，使天下相从，复归于正道；他所设计、实施的制度，其功效适应了时代的要求，救治了社会的弊端；他所提出的施政办法和意见往往流传到今天也不能够被废除，其中有一些不再实行了，却又大体上合乎政治的原理，至今东西方的一些国家还在实行这些办法，而且证明了是行之有效的。啊，皋陶（传说中虞舜时掌管刑狱的官）、夔（舜时的乐官）、伊尹、周公，距离我们都太遥远了，那时的详细情形我们已经很难了解。如果要在尧、舜、禹（三代）之后寻找一个完美的人，那么，只有王安石是可以胜任的。在近千年的历史中，诞生了这样伟大的人物，这是中国历史的光彩之处。国民应当买了丝线为他绣像，铸

王安石像

这一段非常典型地体现了梁氏的叙事风格，言语中贯注了充沛的情感，溢于言表而不加掩饰，显得浪漫而夸张。他把苏轼对韩愈的评价用在王安石身上，也可见他是把王安石看得很高的。

了金像来祭祀他。然而，在王安石之后已有近千年的历史，在这近千年中，我们的国民对王安石又如何呢？我每次阅读《宋史》，都不得不抛开书本为他大哭！

几代才出一个的杰出人物，却蒙受天下人的指责和辱骂，这种屈辱过了很多世代还没有得到洗刷。这种情形在西方有克伦威尔，在我国则有王安石。西方一些欺世盗名的历史学家谈到克伦威尔，骂他是乱臣贼子，说他奸险、凶残、迷信、发狂，是专横的统治者，是个伪善的人。许多人异口同声骂了他上百年，到如今真相大白了，是非清楚了。英国国会的墙壁上挂着数百幅先哲的画像，在这些画像中，排在首位的就是克伦威尔。然而，我国民众对王安石又怎么样呢？捕风捉影地丑化他、诋毁他，真和宋代的元祐、绍兴年间没有什么区别。其中也有称赞他的人，但不过是欣赏他的文章罢了。稍进一步，也只是称赞他做事敢于负责任，至于他的事业意义如何深远、如何伟大，却很少有人能看到这一点。而他高尚的人格就像一块美玉被深埋在矿井之中，永远也发不出夺目的光彩。啊，我每次阅读《宋史》，都伤心得读不下去，痛哭失声！

曾国藩曾说，宋代的读书人对小人往往很宽容，不加责备，对君子却总是很严格，动辄得咎。其实，并非只有宋代的读书人这样啊，实际上，这种毛病深深地扎根于我们的社会之中，时至今日发展得更加严重了。孟子不喜欢求全责备，所谓求全，就是从优秀中苛求毛病，从好中挑出不好来，即俗语所谓的“鸡蛋里挑骨头”。尽管也有人这样来褒贬一个人，但还从未有人完全抹杀一个人的优点，同时又虚构出他的缺点、毛病来污蔑他。如果有这样的人，也是从宋代读书人诋毁王安石开始的。我们中国的老百姓天性是保守的，他们遵循着祖宗法度不能变的教诲，不肯有一点点变革。他们看到王安石搞的那些让人目瞪口呆的施政办法，竟然都表现出一副气急败坏的样子，这倒也不奇怪。在我看来，政见就是政见，人格就是人格，怎么能由于政见不一样，党同伐异，不能取胜就故意编造一些情节攻击这个人的私人道德呢？这就像村妇之间打架，没有办法便最后互相谩骂，没想到这些有品位的读书人也这样做。于是，造成了千年以来这样一个黑白不分、是非不分、善恶不分的世界，使得这些伟大的人物不能在这个社会中生存，而所有的人都把欺世盗名的乡愿精神当作自己应该具有的品质。啊，我每次阅读《宋史》，都不得不放下书本，伏案痛哭啊！

我如今想为王安石作一部传记，但有一件事很让我为难。什么事呢？即《宋史》是不可信的。《宋史》不是一部可信的历史著作，不是我一个人这样说，在我之前已经有好几位学者这样说过了。这几位学者的言论对王安石来说就像在空寂的山谷中听到脚步声怦然作响。而他们的这些说法如果可以取信于天下的话，那么这也就是孟子所说的，虽然有缺点但并不影响他奉承自己所喜欢的人。如今我将他们的言论记录在这里，看看说的是不是有道理。

陆象山（九渊）先生在他所作的《荆国王文公（安石）祠堂记》一文中写道：

> 宋仁宗嘉祐四年（1059年），王安石不再做江东提刑，回到朝廷，向在位三十多年的仁宗皇帝呈献了一篇长达万言的《上仁宗皇帝言事书》。在这篇《上仁宗皇帝言事书》中，他首先扼要地概括北宋中叶的严峻局势，并指出造成这种严峻局势的根源究竟在哪里。他的文章就像是一棵大树，枝叶茂盛，高低疏密有致，所发议论也往往是很中肯、恰当的。王安石从前的学问、神宗熙宁年间推行的变法，哪一件不包含在这篇《上仁宗皇帝言事书》中？然而，那些排斥、反对王安石的人，或者说他取悦、讨好皇帝，或者说他迎合皇帝急于想有作为的心情，或者说他改变了应该遵守的安邦治国的原则，或者说他把平生所学变得很乖谬，这些人都算不得王安石的知己。

王安石英俊豪迈，超逸非凡，对于社会上流行的纵情淫乐的生活、追名逐利的习气都绝不认可和接受，一副耿介、有骨气的样子，庸俗的东西一丝一毫都不能浸染他的内心世界，洁白的操守像冰霜一样凛然，这是他的品质。扫荡学术中平庸的、粗劣的、狭隘的知识，从因循沿袭的有害制度、政治措施中摆脱出来，在政治上坚持孔孟的学说，业绩要以伊尹、周公为目标，这是他的志向。不希望人们能理解他，但他精神饱满、光芒四射的样子使他一时间成为很有影响的名流贤人，被皇帝任命为宰相、变法的总设计师，王安石得到这样的荣耀，难道是偶然的吗？他恰好赶上了一个得以施展其才华的时机，像神宗这样难得的、有志于振兴国家的君主不是哪个时代都有的，就是和古代的成汤、武丁这样的贤明君主比起来也毫不逊色。王安石能得到这样的君主，并辅佐君主进行改革，在中国历史上可以说是唯一的，从未有过的。新法公布出来之后，立刻在整个朝廷激起了轩然大波，推行不久，从上到下一片惊恐万状的样子。王安石不为所动，对自己所进行的变法改革事业坚信不疑，对于各种反对意见他都据理力争。但在难以为继时，他也只能辞去宰相的职位，离开京城。这就给惯于投机的小人制造了机会，他们私下里违背了王安石变法改革的初衷，使得忠厚朴实的人不能发挥他们的才智，壮志难酬，却让众多的投机者有机可乘。王安石没有领悟到这一点，这是他的蒙蔽不明之处。熙宁年间反对王安石的人都在极力地诋毁他，说他的坏话，意气用事却不和他讲道理，其中心平气和

陆九渊是南宋著名的哲学家、教育家，与当时著名的理学家朱熹齐名，历史上称此二人为“朱陆”。陆九渊是中国“心学”的创始人，明代王阳明发展其学说，成为中国哲学史上著名的“陆王学派”，对近代中国理学产生了深远影响，后人称其为“陆子”。陆九渊自幼好学，他的好学不在于博览，而表现在善于思考上。陆九渊曾在贵溪龙虎山建茅舍聚徒讲学，因其山形如象，自号象山翁，世称象山先生、陆象山。最值得一提的是，陆九渊是第一个为王安石说话的人。南宋以降，王安石一直受到不公平的待遇。陆九渊所著的《荆国王文公祠堂记》专为王安石所受的冤屈辩诬正名，也是第一篇公开为王安石所受不公正待遇大鸣不平的传世之作，为后世辩诬性质的评论开了先河。从宋元之际的吴澄及其门生虞集，到清朝的李绂、蔡上翔、杨希闵等，一大批家乡人都奉陆九渊为圭臬，不停地为王安石正名，开辟了“桑梓情深”的篇章，直至今天。

的人不到一两成，八九成的人都很激动，也很偏激。他们的这些言论对上不能取信于神宗，对下又不能使王安石明白事理，反而使他们顽固地坚持自己的意见，不顾一切地做下去。如果说新法有什么问题，这些人也是有责任的啊。元祐年间的大臣们，凡是新法都加以反对，怎么能说是不偏不倚，没有一党之见呢？玉是很宝贵的，瑕和瑜都是掩饰不住的。古代可以信任的史官，他们总是直书其事，不遮不掩，是非善恶没有不得到真实再现的。后世的人们就从这样的历史叙事中得到借鉴，得到教训，使自己变得聪明起来。把自己的好恶掺杂到历史记述之中，用感情代替事实，那些投机的小人则借此泄私愤，这难道是书写历史的那些君子应该做的吗？……当代的学者说了很多话，写了很多文章，但千篇一律，轻信前辈的记述，这又怎么能说是善于学习呢？王安石一家世代居住在临川，他辞去宰相职位以后迁徙到金陵（今南京市）。宣和年间，他在家乡的故居有些破败了，乡亲们就嘱托县里的官员在旧居的基础上修建了祭祀他的祠堂，到了绍兴初年还经常加以修缮呢。到今天又过去四十多年了，祠堂毁坏得非常厉害，由此经过的人都十分感慨。如今各种各样的祠堂很多，而王安石是盖世的英才，具有超绝世俗的操守，犹如山川的神灵一样精神焕发，不是哪个时代都能产生的，但他的祠堂却很不像样，破败不堪，当地的人们甚至没有地方向他表示敬意，这难道不是这些年不公正的议论以及人们对他的怀疑和畏惧造成的吗？

颜习斋先生（元）对《宋史》的评价：

荆公（王安石）廉洁高尚，具有古人那种凭借自身的道德修养为天下苍生树立典范的浩然正气。他后来到朝廷做了大官，居然用尧、舜等贤君的标准要求他的皇上。他执政当权之后推行了许多新法，像农田水利法、保甲法、保马法、免役法、方田均税法等，包括在河湟地区布置军队，都是很好的施政治国措施，以后也都照此办理。即使在当时，直到元祐年间，范纯仁、李清臣、彭汝砺等人也为新法辩护，认为有可行之处，不同意全部废止。只有青苗法、均输法、市易法在实行的过程中考虑不周、用人不当，出了问题，容易出现弊端和漏洞。然而，人们考察过当时宋朝所面临的形势事实上，宋太宗赵光义箭伤之后又活了十八年。

吗？太平兴国四年（979年），宋太宗发兵北征辽国，宋军在幽州城下溃败，仓皇逃命时，宋太宗的脚上中了一箭，两年后箭伤复发，死去了。宋神宗多年以后说起这件事，仍然感情真切地泪流满面。西夏曾是北宋的臣民，后来李继迁背叛宋朝，经李德明至李元昊称帝，成了北宋的叛臣，每个臣子都不能与他们在同一片蓝天下生活。宋朝每年输送给辽、夏、金三国的岁币就高达银一百二十五万五千两，其他年节婚丧祭祀的馈赠又是币银的两倍。长此以往，北宋靠什么维持这个国家呢？做皇帝还要乞求别人恩准，宋朝又如何维护自己的尊严呢？做臣子的看到这种情况，没有一天是可以安心的。北宋也想举兵，但兵员不足，想要增加兵员，粮饷又严重不足。看到这种情形，荆公的心又怎能放得下呢？譬如有个仇人，他杀害了我的父兄，我一定急于和他讨个说法，怎能总是责备家里人没有保护好自己，难道竟有这样的道理吗？宋朝人很久以来一直苟且偷安，听说北风吹来都打哆嗦，可是当荆公主张对西夏、辽国用兵，却骂他是奸邪之人，并不和他商量讨论其办法是否可行，或者是否有更好的办法，就是要让他一件事也办不成，最后把他从朝廷赶走，这怎么能责备荆公太执拗呢？而且，荆公的许多做法很明显是非常有效的。他用薛向、张商英等治理国家的经济，用王韶、熊本等治理军队，在西部灭了吐蕃，在南方平定了洞蛮，并夺取了西夏人的五十二座寨子，高丽国使者也来朝拜，宋朝几乎就要振兴了。但是，韩琦、富弼等人却阻止他的事业，不让他成功。难道荆公就应当对君父之仇（国家的伤痛）念念不忘，而韩琦、富弼、司马光等人却可以淡然置之、不加理会吗？况且，韩琦弹劾荆公的那些话听起来就更奇怪、更可笑了。他说，造成敌人对我们不信任的原因有七条：第一，鼓励高丽朝贡；第二，夺取吐蕃的土地建立熙河一路；第三，在西部山地种植榆树、柳树以阻挡吐蕃的骑兵；第四，创建保甲制度；第五，在河北地区建筑城池；第六，设置“军器监”，研究和改善兵器的制造；第七，在河北地区设置三十七名将官。以上七项都应该停止，以便消除敌人的疑虑。啊，敌人不喜欢我们备战，我们就不备战，如果敌人不喜欢我们的大将，我们也把他杀了吗？这是韩琦不能保住他的头的原因。而且，这七件事都是荆公的治国大计，《宋史》中大半没有记载，幸亏韩琦误以为这些都是王安石的罪状，才流传下来。还有其他一些人也对荆公的功绩视而不见，范祖禹、黄庭坚修《神宗实录》就千方百计诋毁荆公。陆佃说：“这是一本诽谤人的书。”后来，蔡卞重新刊定这部书，元祐年间，反对王安石改革的那些人上台，又都改了过来。然而，《宋史》还可以相信吗？它对荆公的批评是正确的还是错误的呢？虽说一个人的是非不值得一辩，我却痛恨那些说王安石坏话的人，把北宋的覆灭以及君王所遭受的奇耻大辱记在王安石一个人的账上。而后世的人们不问是非，把贪图享乐、苟且偷安的人当成君子，而把辛辛苦苦建功立业、时刻把国家安危放在心上的人当成小人。这难道只是荆公的不幸吗？这是宋朝的不幸啊！

到了近代，又有江西金溪的蔡上翔先生（字元凤），用毕生精力作了一部《王荆公年谱考略》，他在《自序》中说：

（前略）君子都希望死后能有一个很好的名声。然而，有善行的应当在历史上大书特书，有恶行的应当剥夺他的名声，这一切都应以事实为依据。而且，后世的人谈论这个人或这件事的时候，虽然意见不同，褒贬各异，各有各的看法，但事实是不会改变的，只有在王安石的问题上是个例外。王安石先生去世至今已经七百余年了，最初肆意诋毁他的多来自私人的著述；后来，私人著述被官修的历史采用，而且增加了许多新的材料，想要为他辩解就更难了。(中略)王安石有一封《答韶州张殿丞书》,其中写道:“从夏、商、周三代开始,国家都有修史的传统。而当时记述历史的史官,都是世代相传的。他们往往为了这个职位的尊严而牺牲自己的生命,也不会改变修史的原则。所以,他们传下来的历史都是有根有据、十分可靠的。后代诸侯的历史已经没有了,而近世如果不是爵位很高、官很大的人,即使你是一个道德完美高尚、才智非常出众的人,如果没有得到朝廷的称赞或认可,也不能被记录在历史中。那些执笔修史的人不再是传统的史官,而变成了当时的权贵,在朝廷之上谈论人或事的时候,人人都侃侃而谈,对每个人都加以褒贬,有时甚至把忠诚当作邪恶,把异类当作同志,即使当面责备他,他也并不害怕,背后讥讽他,他也不觉得羞耻,只求能满足他的那一点儿好恶之心。何况还有人悄悄地用影射的文字来评判前人的善恶,似是而非,是非不明,却可以附和别人对其的赞扬或诋毁,死去的人不能和他争辩评判对错,活着的人也不能和他讨论事情的曲直,奖赏、惩罚、诽谤、赞誉又不能实行于其间,仅凭一个人的说法,怎么能取信于阴间呢!”他说得太好了。这封信写于庆历、皇祐之间,那个时候王安石已经在一些知名的文人和官僚中很有名气了,而且当时还没有非难和诋毁他的人。然而,每次读这封信,我都不禁唏嘘感叹,为什么他在这里已经预见到了后世那些诋毁他的人呢?自古以来,前一朝代的历史都由后一朝代的人编写,而且修史所用的原始材料都是有根有据的。修《宋史》的是元朝人,而元朝修

这样的论述近乎造谣。宋神宗是个励精图治的君主,王安石则是个道德过人的圣贤。神宗信任王安石,王安石得到神宗的信任,被称为“成汤之于伊尹,高宗之于傅说”。周德恭不是宋代人,他诋毁前世的贤君,而且毫无顾忌,不仅不仁义,而且是一种无理取闹的行为。杨慎读书破万卷,应该明白古今治乱兴衰的道理,在这个问题上却也是非不分,赞同周德恭的说法,很不应该。

史的人主要采用私人著述，作为正史。当熙宁年间王安石最初推行新法的时候，朝廷上有很多议论，甚至争论。事实上，新法也确实有可以指摘的地方。然而到了元祐年间，那些反对新法的人上台主政了，不仅完全废除了新法，而且还为此株连那些曾经支持推行新法的人，尤其是在范祖禹、吕大防（还有黄庭坚、赵彦若）等人最初修《神宗实录》的时候，当时邵伯温的《邵氏闻见录》、司马光的《温公琐语》《涑水纪闻》、魏道辅（泰）的《东轩笔录》都已纷纷问世，这些都是泄私愤的影射文字，只能满足他们那一点儿好恶之心。接下来还有范冲的“朱墨史”、李仁甫（焘）的《续资治通鉴长编》，王安石曾经感慨过的死去的人不能和他争辩评判的对错，活着的人也不能和他讨论事情的曲直，好像又被后人重新拾起来了，没想到都让王安石遭遇了，他们就是要把天下的恶都归结到王安石一人身上，甚至说北宋亡国也是由王安石造成的，这不是太过分了吗？宋朝自从南渡（南宋）以来到元朝，中间二百余年，肆意诋毁王安石的人真是数不胜数。从元朝到明朝中叶，又有像周德恭（余杭人）这样的人，他说，宋神宗就像是周赧王、秦二世胡亥、东汉的桓帝和灵帝（这几位都是亡国之君）合成的一个人。还有杨用修（慎）这个人，他骂王安石是伯鲧、商鞅、王莽、曹操、司马懿、桓温合成的一个人，这就更加过分了。还有在此之前的苏子瞻（轼），曾作《温国行状》一文，共计九千四百余字，其中诋毁王安石的文字就有大约一半。不要说自古以来没有这样的文体，就是苏子瞻又怎么能写这样的文章呢？再后来还有明朝的唐应德（名顺之）所著的《历代史纂左编》，其中王安石的传记二万六千五百余字，竟没有一个字记载他说过哪些好话，做过哪些好事。这些难道可以被称为信史吗？（后略）

陆象山、颜元两位先生都是一代大儒，他们的话应该是可信的。而蔡上翔先生又是个博览群书的人，他用了数十年的时间和精力收集了数千卷的资料，作了这部《王荆公年谱考略》，他也持同样的看法。然而，生活在今天的人如果要为王安石立传，并希望达到如克伦威尔所说的“画我当画似我者”，难道不是一件很困难的事情吗？然而，历史上不常见的伟大人物，不仅他的盛德大业被淹没在历史中得不到彰显，而且还被所有人指责和谩骂，和禹鼎的遭遇没什么两样，天下不再有真正的是和非了，这种情形对于世道人心的破坏几乎和洪水猛兽一样厉害。所以说，排除歪理邪说，纠正那些过分的指责，发扬光大他的道德品格，既实现了前人的愿望，又能使后来的人受益，做这件事虽然很困难，却不能不做，这就是我写作这部书的理由。

(附录)《宋史》私评：

在诸史中，《宋史》是最杂乱肮脏的。《四库全书提要》写道："它的主要目的和意图是以表彰古板、迂腐的道德为宗旨，其他的事都不太留意，所以错乱谬误之处多得数也数不清。"清代学者檀萃说："《宋史》杂乱、卑劣十分严重，而且是非观念相当混乱，没有一个公正的立场。自从有了洛党、蜀党之分，两派就斗个不停，南渡之后仍然争斗不休，这种门户之见严重地禁锢了这些人的心灵，所以他们对和自己意见相同的人，即使有错误，也千方百计用言辞来掩饰，而对和自己意见不同的人，发现一点儿问题，都在文章中过分地批评指摘。"这番话可谓深刻地指出了它的病根。其后，明代的柯维骐整合宋、辽、金三史著《宋史新编》，沈世泊又著《宋史就正编》，都纠正了《宋史》的一些谬误。《四库全书提要》摘录了其中纪、志相互矛盾之处以及列传前后相互矛盾之处十余条。赵翼撰写《陔馀丛考》《廿二史札记》，挑出其叙事中的错杂之处、失检之处、谬误之处、遗漏之处、矛盾之处，各十余条；其各传中的袒护之处、附会之处、是非判断失当之处、是非判断荒谬反常之处，共百余条。由此来看，这本书的价值大概就可以了解了。而它最大的，数百年来从未有人给予纠正的谬误，就是其中记载的关于王安石的那些事。

《宋史》是在元代人手里完成的。这些人对宋代的历史并非有什么成见，只是由于见识不够不能辨别史料的真伪罢了。所以，如果想要考察《宋史》，一定先要考察他们写作《宋史》时所依据的资料。宋代修《神宗实录》，聚讼最多，争得你死我活，几次闹得把人送进监狱，甚至丢了性命。元祐初年，范祖禹、黄庭坚、陆佃等人一同修《宋史》，陆佃多次与范祖禹、黄庭坚争辩。黄庭坚说："如果依了你的说法，《宋史》就成了谄媚的历史。"陆佃则反唇相讥："如果像你说的那样，《宋史》就成了诽谤人的书了。"陆佃虽说是王安石的学生，但他并不赞成新法，如今他都这么说，可见最初的《神宗实录》中诬蔑不实之词一定很多。这是第一次修《神宗实录》。到了宋哲宗继位之后，绍圣年间，中央三大机构同时上疏皇帝，指责实录院前后所修先帝（神宗）实录，其中很多都是道听途说，凭空捏造，只是想诋毁熙丰（宋神宗年号）以来的政事，甚至国史院采用的范祖禹、赵彦若、黄庭坚所提供的材料，也都宣称没有证据可以考察，都是从传闻中听来的事情。章惇说："不仅很多材料是从传闻中得来的，即使有些材料是从臣僚家中取得的，也不可信。但竟敢根据传闻来修史，造假骗人的胆子也够大的。"安焘说："自古以来史官没有敢这样做的，这也是朝廷的不幸。"这些话虽然出自反对元祐年间废止新法的人之口，但他们的言论也不是没有可信之处。在此之前，蒋之奇以乱伦罪弹劾欧阳修，欧阳修屡次上疏要求查明真相。等到宋神宗当面责问蒋之奇时，他也只能以传闻来搪塞。由此可见，宋代的官场习气就是这样的。于是，蔡卞等人又被任命重修《神宗实录》。蔡卞将王安石所著的《熙宁日录》送给皇帝，元祐年间的《神宗实录》因此有多处被修改，因为是用朱笔改过的，所以号称"朱墨本"。这是第二次修《神宗实录》。然而，元祐年间那些人又不停地攻击这个版本。宋徽宗的时候，有一个叫刘正夫的人，他说，元祐、绍圣年间分别所修的《神宗实录》各有得失，应该将两个版本的意见加以折中，这样才能将信史传之万世。又有一个叫徐勣的说："神宗正史的修订工作如今已过去五年，还不能完成，完全是由于元祐、绍圣的史臣有不同的好恶，范祖禹等人以司马光的家藏记事为主，蔡京兄弟则完全采用王安石的《熙宁日录》，各自坚持己见，所以争来争去，没有是非。当时在朝廷工作的人哪家没有家藏的记录？以我之见，把这些家藏的记录都征集来，互相参考，辨别是非，最终才能修成大典。"于是又有诏令要求重修《神宗实录》，但尚未完成就遭遇了靖康之难。南渡之后，宋高宗绍兴四年，范冲再修《神宗实录》，终于完成并进献给皇帝。这是第三次修《神宗实录》，编著《宋史》用的就是这个版本。自绍圣年间到绍兴年间，三十多年来，元祐党人不断地篡改、颠覆，留下了深深的怨愤。而范冲又是范祖禹的长子，继承其父亲的事业，变本加厉地进行报复。而且，王安石自著的《熙宁日录》和绍兴年间朱墨本实录都被毁灭，无从查考了。于是，《宋史》只能根据一面之词，把它当作可信的历史记录，而王安石的冤案也就永世不能真相大白了。凡是《宋史》中丑化、诋毁王安石的话，用其他人的书对照，其中诬蔑的痕迹确实可以考证的占十之六七。近代的大学者李绂、蔡上翔在这方面做了大量的工作，我将摘引其中重要的内容，分别在下面的章节中论述，这里就先不啰嗦了。值得重视的是，如果要考证熙丰年间的事实，刘正夫和徐勣所说的元祐、绍圣年间人们的好恶不同，互有得失，是最公平的说法。我不敢说绍圣年间的版本因为赞誉了王安石就是可信的历史，然而像元祐、绍兴版本想要一手遮天，掩人耳目，我虽然想不说话，又怎么能做得到呢？蔡上翔撰写的《王荆公年谱考略》载有靖康初年杨时的《论蔡京疏》，有一位南宋的无名氏在其后写道：

王安石在的时候，国家全面昌盛，用王韶出兵收复河湟一带失地，取得熙河大捷，扩展土地数千里，这是宋朝建国百年以来从未有过的事。南渡以后，元祐年间诸位先生的后代子孙，以及苏轼、程颐、程颢兄弟的门人故吏对元祐以来的党争感到十分愤慨，他们在攻击蔡京仍不能发泄其愤怒之情后，竟把宋朝败亡变乱的原因归结为王安石的变法，这些都是虚妄的说法。其实，宋徽宗、宋钦宗时的祸乱是蔡京造成的。蔡京被任用，则是司马光推荐的，而杨时（龟山）的升迁又得益于蔡京。这种后浪推前浪的情况，和王安石一点儿关系都没有。至于杨时在宋徽宗时不攻击蔡京而攻击王安石，其原因在于他感念蔡京提拔他的恩情，同时也畏惧蔡京的权势，并欺负王安石已死，不会找他的麻烦。所以，他才避开眼前的事实而追述过去的往事。（后略）

这个人的话说得最透彻，正中问题的症结。王安石受到诬蔑千年以来不能真相大白的原因，就在于元祐年间诸位先生的后代子孙，以及苏轼、程颐、程颢兄弟的门人故吏制造了这些耸人听闻的故事。既然程朱理学受到后世的尊崇，那么关于王安石的流言蜚语也就成了无法改变的铁案。《四库全书提要》认为《宋史》错乱谬误的原因在于它专以表彰古板迂腐的道德为宗旨，其他的事都不太留意，看来真的是这样。颜习斋曾经为韩侂胄辩冤，说他能仗义复仇，是南宋第一名相，宋朝人反而把他杀了来答谢金人，真是连猪狗都不如。不过，《宋史》也把他归入奸臣传，只是因为他曾经得罪过那些聚徒讲学的诸位先生罢了。朱彝尊和王渔洋也曾批评张浚误国，说他杀曲端与秦桧杀岳飞没什么两样，只是因为张浚的儿子张栻曾在岳麓书院讲学，朱熹也十分尊敬他，就推崇他为名臣，而且罗列了曲端可以杀头的罪名，其实是曲笔罢了。所有这些都可以证明《宋史》中有颠倒黑白、搞乱是非之处，不一而足。而其最主要的原因则是由于学术的门户之见，使得他们看不见事实，而王安石不幸是其中受诬蔑最严重的一个。我先对此做出这样的批评，我说的这些是否可信，还要指望那些有见识的人。

王安石的时代（上）

有史以来，中国的衰弱没有比宋代更严重的了。宋代为什么这样衰弱呢？最初是由于宋太祖的猜忌，中间又有宋仁宗的松懈和丧失信心，最后则断送在朋党的互相排挤争斗之中。王安石则不幸恰好遭逢这样一个时代，结果只能拿生命与时势抗争，最终也未能取得胜利。了解了这一点，才可以和你说一说王安石啊。

宋太祖拥有天下，实在是开创了此前历史上从未有过的局面。为什么这么说呢？过去拥有天下的人，或者起兵于藩镇，或者起兵于草莽，或者靠征讨和诛杀，或者靠篡夺和禅让。周秦以前，那些成为天子的人大概都有过与前代的君主同时统治数百年的经历，这就不必说了。至于汉朝、唐朝的兴起，都是趁着天下大乱的时候，身经百战而消灭了争夺天下的群雄，他们得到天下都很不容易，花的气力也是十分巨大的。之后是曹操、刘裕之辈，他们开始都曾有功于天下，民众都对他们寄予很大的希望。又等而下之的，像萧道成、萧衍这样的人，他们在本朝的朝廷上干了很久，处心积虑想得到这个位置已经好几年了，直到羽翼丰满之后才一举将政权夺到手中。只有宋代不是这样。赵匡胤不过是区区一个殿前都检点，相当于现在的卫戍司令吧，从一开始就不曾有过赫赫之功，也不曾想过要做皇帝。但陈桥兵变，在他醉酒尚未起床之时，黄袍已经披在他的身上了，并从孤儿寡母手里夺取了江山，太阳还没落山，事情已经办好了，所以最初他对诸将说："你们贪图富贵，立我为天子，我有号令，你们能服从我吗？"这番话说明他是不放心的。由此看来，此前得到天下的人，他们得到天下靠的是自己的力量，只有宋代的君主得到天下是靠了别人的力量。而能以别人的力量夺取天下给我，也将有能力凭借他人的力量夺走我的天下给别人。宋太祖终其一生为了这件事惴惴不安，而宋朝积弱的根本原因就在这里。

凭借将士的力量拥立一人为天子，是宋朝的首创。但是，以将士胁迫天

宋代开国皇帝赵匡胤

赵匡胤（927—976），涿州（今属河北）人。自幼习武，善于骑射，其父为后唐禁军将领。后周时，赵匡胤积战功为殿前都指挥使，后升殿前都点检，执掌兵权。陈桥兵变，代周称帝，创建宋朝，从此结束了唐末五代以来割据混乱的局面。他在位十六年，史称宋太祖。此像为明人所绘。

子拥立主帅却不是从宋朝开始的，而是从唐朝开始的。唐代各个藩镇实行由子弟或亲信继承其职位的策略，其实是陈桥兵变的先声，而陈桥兵变不过是干惯了这种僭越之事的人做的一件更厉害的事而已。很显然，废除天子这样的事竟可以由将士来完成，这简直太可怕了。即使不是这样，而将士如果常常因为拥护另一个人就胁迫天子，那么宋朝作为宋朝也很难得到安宁。宋太祖赵匡胤很担心这件事，所以他从后周的孤儿寡母手中得到政权之后什么事也不做，只是把削弱其将领的兵权作为首要大事来抓。藩镇制度毒害天下大约已经有两百年了，摧毁并肃清这种制度，谁说不是好事呢？然而，过去的君主为什么安排这样的制度呢？其中一定有道理。当初设置节度使，不过是想加强边境地区的防御，使他们成为捍卫国家的长城罢了。古今中外所有的国家，没有听说过谁把军队强大当作心腹大患。但是宋朝不是这样，它是相当急迫地想要削弱举国之民的权利，而加强君主一个人的权力。它似乎从来也没想过，如果举国之民都很弱，那么君主用什么办法使自己强大起来呢？宋太祖说：“在我睡觉的床边，怎么能容忍他人酣睡呢！”他却不想想，在他的卧室门外正有人惦记着他呢。看来，宋太祖的视野只是限于他的卧床而已，这就是宋朝之所以为宋朝啊！

梁启超的这种感慨其实是有感而发。因为清末之中国，国家和军队都十分衰弱，面对西方列强，一再被人欺负，最后甚至负于日本，此时的慈禧又何尝不是如此呢！

汉朝、唐朝创业的君主，他们都有统一宇内、澄清天下的远大志向。宋朝在这方面有什么打算呢？铲除并消灭那些割据的藩镇，这个功劳一大半应该属于周世宗，宋太祖不过是坐享其成罢了。剩下的江南、四川、南粤等地，那些君臣只知道舞文弄墨，恣肆游乐，更有甚者，骄奢淫逸，人心解体，大军一到，无不望风归降。所以，这些小国的灭亡是他们自取灭亡，并不是宋朝将他们灭亡。当时，宋朝的北面有辽国，西面有西夏国，它们成为宋朝朝廷的百年之患，宋太祖从来没在这方面留意过。是他的智力达不到吗？不是！他正千方百计地想要削弱中国的军队和国民，哪里有剩余的精力关心这件事呢？

自从石敬瑭割让燕云十六州以贿赂契丹人，就铸成了我国有史以来从未有过的奇耻大辱。到周世宗时，几乎就要雪耻了。周世宗显德六年（959年），后周军队先后打下了益津关、瓦桥关、淤口关，号称“三关大捷”，契丹人闻风丧胆，如果老天再给周世宗一年的时间，整个燕山地区的光复就是意料之中的事了。即使陈桥兵变，其最初发端也是由于要北伐。当时，参与谋划的将士也说先把赵匡胤立为天子，然后继续出征北伐。假如宋太祖能够乘契丹衰败之机，全国惊恐慌乱的时候，动用周世宗留下的身经百战的军队，及时地出兵北伐，那么刘裕、桓温的功绩也是不难达到的。这件事没有办成也就罢了，此后曹翰向赵匡胤出谋划策，要率兵夺取幽州，也让赵普一句话给断然拒绝了，并使得赵匡胤打消了北伐的计划。难道说幽州不该夺取、不能夺取吗？不是！是担心曹翰在夺取幽州之后也像唐朝的卢龙、魏博等藩镇一样，成为与中央政权对抗的割据势力。但从此以后，辽国就变得夜郎自大起来，像对待奴才一样对待宋朝人。宋太宗上台后，发动了全国的军事力量，兴兵北伐，结果一败涂地，将士死伤过半。宋太宗也被流箭射中，过了两年箭伤溃烂发作，辗转病榻，痛苦至死。于是，北宋更加不敢再提兴兵北伐的事了，只有俯首帖耳，拿出国家赋税的一部分用作每年供给辽国的岁币。宋真宗时，宋军在澶渊，即今天的河南濮阳，与辽军打了一仗。当时，王钦若主张迁都南方的升州（今江苏南京），陈尧叟主张迁都益州（今四川成都），如果不是寇准坚持主张抗战，鼓动宋真宗亲至澶州督战，最后与辽国签订了澶渊之盟，则宋朝的南渡，大概也就不用等到绍兴（南宋高宗赵构的年号）之时了。然而，虽然有这样一位寇准先生，终于还是未能避免城下之盟。到了宋仁宗的时候，每年送给辽国的岁币又增加了大约一倍，辽国使宋朝日益衰弱，这是原因之一。

李姓一族自唐朝以来一直占据着夏州、银州（皆邻夹西之地）之地，成为这一方的割据势力，他们的生活资料则仰仗中原供给，想要归属宋朝已经很久了。等到宋朝平定北汉之后，宋太宗太平兴国五年（980年），定难节度留后李继筠死了，他的弟弟李继捧继位，于是太平兴国七年（982年）他率领亲族到开封朝见宋太宗，并献上了夏州、银州等四州八县的土地，表示愿意留在京城。

赵普说了一句什么话呢？他说，曹翰此去必定可以夺得幽州。可是既然得了幽州，陛下又用何人代替曹翰守幽州呢？说白了就是担心曹翰尾大不掉。于是，赵匡胤便没有派曹翰去夺幽州，君臣之间的不信任竟到如此地步！

幽州太应该夺取了，对古代的中原政权来说，失去幽州也就失去了北部燕山的屏障，从而为游牧地区的骑兵南下敞开了大门。

梁启超此处记述有误，宋太宗赵光义北伐征辽是在平定北汉之后，时为太平兴国四年（979年），这一年的六七月间，宋军兵败幽州，宋太宗在仓皇逃跑时脚上中了一箭。他在位二十三年，于至道三年（997年）去世，从受伤到死去，其间隔了大约十八年。

宋太宗以为这正是铲除西夏割据势力的好机会，就顺势将他改封为彰德军节度使，并派遣官吏直接管辖这四个州，对那里的官吏和知识分子也给予鼓励并重用他们。这样做既可以斩断契丹的右臂，也可以让那些私家招募的兵丁和崇尚武功的边民都可以发挥他们的才干为朝廷效力，从而获得功名，而宋朝的西部从此可以无忧了。在这里，宋太宗和赵普不过是沿袭了宋太祖的办法，绝不肯把军队、财政、土地交给那些骁勇的臣子，结果使得李继迁反叛宋朝，回到故地。而宋太宗采用赵普的建议，重新委任李继捧为定难军节度使，并将夏州、银州等四州八县的土地又还给他，这简直就是长别人志气，灭自己威风。所以，李继捧最终依附于北边的契丹，李继迁则时而诈降以麻痹宋军。等到李元昊继承了他父亲的职位，终于称帝建国，雄踞西北，大肆劫掠杀戮，不仅牵制中国（宋朝），而且使它不得不屈从于北方的夷狄（对辽的蔑称），甚至以辽国为先例向宋朝索取岁币，而宋朝没有谁能有更好的办法。一个大国讨好一个小国，这在古今中外的历史上都是前所未闻的。西夏国使宋朝日益衰弱，这也是原因之一。

梁启超的这番议论在今天看来有其偏颇之处，但如果设身处地想一想梁启超所处的时代，以及当时中国的现状和面临的严峻形势，他的这种议论也是可以理解的。

事实上，当大宋建国的时候，辽国已经显露出衰败之象了，而西夏尚未强盛起来。这时，假使宋朝能振奋精神，使军力稍有增强，那么对于辽国，就像折个鞭子鞭笞它，没有什么难的。但是，宋朝竟像养痈疮一样，养患数十年，结果把自己搞得衰败了，而辽、夏却都强大了起来。造成这种局面的重要原因正是宋太祖独有的那种心理——一定要使其兵弱，使其将弱，同时使其民弱。这种心理传到后代就成了一定的行为准则，老百姓相沿成习，于是懦弱而缺少勇气就成了宋代的风气。到了真宗、仁宗的时候，把忍受屈辱视为正常已经很久了。而宋神宗与王安石赶上了这种衰败局面的末流，年轻的肩膀上承担着说不尽的国仇国耻，却想着在逆境中奋起振兴大宋朝。

我认为，宋太祖的政策核心在于使其兵弱，使其将弱，同时使其民弱。为什么这么说呢？募兵这种恶劣的制度虽然发生在唐朝，但最终确定下来是在宋朝。宋王朝的募兵制度是将全国的军队全部集中到京城周围，而这些士兵的来源主要靠招募那些失去土地的破产农民，也就是社会上的游民。每当灾害发生的时候，就招募饥饿的灾民来扩充军队的名额。历史学家称赞这种制度，认为把这些游民收编在军队之中具有深远的意义，这些人被豢养起来，不再扰乱社会，就使得现政权的保险系数高了一些。但其本质却是使得除了保卫大宋天子的军队之外，举国之中再没有一个强有力的人了，我所说的“使其民弱”就是这个意思。它的边防要地也需要军队防守，但是这些部队都从京城派遣而来。驻守各个地方的军队则实行经常更换的“戍更”制度，统率军队的将官也是朝廷派遣的，这就造成了“兵无常帅，帅无常师”的局面，防止高级将领拥兵自重。历史学家赞美这种制度，认为它使得将领与将领之间、直接领导军队的将帅与主管军事行政的中央首长之间能够相互制约，不致相互勾结而形成一种势力，由此可以防范有人以私意发动军事政变，使得黄袍加身的事情不再发生。但从本质上说，这种制度其实是要在将帅与士兵之间造成一种“兵不知将，将不知兵”的局面，以此防止晚唐、五代期间藩镇拥有私家军队的祸患，这就是我所说的“使其将弱”。不过，使其民弱、使其将弱，这是宋太祖的本意，而使其兵弱，就不一定是宋太祖的本意了。然而，按照他的这一套办法去做，他的兵又怎么能够不弱呢？聚集数十万社会上的游民，吃着官府供给的粮食，终日闲得无事，四处游荡，一年也不摸一下兵器，这些人必然习惯于偷懒而一无是处，这个道理是很容易理解的。何况，宋朝的制度又沿袭了五代时期朱全忠所建的后梁王朝惩罚盗贼的陋习，给士兵文面刺字，使其社会地位低于一般老百姓，而一般的老百姓自认为自己是良民，也以当兵为耻辱。既然上司把他们当作品性不端的人对待，却又希望他们为其卖命，与国家、君王同心协力、团结一致，这怎么可能呢？我所说的“使其兵弱”就是这个意思。现在，国内所谓强悍的人都聚集在这里让他们当了兵，而兵弱到这种程度，已经不能依靠他们打仗了，其将帅之弱也就更加严重。把这样的军队派到战场上去，即使五尺之童也知道他们无一幸免是去送死的。而国家有了危难，边防告急，想让老百姓拿起武器保卫自己的家园，更不可指望。国家积弱到了这个地步，想在两种憾事之间进行选择，最后只能低头屈膝请求别人让我当这个皇帝。此外，没有其他出路。试问，稍有血性的男子汉看到这种情况，能够心安理得地坐视不管、毫无作为吗？

国家最大的政治，一个是军队，一个是财政。宋朝的军队是这个样子，它的财政又如何呢？由于宋朝将军队全部聚集在京城周围，所以它只能将全国各地生产、创造的所有财富都集中到京城来，以供养这些军人和军官，却不给京城以外的州留下任何财富。开国之初，军队只有二十万，其他多余的费用也不是很多，所以国库当中还有一些盈余。到了宋太祖开宝末年（976年），在册的军人就达到了三十七万八千。宋太宗至道年间（995—997），军队增加到六十六万六千。宋真宗天禧年间（1017—1021），又增加到九十一万二千。宋仁宗庆历年间（1041—1048），更增加到一百二十五万九千万。宋英宗治平年间（1064—1067）和宋神宗熙宁初年，军队的数量大致也维持在这个水平。军队的数量既然与日俱增，那么只能将民间的财富尽可能地集中起来以充实国库，而出戍禁军每年一次的换防，所耗费的钱财更是不可计数。宗室、官吏这些吃俸禄的人每年也在增加。而且，三年一次的郊祀、赏赐的费用，常常也要五百多万贯。宋真宗景德年间（1004—1007）郊祀用了七百余万贯，东封泰山用了八百多万贯，到山西汾阴祭祀后土又花费一百二十多万贯，修建老子享用的明堂更增加到一千二百万贯。宋太祖开宝（968年）以前，每一年的收入和支出很难详细考察，然而，到了宋太宗至道末年（997年），每年的收入是二千二百二十四万五千八百贯，还是有一些盈余的。过了不到二十年，即宋真宗天禧年间，每年的总收入达到一万五千八十五万一百贯，总支出是一万二千六百七十七万五千二百贯。到了宋英宗治平二年（1065年），总收入只有一万一千六百一十三万八千四百贯，总支出却达到一万二千三十四万三千一百贯，还有临时费用一千一百五十二万一千二百贯。宋朝的老百姓并没有比他们的前人更富裕，但是二十年间，上缴给国家的赋税却增加了十倍以上，他们靠什么维持自己的生活呢？何况，自宋仁宗嘉祐年间到宋英宗治平年间（1056—1067）这十来年，当年的支出超过当年的收入，都在两千余万贯。到了王安石执政的时候，宋朝的政府和国民都离破产不远了。而当时那些德高望重的士大夫还喋喋不休地指责他谈论如何增加财政收入、减少支出。试问，没有王安石的善于理财，宋朝作为一个国家还能生存下去吗？

宋朝制度规定，出戍禁军每三年换防一次，苏轼在《定军制》一文中有“三岁而一迁”的说法。梁启超在这里所说的“岁岁戍更就粮”，也是夸张的说法。

当时，国内外形势的紧迫已经像上面所说的那样，而宋朝的君臣又采取了哪些对策呢？宋真宗奢侈靡费，严重伤害了国家的元气，不必说了。宋仁宗号称贤明的君主，但他又因为一些流言蜚语而罢免了范仲淹等贤明的大臣，使得“庆历新政”仅仅推行一年就夭折了，在这个意义上，可以说宋朝的衰败正是从宋仁宗开始的。王船山（夫之）说得好：

宋仁宗在位四十一年（1023—1063），他所施行的政策是不修边防，不整军备，不练士兵，刀枪入库，马放南山，用岁币换取和平，使百姓免于战乱之苦。百姓能免于战乱之苦固然是好事，但国家完全放弃守备，大量裁减边防，使人心耗散、松懈到这种程度，后来的继承者就很难办了。每年向辽国输银五十万两，还俯首自称是送给友邦的礼物。对李元昊父子也是以礼相待，以奉送绢银的方式向他们乞求苟且平安，仁宗并不觉得可惜。那些执掌大权的臣子、辅佐皇帝的谏议官员，无论他们在朝还是在野，总是一副彬彬有礼、侃侃而谈的样子，讨论一个典章的是非，把西北那些狡诈之徒放在那里，好像是天造地设不可侵犯似的。国家已经衰弱到这种地步，幸好没有遇到像耶律德光、李继迁那样十分强悍的人，还可以暂时靠贿赂免除灾祸。如果不是这样，则刘六符这样的人虚张声势地恐吓几声就吓得魂飞魄散了，那么一旦有人迅速起兵而席卷河朔地区，并向开封、洛阳进发，皇帝他会不成为另一个石重光的机会是多少呢？

平心而论，宋仁宗是历代皇帝中比较善良的人，如果在他的左右多一些希望有所作为的大臣，宋朝也许可以自己振作起来。当时执掌朝中大权的大臣，史书中比较多地称赞他们的贤德才干，而心平气和地考究当时的真实情况，的确是人才荟萃，但上等人才却差不多绝迹了。其中能够了解实际情况、立志于改弦更张的人，只有一个范仲淹。论才志谋略，他比王安石要低好几个等级。然而，他因为宋仁宗的信任不专一，被人用离间的办法迫使其离开京城了。其余最著名的，像韩琦、富弼、文彦博、欧阳修等人，他们的道德、学问、文章都是可以照耀千古的，但他们在朝廷做官，却只会调和、和稀泥、拾遗补缺，虽然有一些作为，但不能衡量根本，而只是强调细枝末节。当此内忧外患特别紧迫的时候，他们在改变国家长久衰弱的状况、促使国家长治久安方面并不能恪尽职守。这些居高位而无所作为的官员对外部的了解几乎到了无知的程度，只知歌颂太平盛世，不知道在这个世界上还有值得忧患的事情。就像汉朝的贾谊所说，把火种放在堆积起来的柴草下面，自己睡在柴草之上，火还没有燃烧起来，于是就说很安全。就在这个时候，有一个叫王安石的人，他起来扰乱这些人正在做着的美梦，于是一个个都把王安石视为仇人，也是很自然的。王安石最初见到宋神宗的时候，宋神宗问他，本朝享受了百余年天下平安无事的原因是什么？王安石退朝之后给宋神宗写了一封信，回答他的问题，信中说：

宋仁宗像

（前略）然而，本朝历代因循死守着乱世的风俗习惯，竟然没有在亲友和群臣之间议论过，与皇帝早晚相处的只不过是宦官和宫女们。皇帝出来处理政务，也只是讨论各部门的一些小事，不像古代那些有大作为的皇帝，和学士、士大夫讨论先王的法度，并用来指导对天下的治理。一切听任自然变化的趋势，不强加主观努力，所有措施的名义与实际情况是否一致也不去考察和了解。君子不是不被重视，然而小人往往也能混杂在里面；正确的议论不是不被采纳，但是邪说有时也被接受。用诗赋、背诵从天下的士子中选拔人才，却没有设立学校培养人才的法令制度；以科举的名次和资历来排列朝廷官位的高低，却没有考核官吏的办法。监司不是通过检测观察得到人才，守将也不是经过考察挑选的官吏，官职调动频繁，很难考核他的成绩，那些喜欢游说空谈的人就乘机冒充好人混了进去。结党营私、猎取名望的人往往都能得到显要的官职，而没有后台又能忠于职守的人却受到排挤和压制。所以，从上到下都偷安懒惰，只求能取悦皇帝，虽然有能干的人在其职位上，但他们和平庸的人没什么两样。农民苦于各种徭役，却不见朝廷有什么特别的救济抚恤，又没有安排官员为他们修整农田水利。军队中掺杂了许多老弱病残，却并不加以整顿训练，也不派遣得力的将官，给他们长期驻守边疆的权力。禁军收罗的都是些兵痞、无赖之人，并没有改变五代（梁、唐、晋、汉、周）以来对军队姑息笼络的旧习俗。皇族中也没有教育、训导、选用人才的措施，这不符合先王以德才为标准决定亲疏升降的用人原则。至于治理国家的财政，基本上没有法度。所以，虽然皇帝勤俭节约，而百姓却不富裕，虽然皇帝发奋勤劳，国家却不强盛。好在不是外部敌人强盛猖獗之时，又没有尧、汤时的水灾、旱灾，因此，天下平安无事，超过百年。虽说这是人为的事，但也是老天帮忙啊！（后略）

他对当时国家所面临的形势发表的看法，可以说是广博、深刻、切实、明白的，而他不得不变法的理由也都体现在这里了，因此，他在《上仁宗皇帝言事书》中也说：

皇上难道能够永远靠天赐的侥幸获得安全稳定，而没有一天的忧虑吗？汉代的张角，动员了三十六万之众，在同一天起兵，所在郡国的官吏没有一个发觉的。唐朝的黄巢，横行天下，所到之处，官兵没有敢抵抗的。……而当今朝廷的大臣们，没有一个肯为皇上做长远打算，没有一个为国家的长久利益着想，我对此感到迷惑不解。从前，晋武帝在位的时候，得过且过，并不为子孙的长远利益进行谋划，当时执政的大臣们，也都是苟且偷安、随声附和的人，于是社会风气败坏，礼义、法度被抛弃在一旁，从上到下都这样做，没有人认为是不对的。而有见识的人，早就料到了将来国家必然会大乱。后来果然天下大乱，中国陷入被外族分裂的状态达两百余年……我希望皇上能以汉朝、唐朝、五代动乱灭亡的原因为镜鉴，警惕晋武帝苟且偷安、因循守旧所造成的祸患……

宋仁宗时代号称是宋朝的全盛时代，举国欢天喜地，到处都在大唱颂歌，只有王安石对这个国家所面临的危机表现出深深的忧虑，甚至不惜用晋武帝这样的例子去警醒他的皇上，他是担心中国再次沦落到被外部势力瓜分、侵占的灾难中。难道王安石是杞人之忧吗？其实，靖康之祸，王安石已经预见到了。

王安石的时代（下）

王安石所处的时代虽然内忧外患、贫弱交困、弊端丛生、危机四伏，但是作为若干世纪才出现一个的人才，又遇到一个想有很大作为的皇帝，他要拨乱反正，改革政治，实现富国强兵的目的，几乎是易如反掌。然而，他的成就并不像人们所期待的那样，原因何在呢？显然是受到了朋党的拖累。宋朝的朋党之祸患虽说兴盛于王安石之后，实际上却滥觞于王安石之前，这一点是必须追述的。政党作为一种事物，产生在政治进化之后。国家产生了政党，不是一件坏事，而是一件值得庆贺的好事。虽然如此，也是有条件的：其一，政党只能生存于立宪政体之下，是与专制政体不相容的；其二，作为政党，应该坦然接受结党这个事实，尤其不应该避讳结党的名声；其三，争辩讨论的问题应当集中在政治问题上，宫廷问题、个人私德问题、学术异同问题等都不应该掺杂在里面。但是，宋朝所谓的党和上面所说的政党没有任何相同之处，所以我不能称它为政党，而只能用它的旧名，称之为朋党而已。中国在此之前的党祸，像汉朝的党锢、唐朝的牛李之争，在此之后的党祸，像明朝的东林党和复社，都可以说是小人陷害君子。只有宋朝不是这样，其性质复杂而且非常混乱，无论聪明还是愚蠢，无论贤明还是不肖，都自投罗网，掉在那锅鼎沸的热汤中。用一句话来概括，无非是士大夫们意气相争而已。推算宋朝朋党特别兴盛的原因，一是由于尊崇文人而轻贱武将，二是由于中央权力过度集中。宋太祖的政策是要千方百计抑制他的臣属，使他们不能凭借武功来自我炫耀，而有才华、有本事的人势必都要走从政做官这条路。他把兵权、财权完全集中于中央，管理民众的部门、统辖一方的官署、官吏的升迁罢免也由中央来决定，实际上权力都集中到皇帝一个人手中。那些年老的旧臣在他的优养之地并不像汉代的郡国守相那样，可以按照他的意志行使种种权力，而且对他们也要严格考核，以决定对他们的罢免和升迁，使他们明白这是不容易的。所以，优秀的人才、想要建立功名的人都集中到京师来了。而宋朝的京师又和当今世界上那些有国会的立宪国家不大相同，那里可以让很多读书人展示他们的才华，而在这里可以参与讨论国家政治的人不过两三个执政者而已。还有少量的翰林学士和御史纠察官员，作为执政者的后备之人。这样一个大国，人才如此众多，却只有很少的位置可以让读书人借此而建功立业，他们相互争夺，也是很自然的事情。所以，说宋朝的历史是争权夺利的历史，也是可以的。品性不好的人争这个职位是为了谋私利，贤明的人争这个位置是为了实现他的志向，争来争去，争得形同水火、势不两立，意气也就从这里产生了，他们结成朋党，彼此之间相互诋毁，这样一来，党祸就与宋朝相始终了。

宋朝的朋党之祸虽然在宋哲宗的元祐、绍圣年间（1086—1097）闹得非常厉害，但它的兴起却在宋仁宗和宋英宗这两朝。宋仁宗时，范仲淹与吕夷简发生矛盾，这是朋党之祸的初始阶段。后来到了宋英宗在位时，发生了著名的濮议之争，就使得朋党之祸更加铺张扩大了。最初，范仲淹上《百官图》讽刺宰相吕夷简任用亲信，又上疏批评时弊，被吕夷简指责为离间君臣、引用朋党，罢了权知开封府职事的官。士大夫之间有人同情范仲淹，有人支持吕夷简，互相指责对方为朋党。后来，吕夷简的宰相兼枢密使职务被罢免，宋仁宗任命范仲淹为参知政事，石介作了一首诗，称赞革新派，批评保守派，指责反对革新的夏竦等人为大奸。石介的行为使夏竦等人深深衔恨在心，自此成为死敌。当时，与石介同朝为官的孙复读了这首诗后提醒他说："你的灾祸从此开始了。"宰相一职，范仲淹只做了几个月。史书记载，他严格限制各级官员享受恩荫的子弟及亲戚的人数，对在职官员的政绩进行严格考核，按优劣分别升降。他不分昼夜地为国家操劳，希望能使天下得到太平。但是，他的改革大刀阔斧，急于求成，涉及的范围又很广，很多人都认为不可行。当时，范仲淹亲自到各地考察官员们的工作，遇到不称职的官员坚决罢免，闹得很多人怨声载道。他还不讲情面，考核官员的制度非常严密，不给侥幸者一点儿机会。正因为如此，主持"新政"的范仲淹等人遭到各种无端的诽谤，攻击他们结为"朋党"的论调也渐渐影响到了皇帝。反对党乘此机会大肆攻击，不惜造谣中伤，使得范仲淹与杜衍、韩琦、富弼同时被罢免。王拱臣曾公开说：“我把他们一网打尽了。”这种气焰和石介的诗好像出自一人之口。后代研究历史的人没有不抬高范仲淹贬低吕夷简的。当然，范仲淹胸怀广大，拥有“以天下为己任”的抱负，绝不是吕夷简这种人能够相比的。然而，吕夷简也不过是个平庸之辈，贪恋权势、想做高官的人，如果把他说成是大奸大恶，那么宋朝百余年来的宰相像吕夷简这样的人比比皆是，难道都把他们说成是大奸大恶吗？何况当时与吕夷简一起攻击范仲淹的人也有许多被后世看作君子的人，这又如何解释呢？事实上，宋朝的朋党无所谓君子还是小人，纯粹是读书人之间的意气之争，最后发展到相互倾轧。庆历年间（1041—1048）已然如此，这种风气一形成，到了宋英宗治平年间（1064—1067）自然就有了濮议这一大公案。

濮议是怎样一件事呢？宋仁宗死后没有留下后代，1063 年便过继了堂兄的儿子继承皇位，就是后来的宋英宗。仁宗的堂兄赵允让曾被封为濮安懿王。濮即濮阳，在今河南省。英宗即位的第二年，也就是治平二年（1065），下诏讨论如何举办崇奉其生父濮王的典礼。朝廷之上大臣们分成两派争相哄吵，气势汹汹，如临大敌，朋党之祸到此时就变得极其严酷了。御史谏议大臣等请求杀了韩琦、欧阳修以谢先帝（宋仁宗），甚至因为这样一件有关皇家名分的事诋毁对手的私人品德，有人就诬蔑欧阳修乱伦不耻。但当时因为濮议受到攻击的人，像韩琦与欧阳修，后世都被称为君子。而因濮议攻击别人的人，像吕诲、范纯仁等人，后世也是被称为君子的。宋朝朋党的真相在这里完全显露出来了。这件事虽然好像与王安石新法的争吵无关，然而作为一种现象，二者还是有相似之处的。而且，在这里首先攻击韩琦、欧阳修等人的人也就是后来首先攻击新法的人，所以我不怕别人讥笑我离题太远，把欧阳修关于濮议的原文全部作为附件放在这里，从中可以看到当时所谓士大夫中的风气就是这样的。这也就可以了解后来王安石的地位就像当时的韩琦和欧阳修，而新法这件公案也就是另一个濮议事件而已。

（附）欧阳修《濮议》：

宋英宗皇帝即位之初，普天同庆，群臣都加官晋爵，不管生者死者都得到了皇帝的恩泽，宗室中原来的那些王也都得到了新的封赏。只有濮安懿王因为是皇上的生父，中书省认为，不能和其他那些王一样，于是上奏请求让有关部门商议一下举行典礼的事。皇上下旨说，要等到服丧期满之后再说，这个提议就被搁置起来了。

治平二年（1065年）四月，皇上服丧期满，就把那个奏章下发给两制，即翰林学士和中书舍人，详细研究。翰林学士王珪等主张给濮安懿王特别尊贵的高官大爵也就行了，但中书认为，要给他官职并改封大的王号，应当下旨进行册封，而册封的诏令是有特定规格的。诏令应当这样写："某亲具官某，可赠某官，追封某国王。"封册上则应当这样写："皇帝若曰咨尔某亲某官，某今册命尔为某官某王。"但是，濮王与皇上是父子关系，不知道制册上怎么称呼他，还有就是写不写他的名字？于是又把这个奏章发下去，要求再议。王珪等人提出来可称"皇伯"，但不写名字。中书根据《仪礼·丧服记》中所记载的"做儿子的要为他的父母服丧"，又根据唐《开元礼》和宋《开宝礼》的要求"做儿子的要为生父'齐衰'一年，要为后父'斩衰'三年"。这里的后父、生父都称父母，在古今的典礼中，都没有将生父改称"皇伯"的记载。又查证前代以藩侯继承皇位的君主不幸都处在衰败的乱世，不能效法他们，只有汉宣帝和汉光武帝是有盛德的君主，都称他们的父亲为"皇考"，也没有称"皇伯"的。"皇伯"这个称呼不仅典礼上没有用过，在历史上也没有依据，所以不能这样做。于是将古今的典礼以及汉宣帝、光武帝的材料，并附上"皇伯"的提议，送给三省的官员和御史台的官员一起详细讨论。讨论还没有开始，皇太后就亲自写了信责备中书不应该称"皇考"，中书写了材料说明为什么这样做。皇上见到皇太后的手书后大惊，马上手写诏书要求停止讨论这件事，追封的事也就停了下来。过了几天，礼官范镇等人坚决要求讨论有关"皇伯"的问题。他们的奏章留在皇上那里没有再发下来。不久，御史台的官员们也都对此发表了各自的看法。皇上既然因为皇太后的缘故决意停止讨论这件事，所以凡是上疏谈论这件事的都被皇上留下。皇上聪明果断，很通情达理，对待大臣都很谦虚恭敬，但是绝不姑息。御史台的官员所说上有关濮王的奏章既然都不再下发，他们提出的其他不可行的建议也大多被搁置起来，没有实行。御史台的官员因此开始有意见并发出怨言，并指责中书不去实行。中书也曾经上奏说，现在御史台的官员气愤朝廷不用他们的谏言，说他们阻塞了言路，使得皇上成了拒谏的皇上，请求能简单实行一两件事。皇上说："朝廷应当以公平的心对待天下的事，如果他们说的可行，就应该立即实行，何止'略行一二'呢？如果他们说的不可行，难道应当为了应付人情，不能做的事勉强去做，那样不是对事情有害吗？"中书觉得皇上所说句句在理，不敢再有别的请求。皇上接着问道："他们说的有没有可行但是没有实行的呢？"韩琦以下的官员相互看了看，说："确实没有。"皇上说："既然如此，就这样吧。"

这时有几名杂端御史（御史中的一种，知杂事），都是新提拔的，锐意进取，希望尽快取得成就，见到什么事都发表意见，也不管是不是自己分内的事。所以，他们提出来的建议都比较荒谬，不能实行。这时，京城正下大雨，

"唐宋八大家"之一欧阳修

欧阳修（1007—1072），北宋文学家、史学家。庆历三年（1043年）任谏官，支持范仲淹，要求在政治上有所改良，被诬贬知滁州。官至翰林学士、枢密副使、参知政事。是北宋古文运动的领袖，"唐宋八大家"之一。曾与宋祁合修《新唐书》，并独撰《新五代史》，有《欧阳文忠公文集》。

官、私房屋倒塌了很多，军营倒塌得尤其厉害。皇上想到军人都露天居住，心中非常焦虑。两府的大臣也都非常担忧害怕，不分昼夜地操劳，费尽心思，进行安排处置，已经有了一些效果。这时的范纯仁刚当上御史，初次上殿，大家都想听听他会说什么。他上的第一个折子就是催修营房，责怪中书省为什么还没有完成，请求每一营派遣监官一名，由中书省审核议定。京城里倒塌的军营有五百二十座，如果按照范纯仁的请求，就应该派遣监官五百二十人，每个监官还要有四个随从，这时正是国家的非常时期，事情多，人手少，却要派出两千士兵和五百监官，而且瓦木等建筑材料还没有着落。他的轻率、张狂、空疏、乖谬就是这样的。所以，中书省讨论这件事的时候，我就忍不住笑了，而御史们也觉得这事不妥当。过了几天，吕大防又上疏，请求两营派一名监官。他所提的事都是一些非常琐碎、不符合实际、无法实行的事。但他们不知道自己提出的建议不可行，反而报怨朝廷阻止不去实行。所以吕大防又说，今后他们提出什么要求没有实行的，中书省要说出为什么不办，并且报告给御史台，他们竟然蛮横无理到这种程度。他们怨愤的言辞在士大夫之间流传，一些亲朋故友就和他们开玩笑，激他们的火："近来御史提谏议，中书省都批为'进呈'，就算完事了，外人都说，御史台应该改称进呈院了。"这样的话很多，朝中官员传来传去，以此来开玩笑。

御史官员更加不满，甚至愤怒，于是想着最好弹劾一些人。他们认为，如果因为弹劾人而获罪，还可以留下敢说话的美名。这时皇上的品德、恭敬节俭、行为没有什么不合适的地方，两府大臣也没有什么大的过错，没有什么可以让他们弹劾的，只有濮议这件事还没有定论，就说这可是个好题目啊，这样的好机会是不能错过的，于是都来尽力说这件事。但这时皇上的手诏已经不许再谈这件事了，"皇伯""皇考"的说法也还不知采取哪一种，其他追封的事情又还没有讨论，朝廷对于濮议并没有做错什么，所以御史们也只有请求早一点儿施行"皇伯"的建议而已。中书省以为，前代有关礼仪的争论连年不决的有很多，这件事关系重大，而且皇上很谦虚，已经自己停止了讨论，不再提起，有什么过错可以被他们拿来谈论吗？于是放在一边不再搭理他们。但是御史们一起来到中书省并扬言："宰相最好早点儿了结这件事，不要被别人钻了空子。"皇上已经不让议论这件事了，所以虽然有很多人来说但都没有被采纳。由于这个原因，御史们更加感到羞愧和耻辱，看形势已经不能使他们停下来了。他们本来就想通过弹劾别人因言获罪，来邀买名声，所以他们这时的言论只求能激怒朝廷，已经无所顾忌，大肆诬陷诽谤，多次引证董宏、朱博的故事，以此来影射我是首先提出建议的人，毫无顾忌地对我进行丑化和诋毁。

刚开始，翰林学士和中书舍人由于朝廷不用他们的建议，心里已经有些不平，等到御史们有了说法，于是和他们相互呼应和配合。一些庸俗的人并不懂得礼仪，不知道圣人是很重视无子这件事的，凡是没有儿子的，允许同宗的子弟继承家业，这是最公正的道理。不过，寻常百姓怕人知道过继儿子以及异姓领养义子的举动，都避讳提到他们的亲生父母，以为理所当然，于是就会认为"皇伯"这样的提法是正确的。御史们既挟持两制，即翰林学士和中书舍人的帮助，而外面的议论又是这样，因此用言论迷惑众人，说朝廷背弃了仁宗的恩德，要特别地加封濮王。庸俗的下层民众甚至传言，将来还要让濮王进太庙，替换仁宗的位置呢。里里外外议论纷纷，没有人可以说得明白。有识之士都知道"皇伯"的说法是不对的，但只要有人稍微倾向于为朝廷说话，就会被骂为奸邪。太常博士孙固曾经提出让皇上称亲，他的奏章还没有递上去，御史们就相继弹劾他了。于是，有识之士都闭口不谈此事，不愿因此惹祸。时间一长，中书省就商量，想要一起订一个折中的方案，来平息舆论。于是，他们起草了一个方案报上去，请求按照这个方案下诏说：濮安懿王是我的亲生父亲，群臣都请求加封更高的王位，但哪有儿子给父亲封爵的道理呢？应该让中书省和门下省将他的坟茔改建为陵园，在园中立一座庙，让王的子孙能按时去祭拜，礼节到这里就为止了。就在那一年的九月，皇上看了这个方案，一点儿也没有感到为难，说："能这样做最好，但需要禀告太后才可以实行，暂且等一等吧。"

这时，离南郊祭天的日子越来越近了，朝廷的事情很多，御史们的议论也稍微平息了一些。皇上也没有时间告诉太后，中书省就更不提及这件事了。郊礼祭天结束后，到了第二年的正月，御史们的奏章又来了。中书就将原来写好的方案又呈送上去，请求皇上降诏。皇上说："等我两三天内禀过太后，就可以实行了。"没想到，这天晚上，皇上忽然派遣高居简来到曾公亮家，颁布了皇太后的手谕:“允许皇帝认濮王为亲。”又说:“濮王应该称皇,三个夫人也应该称后。”这和中书省进呈的方案大不一样,而称皇、称后这两件事皇上事先也没有说过。当初中书省进呈的方案也只是请求皇上直接降诏实行,并没有一个字涉及皇太后。而皇上也只是说,需要“禀过皇太后,然后再实行”,也没有说过要请皇太后颁布手谕啊。这几件事都不是皇上的本意,也不是中书省的本意。这天,韩琦因为祭祀正在斋戒,只有曾公亮、赵概和我在垂拱殿门的阁子内,互相看着都很惊愕,因为这件事来得太意外了,没有人知道该做什么。于是大家就派人到斋戒的地方去找韩琦,一起来听取皇上的旨意。不一会儿韩琦就到了,来不及交谈,就一同来到大殿上。韩琦上前奏道:“我有一个意见,不知道是否可行。”皇上说:“怎么样呢?”韩琦说:“今天太后手书中提到的三件事,称亲这件事可以奉行。而称皇、称后这两件事,请求皇上一定推辞。再降一道诏书,只答应称亲这一件事。然后,把我们前些日子进呈的那个方案中提到的那几件事,将他的坟茔改建为陵园,在园中立一座庙,让王的子孙能按时去祭拜等写成手诏,然后实行。”皇上很高兴,说:“很好。”于是就依照他的说法颁布手谕去实行了。刚开始,朝廷内外的人受到御史们的蛊惑,都说朝廷尊濮王是想夺仁宗的正统地位,所以人们的情绪十分激昂,等见到手谕,实行的内容不过如此,都认为朝廷处置得很合理,再没有什么异议了,只有那些提议称“皇伯”的人仍然认为称亲不对。

这时,吕诲等人已经被贬,闭门不出,也知道形势不能阻止,于是就抓住称亲不对这一点,更加放肆地诬蔑和诽谤。他们说,韩琦串通了宦官苏利涉、高居简,把皇太后的思想搞乱,这样才下了手谕。又专门指出,我是首先提出建议的人,要求杀了我以谢祖宗。他们将奏章送进宫中,副本就给了进奏官,让他帮助传播。吕诲等人既然想得到罪名后离开这里,所以每次去见皇上都表现得傲慢无礼,唯恐皇上不发怒。皇上也多次下谕对中书省说,吕诲等人遇到皇上不再讲君臣之礼。然而皇上性情仁厚,不想因为濮王的事处置御史们,所以就尽量包容他们。时间一长,发展到这一步,知道他们是不能再留下了,就这样还多次派遣宦官到家里召见他们,授予他们官职,但他们竟不出来接旨,只好让他们以原来所任的官职到外地去赴任。濮议这件事,从中书省开始提出方案到后来称亲立庙,皇上没有说过一句如何加封的话，只是虚心地把这件事交给大臣和有关部门，只是根据他们的建议举行了典礼。不称“皇伯”而称“皇考”，也只是中书省的提议，皇上并没有规定一定要怎样称呼。而吕诲等人多次上疏，很久都没有做出决定，大概是因为皇上认为这件事很重大，不能轻易答复吧。而且，已经颁布手诏不准议论这件事，所以称“皇伯”还是称“皇考”，这一切都被放在一边，不再讨论了，也不是有意非要么办。皇上曾对韩琦等人说，当年汉宣帝即位八年，才开始讨论追尊“皇考”，近来中书省的奏章为什么这么急呢？由此可见，皇上对这件事是看得很重的，不敢轻易去讨论，怎么能说是过分地追封呢？至于说中书省不敢用“皇伯”这个称号，更是无稽之谈，他们只是遵从典故罢了。其他追封的礼数都没有来得及讨论，大概是因为“皇伯”“皇考”的称呼问题还没有定下来就把争论停止了，所以没有来得及讨论追封的礼数，以后讨论的只是在陵园中立庙罢了。像吕诲等人多次引证汉哀帝、汉桓帝的故事，目的是要诬陷别人，也没有在讨论中谈到。刚开始，吕诲等人决意离开朝廷，皇上屈尊挽留他们，而他们不肯留下。赵瞻这个人在他们几个人中尤其平庸低下，更加不知体统，他在别人面前扬言说：“近来皇上只不曾下拜来挽留我罢了。”以此来自夸有德。而吕诲也对人说：“过去朝廷对于御史们所说的事十件能做三四件，让我们这些人面子上过得去，也不至于非要离去。”由此说来，朝廷在濮议这件事上难道有什么过错吗？放逐那些御史难道是皇上的本意吗？吕诲等人的离去难道是专为了濮议这件事吗？士大夫只看到吕诲等人的诬陷之言，却不了解濮议这件事的来龙去脉，不追究吕诲等人的用心，认为只要是因为进言被罢官就是忠臣，争相赞美他们。他们果然像吕诲等人预料的那样，因此得到了虚名，而且推荐吕诲的人也想借此博取名声。以宣扬皇上的缺点来彰显自己的优点尚且是不行的，何况是诬蔑皇上来邀买自己的虚名呢？啊！如果吕诲这种人的心迹不败露，诬蔑和诽谤得不到澄清，那么先帝的心志也不能为后世所了解，就是我的罪过了。所以，我要公正地写出事实，以备史官们采用。

读了欧阳修的这篇文章，当时在朝廷上发表议论的那些人，其价值就可以想见了。这些人的想法不过是要通过这件事为自己扬名立万罢了，甚至希望皇帝因为他们的言论而治他们的罪，给他们的罪名越大，他们的名气就越高，他们唯一的目的就在这里。而国家至关重要的利益，这一切都不在他们的心里。所以，他们每天都在搜求好的题目，作为奇货可居的宝贝收藏起来，一有机会就摇唇鼓舌，鼓动朝廷上那些不得志的人和他们结为一党，那些没有见识的民众则跟风跑、随大溜，一副气势汹汹的样子。有人反对他们，就骂这些人是奸邪小人，务必要把他们的口封住不能说话才满意。如果争论不能使别人屈服，就气急败坏地诬蔑别人的私人品德，直到说韩琦结交太监，欧阳修与外甥女乱伦。考察当时攻击韩琦、欧阳修的言论，说他们搞乱了人与人的伦理关系，泯灭了做人的良知；说他们对一切有生命的东西都愤愤不平、痛心疾首；说他们是奸邪之人，为了谋求自身的利益，只想在皇帝面前争得恩宠，不惜伤害伦理大义和孝道；说他们千方百计、花言巧语，用一些似是而非的言论蒙骗皇帝。然而，韩琦、欧阳修二位先生堂堂正正地为皇帝做事，他们的行为，人们都清清楚楚地看在眼里，又何尝如那些人所说呢？假如真像那些人说的一样，那么他们二人的罪过就不仅仅是施政中的得失，而在于居心不良、卑鄙无耻，这样做就真的不能立于天地之间，也就是说，没有脸面活在世上了。难道真的是这样吗？如果不是这样，那么那些攻击他们的人居心又何在？濮议不过是皇家的私事罢了，和天下大事无关，而且在皇家的私事中也是很小的一件事。当时，那些所谓的士大夫为了沽名钓誉，发泄他们的愤懑，竟推波助澜、兴风

说起来，濮议不是一件什么大事，只是皇家的一件私事，而且是私事中的一件小事，说到底就是一个私人的名分问题。宋英宗当了皇帝，虽然他已经被过继给了宋仁宗，但他还想给他的亲生父亲一个名分。他对他的父亲是继续称父亲，还是称伯父呢？就是这样一个十分无聊的问题，闹得满朝官员数年不安，演变成势不两立的两派之争，许多大知识分子参与其间，打得你死我活，真是让人不可思议。这一点的确是宋代文人的突出特点，难怪只有他们可以说出“饿死事小，失节事大”的话来。

作浪，不惜让天下人的注意力都集中到一两个做事的人身上。又何况王安石的变法，其事业的重大超过这件事上万倍，更不容易为民众所理解，所以一个人像狗一样狂叫就举国都跟着一起叫，就是这个道理。濮议这件事是韩琦、欧阳修所为，没有丝毫违背伦理道义的地方，虽然如此，那些攻击他们的人仍然指责他们搞乱了人伦关系，在皇帝面前邀功争宠，用花言巧语欺骗皇帝。此后，有人将这些恶名再强加到王安石的头上，又怎能让人相信呢？区区一个濮议，其是非完全可以用一句话说清楚，而事情偏偏不是这样，话还没说就受到了大家的指责，被视为奸邪小人。那么，以后凡是有人要为王安石的新法打抱不平，都被视为奸邪小人，我们是不是应该这样看呢？濮议这件事因为有了欧阳修的这篇文章，其中的是非曲直还可以传达给后来的人，而王安石的熙丰新法由于他的《熙宁日录》被毁，后世人只见到一面之词，于是它真的是千古如长夜了，这是多么令人悲哀呀！

而且，有一件事尤其应当引起注意，治平二年（1065 年）攻击濮议的人也就是熙宁年间（1068—1077）攻击新法的人。王安石刚开始推行新政的时候，首先以十大罪状弹劾王安石的就是这个吕诲。吕诲就是最坚决反对濮议的结果，第一个向皇帝递交辞呈的人。攻击新法最用力的还有范镇、范纯仁。元祐初年担任朝廷执政官破坏新法的人是司马光、吕大防，而范镇、范纯仁、司马光、吕大防都与吕诲一个鼻孔出气。这些人此后攻击新法，自以为有不得不这样做的理由，而后世读这段历史的人也以为这些人是有一些不得不如此的理由。那么濮议的时候，这些人不是也自以为有不得不如此的理由存在吗？然而，按照实际情况来看，又怎么样呢？

由于当时朋党之间的成见如此严重，而士大夫为争一时意气又如此慷慨激昂，作为执政的官员，只有装作小心谨慎的样子，什么事都不做，尽量去迎合、讨好、取悦世上的人，或许还可以使自己生存下去。如果你想做一点儿事情，无论做好事还是做坏事，都只能是给这些人出题目，让他们以此为奇货，就像欧阳修在濮议这件事上所遭遇的一样。然而，王安石却毅然以自己一身的承担，要对百年来陈陈相因、得过且过的法律和制度进行改革，他将天下的诽谤集于一身，看来也是很合适的。范仲淹的改革不过改掉了恩荫的陋习，完善了考察官吏的制度，只是做了修补时弊的一两件事而已，然而已经使整个朝廷陷入了争吵和内讧。仅仅过了三个月，范仲淹等人就在朝廷干不下去了，要求到西北边境去主持军事。也幸好宋仁宗对于改革并不专心，容易被流言蜚语蛊惑，如果他能像宋神宗对待王安石那样对待范仲淹，那么王安石的恶名声早就让范仲淹承担了。所以说，范仲淹不能成为王安石，而王安石成为范仲淹却是可以的。从当时的形势来看，有一万个理由支持必须实行变法；但是，从当时的风气来看，又有一万个理由不能变法。对于王安石，我不得不敬佩他的志气，而对他的遭遇感到悲痛啊！

王安石小传

王安石，字介甫，号半山，临川人。他的父亲王益，最初字损之，后来改字舜良。母亲吴氏是王益的第二任夫人，于宋真宗天禧五年（1021年）生王安石。幼年的时候，王安石跟随着在韶州（宋朝的韶州，辖境相当于今天的广东省韶关市）做官的父亲，十六岁那年，他随父亲到宋朝的首都汴京（今开封）听候新的任命。十九岁时，他父亲死在江宁府（地处今天的南京市）通判官的任上。二十一岁，王安石中进士，被朝廷派往扬州任签书淮南节度判官厅公事，也就是在扬州地方长官身边做一名幕僚，这是宋仁宗庆历二年（1042年）。按照过去的制度，王安石作为进士第四名，在做了一任判官后可以向朝廷献上文章，要求考试得到馆职。馆职在京城工作，最有机会接近上层，是飞黄腾达的捷径，许多人求之不得，但王安石却主动放弃了这个机会，要求到地方上工作。二十七岁时，王安石调任鄞县（今浙江宁波）知县，他在鄞县知县任上工作四年，任期满了以后，回到京城等待分配。第二年，王安石又被委派到舒州（今安徽潜山）去做通判。在舒州通判的任上，宰相文彦博等两次推荐他进京参加朝廷举办的馆职考试，都被他以祖母年老，家庭

临川基本相当于今天的江西省抚州市。

似乎应该是三年，宋朝有干部三年轮换的制度。

人口众多，生活困难为理由拒绝了。到了至和元年（1054年），王安石已经三十四岁了，被授予集贤校理一职，这是个史馆的属官，是许多人羡慕的美差，可是他仍然力辞不就。在王安石的一再坚持下，朝廷做了让步，嘉祐元年（1056年）改任他为群牧判官，职责是检查外地的养马坊和养马监，管理国家的马匹。第二年，群牧判官的任期已满，朝廷还是答应了他的请求，派他到常州任知州。不到一年，又改任提点江东刑狱，这个官职所负责的是在所管辖的范围内，考察各州县对刑狱事件处理得是否公允，还要考察各州县官吏是否廉明、称职。嘉祐三年（1058年），他写了著名的《上仁宗皇帝言事书》。嘉祐五年（1060年），王安石被任命为三司度支判官。嘉祐六年（1061年）六月，朝廷改任他为知制诰，这一年他四十一岁。治平元年（1064年，但据《王荆公年谱考略》应为嘉祐八年——编注）王安石的母亲在京城病逝，安葬在江宁府的蒋山（南京钟山），王安石从此在江宁服丧。治平四年（1067年）正月，在位不到四年的宋英宗去世，他的长子赵顼即位，是为神宗。这年的三月，神宗起用王安石，任命他以知制诰的名义担任江宁府的长官。到了这年的九月，又授命他为翰林学士。第二年，就是熙宁元年（1068年），此时王安石已经四十八岁了，这年的四月，宋神宗急于见到王安石，就打破常规，诏他上殿对策。熙宁二年（1069年）二月，宋神宗将王安石提拔为右谏议大夫、参知政事，相当于副宰相，进入了中央的核心领导层。熙宁四年（1071年），朝廷任命王安石为同中书门下平

不就是孙悟空做过的弼马温吗？

章事。在神宗的充分信任下，他终于以宰相的身份掌握了中央的执政大权。熙宁七年（1074年），王安石多次上疏，请求辞去宰相的官职。神宗多次挽留不成，只好同意他的请求，同年六月，任命他以吏部尚书、观文殿大学士的名义出任江宁知府。熙宁八年（1075年）二月，宋神宗下旨诏王安石进京，恢复他的相位。同年六月，又任命他为尚书左仆射兼门下侍郎。熙宁九年（1076年）十月，在王安石的一再坚持下，神宗终于同意王安石辞去宰相一职，并任命他为镇南军节度使、同平章事、判江宁府、领经局。这一年他五十六岁，从此他便跨入闲居江宁这一段生命最后的旅程。自从熙宁元年（1068年）被皇帝召见，上殿对策后，他执政一共九年，从此便称病不再任职。元丰元年（1078年），他五十八岁，被特别授予开府同三司，并封为舒国公，以集禧观使的名义在江宁闲居。元丰三年（1080年）九月，改封荆国公。元丰八年（1085年）三月，宋神宗去世，宋哲宗继位，由于皇帝年幼，便由祖母高太后垂帘听政，授予王安石司空的名誉。第二年为元祐元年（1086年），四月，王安石去世，时年六十六岁，哲宗追赠他为太傅。王安石在辞去宰相职务后，又在江宁生活了九年。宋哲宗绍圣年间（1094—1098），又授予他文公的称号。

小传过于简单，好像一个大事年表。

执政前的王安石（上）

古代的天才和大人物一定都有他的教养。观察他的教养，便可以了解他成才立业的原因。而考察他成才立业的原因，也可以对他的教养有所了解。王安石的道德、气节、事业、文章都是一流的，像他这样的人，即使在近千年的历史中都显得非常卓越，而他在年幼时的教养一定也是非常纯正自然的。所以，我特意将他少年时代的事迹中那些可以考证的在这里简略地介绍一些。

在王安石先生的《临川先生文集》中，有《忆昨诗示诸外弟》一首。庆历三年（1043 年），他在淮南判官任上请假回临川省亲，在返回扬州赴任之前又一次到舅舅家道别，感怀前事，心潮难平，就写了这首长诗。读了这首诗，对王安石少年时的经历就有了大致了解。诗是这样写的：

忆昨此地相逢时，春入穷谷多芳菲。
短垣囷囷冠翠岭，踯躅万树红相围。
幽花媚草错杂出，黄蜂白蝶参差飞。
此时少壮自负恃，意气与日争光辉。
乘闲弄笔戏春色，脱落不省旁人讥。
坐欲持此博轩冕，肯言孔孟犹寒饥。
丙子从亲走京国，浮尘坌并缁人衣。
明年亲作建昌吏，四月挽船江上矶。
端居感慨忽自悟，青天闪烁无停晖。
男儿少壮不树立，挟此穷老将安归。
吟哦图书谢庆吊，坐室寂寞生伊威。
材疏命贱不自揣，欲与稷契遐相希。
昊（一作“旻”）天一朝畀以祸，先子泯没予谁依。

精神流离肝肺绝，眦血被面无时晞。
母兄呱呱泣相守，三载厌食钟山薇。
属闻降诏起群彦，遂自下国趋王畿。
刻章琢句献天子，钓取薄禄欢庭闱。
身着青衫手持版，奔走卒岁官淮沂。
淮沂无山四封庳，独有庙塔尤峨巍。
时时凭高一怅望，想见江南多翠微。
归心动荡不可抑，霍若猛吹翻旌旗。
腾书漕府私自列，仁者恻隐从其祈。
暮春三月乱江水，劲橹健帆如转机。
还家上堂拜祖母，奉手出涕纵横挥。
出门信马向何许，城郭宛然相识稀。
永怀前事不自适，却指舅馆排山扉。
当时髫儿戏我侧，于今冠佩何颀颀。
况复邱（一作“丘”）樊满秋色，蜂蝶摧藏花草腓。
令人感嗟千万绪，不忍仓卒回骖騑。
留当开樽强自慰，邀子剧饮毋予违。

这几乎就是王安石自己讲述的二十三岁以前小传啊。他所表现出来的孝顺、友爱、纯真、忠实的天性，固然洋溢在纸墨之间，而他希望做稷、契那样人的想法更是从小立下的志向。

王安石的学问很高深，却没有听说过他的老师是谁，应该是他靠着自身的努力，通过自学得到的。但他在学习方面互相激励的朋友还是不少，在这里，我们挑选《临川先生文集》中一些书信、序文谈论学问、抒发志向的段落，由此也可以使我们对王安石青年时代的读书、立志的情况有一

这首诗回忆了王安石从少年时代开始随父亲宦游在外地，以及读书、应试、做官的经历，抒写了他回乡探亲的心情和看到舅舅家的变化所引起的感慨，是王安石二十三岁前人生经历的形象总结，是他以诗歌形式所作的青少年时期的自传，显示出王安石从很小的时候就有学以致用，经邦济世，以稷契为榜样，力求有所作为的不凡抱负。

王安石自幼随父亲在外地做官，到过很多地方，像江西、四川、广东、江苏、河南等地，他都曾经居住过，这扩大了他的眼界，增加了他的阅历。读书则主要是他的父亲在指导和安排。

个大致了解。

他在《送孙正之序》中指出："君子在穷困苦难、颠沛流离的时候也不肯随波逐流，顺从时俗，不因时俗而破坏原则。所以，他在受到君王的重用时，可以轻而易举地改变时俗，使它符合圣人之道。这是因为他在才学方面早有准备，而他的志向也早就确定了。"

孙侔，字正之，王安石在扬州时的朋友。后来，他要随父母、兄长到温州去，临行前王安石写了这篇《送孙正之序》，相互勉励。

他在《李通叔哀辞》中说："我的先天才华和品性都在古人之下，后天又没有受到很好的教育，也得不到朋友之间的相互砥砺和切磋，我也许只是一个走在归途中的人而已……我自从得到通叔这个朋友之后，才知道圣人的境界也是可以达到的。与李通叔交往，不仅能从他所说的话中得到启发，也能从他的为人和做事中受益匪浅。"

李通叔，福建人，与王安石是府学期间的同学，王安石与他志趣十分相投，故结为好友。通叔两次科考均落第，第二次考试后，在返乡途中不慎溺水身亡，年仅二十八岁。

他在《上张太傅书》中说："我这个人很愚蠢，不了解事物的变化，唯一相信的就是古人。我听说古时候有尧和舜，他们的行为都是合乎正道，中规中矩的，讲的都是自然常理。我得到记述他们言行的书，在家闭门阅读，一点儿不知道疲倦。我的思想贯穿历史，在其中渐渐地扩展，小到没有缝隙，大到没有边际，就是要穷尽圣贤的道理啊。"

张太傅其人不详，王安石写这封书信给他，是为了通过他向别人呈献自己的一些文章。

他在《答曾子固书》中说："当今迷惑世人的不是佛教，而是那些士大夫沉溺于个人的私欲，喜欢互相吹捧，不知道自我约束罢了。"

曾子固即曾巩，子固是他的字，他是王安石的老朋友，"唐宋八大家"之一。

他在《答李资深书》中说："天下事物突然发生变故的情况是很多的，而古代的君子或者拒绝这种变故，或者接受这种变故，他们的态度并不一样，但他们都是按照自己固有的想法去应对所发生的变化，并不随着事物的变化而改变自己。不随着事物的变化而改变自己，所以他们的行为有时好像就很可疑；而按照自己固有的想法去应对所发生的变化，他们的心里从来没有后悔过。像这种人，他们怎会把世俗的诋毁和赞誉放在心上呢？而我这个人，虽然做不到像古代君子那样，然而却有这样的志向，但如果不是我们经常往来讨论这些问题，我的这些话也不会这么坦率地说出来。"

你有千变万化，我有一定之规。很多时候，我们是不能与时俱进的，该坚守的还是要坚守。

李定，字资深，王安石的朋友和同乡，这封信写于何时已不可考。

他在《答史讽书》中说："学习可以使自己充实，所学知识不是服务于国家，就是造福于百姓；不是传诵于当今，就是流传于后世。如果不幸你的所学既不能得到国家、百姓的赏识，又不能在当今或后世流传，古代的人好像也并不感到遗憾。真正了解我的不是'天'吗？这就是《易》所说的'知命'吧。'命'这个东西并不仅仅关系着个人的贵贱生死，天下万物的兴盛与衰亡都是命啊！孟子说，君子只是遵行法度等候命运的降临罢了。"

宋代学者善谈道德性命问题，王安石是推动者之一。《易·系辞上》有所谓"乐天知命"的说法，就是从个人主体方面来说的，王安石将它演绎为不单是个人的贵贱生死，还包含"万物之废兴"，极大地扩充了该题的内涵，可以启迪人们把个人命运与社会命运联系起来考虑，其意蕴便丰富多了，价值也高得多。

他在《与王逢原书》中说："君子对于学习一定要有胸怀天下的大志向。然而，先要搞好自身的修养，然后才能在治理别人方面有所作为。我的自身修养搞好了，而能否在治理人民方面有所作为，就要看我的志向能否得以实现。我的身体王令，字逢原，五岁成为孤儿，他虽生活穷困，却不慕富贵，不应科举，坚持操守。王安石在任签书淮南判官时，他曾带着自己写的诗文拜见王安石，二人一见如故，倾心交谈。当时，王令二十三岁，王安石三十四岁，遂结为忘年之交。通过王安石的推荐揄扬，王令的才华渐为世人所知，王安石还将表妹嫁给了王令。不幸的是，王令才高命短，二十八岁时就在贫病交加中去世了，王安石专门为他撰写了墓志铭。

似乎是被'命'管着的，天下的治理与否，难道就不由'命'来决定吗？孔子说，不了解'命'就做不了君子。又说，他的'道'能够通行，是'命'，不能通行，也是'命'。孔子的学说就是这样，有人以为孔子的学说是为了入世做官而表现出急切的、忧心忡忡的样子。错了，它错在把孔子的学说当作了做官入世的敲门砖，像这种不了解孔子学说的人还是有的……我个人认为，孔子的心思不是为了入世做官而忧心忡忡。有人不同意我的看法，他们说，难道圣人忘了天下吗？我回答，这不能说是忘了天下。《易》中否卦的'象'说，君子应该用崇尚俭朴的道德来逃避灾难，他是不能为利禄所诱惑的。其中的倒数第一阴爻又说，拔茜草应该按照它的种类来拔，占问是吉。'象'又说，拔茅贞吉（占卜的一种方式），立志在为君主。为君主，就是不忘天下呀。不会被利禄所诱惑的人，是了解'命'的人。我虽然心忧天下，而'命'却未必与我的志向是一致的，我虽然很想实现理想，但能够要求'命'和我一致吗？……孔子所以极力主张君子要了解'命'，不要为此担忧，就是想让人知道治世和乱世都是有'命'的，而君子入世做官不应该太马虎，这样先王的道才能够得到伸张。世界上有这样的人，他们明白应该了解'命'的道理，却不能谨慎地对待进退。由此看来，他们还是不能坚守这样的道理呀。最初得到您的文章，特别珍惜您的才华。看到您衣衫不整的样子，坐下来谈话却不谈自己的穷困，离开的时候询问您的情况，您一年到头都吃不上肉，却不肯轻易地向别人出售自己。这个世界上像您这样自尊自立的人有几个呀！我认为真正了解孔子的学说又能自觉坚守这种学说的人，就是您啊。”

《临川先生文集》中的言论与上面所引类似的还有很多，这里就不全部抄录了，只选择其中比较有特点的，可以借此了解王安石一生自我完善、服务于国家的来龙去脉。他的入世依据理法，他的隐退也不违背社会通行的道义，他幼年时贫困交加，历尽磨难，但从来没有让这种情况扰乱他的心胸，他以卓越的才华自立于这个世界，把古今的学问钻研得很透彻并致力于实际应用。他得到皇帝的支持，以道来治理天下，使得“命”能眷顾他，让他的志向得以实现，他没有什么可以懊悔的。等到他以臣子的身份请求辞官回家时，又能淡然处之，好像忘了世事的纷争。《礼记·中庸》曾说，只做自己职位之内的事，不做自己职位之外的事，不要因为某个职位而委曲求全，做自己不愿做的事。王安石就是这样的人。读了他的这些文章，从而了解到他的学问是大有来历的。其中最重要的就在于对“命”的理解，而又归结为按照理法行事等候“命”的到来。所以，他平生高风亮节，特立独行，做事情总是顺其自然，并不刻意强求。他的功名事业也被看作是他的本性要求他这样做的，并不将一丝一毫的成败得失掺杂在里面，这就是王安石之所以为王安石啊！

王安石坚守道义，自尊自重，并不急切地想要入世做官。但是，像他这种“玉蕴山辉”般的人物不会一直沉默的。贤明的士大夫，凡是稍微了解他的，都愿意称赞他。与他相交最早的是曾巩。曾巩在《与欧阳修书》中说：

“我的朋友中有个叫王安石的，文章非常地古朴，他的行为也像他的文章一样。虽然已经获得了科举的名次，然而如今知道他的人还是很少。他非常自重，不愿被人所知。然而，像他这样的人，古往今来是不常见到的，如今缺少的就是他这样的人。平常的人成千上万，但像王安石这样的人却是不可缺少的呀。”

而陈襄在他的推荐信中把王安石与胡瑗并举，称赞他才华与品性都非常出众，认真钻研古人的学问，他的文章和所做的工作都为人们所称道。皇祐三年（1051年），宰相文彦博也把王安石和韩维一起推荐，于是有了集贤院校理的任命。嘉祐元年（1056年），欧阳修又把他和包拯、张环、吕公著三人共同做了推荐，说他的学问和文章在当代很有影响，他严守道义，绝不苟且，自尊自重，议论通达明白，而且兼有实际的才干，没有他不能做的工作。朝廷屡次召他进京，但他却安心在下面做微小的官吏，不肯到朝廷来任职，并不是故意做出一种恬适、不求进取的样子，而只是专心于自己职位的责任。

（考异之一）

《宋史·王安石传》说到曾巩曾携带王安石的文章给欧阳修看，欧阳修大为赞赏，为他宣扬，选拔他做了进士。今天看来这是不实之词。曾巩修书给欧阳修，其中有"王安石出使河北"这样的话，这件事发生在庆历六年（1046年），而王安石成为进士应该在庆历四年（1044年），而且曾巩的书信中已经明确说到"王安石已有科名"这样的话。很显然，王安石获得进士这个称号并不是由于欧阳修的宣扬和选拔。《宋史》开口就是诬蔑的话，怎么能取信于读者呢！

（考异之二）

《宋史·王安石传》又说，王安石本是湖北人，朝廷上没有人知道他。因为韩、吕两个家族都是大家族，他想借助这两大家族的势力，便与韩绛、韩绛的弟弟韩维和吕公著结交为好朋友。这三个人都颂扬他，他的名字才开始被许多人了解。这又是不实之词。陈襄在皇祐年间（1049—1054）写信推荐他的时候，已经称许他的文章和工作在当时是很出名的。欧阳修也说他的学问和文章在当时很有影响。而韩维这个人，文彦博是把他和王安石一起推荐的，吕公著也是与王安石一起被欧阳修推荐的人。这样看来，韩、吕两家怎么能够使王安石可以倚重，而王安石又怎么会去倚重韩、吕两家呢？从皇祐至熙宁大约二十年间（1049—1067），王安石名满天下，像范仲淹、富弼、韩琦、曾巩等人，都对王安石表示赞赏，在他们的文集以及其他记载中都是清清楚楚，可以考察的。然而，这些情况《王安石传》全不曾涉及，就连文彦博、欧阳修推荐过他这样的事也被埋没了，却说他不过是借助韩、吕两家的势力罢了，这对诸位君子发现人才的好眼力也是一种侮辱、一种伤害。诋毁一个人竟然怎样卑鄙的方法都可以用啊！我为什么要这样为这件事而争辩不休呢？以王安石高于当世的名望和节操，即使在他去世之后，反对党首领司马光仍然称赞他。而按《宋史》的记载，王安石是专为利禄的无耻小人，他们自称都是所谓知命守道的人，却用一些假话来欺骗读者，他们的做法严重地玷污了王安石的人格。我虽然不喜欢辩论，但又如何做得到呢？

（考异之三）

王安石年轻的时候很少交朋友，曾巩说他不希望别人知道他，而他在《答孙少述书》中也说："我天性疏放耿直，与世俗总是不能合拍，平生得到的朋友只有很少的几个人罢了。在这方面，您一向是了解我的，数来数去，扳着指头数，也就这几个人。"由此看来，王安石交往之少是可以想见的。而民间却有王安石与周敦颐（濂溪）交涉一事，这又不能不辩白清楚。据罗景纶在《鹤林玉露》中记载，王安石年轻时，是个不可一世的人，却一直想要拜见周敦颐，三次来到周府门前，但三次遭到拒绝。王安石恨恨地说："我自己就不能读懂六经了吗？"于是，他不再去求见周敦颐。据度正所撰《周濂溪年谱》记载：嘉祐五年（1060年）周敦颐先生四十四岁，东归时，王安石正在江东提点刑狱任上，已经三十九岁了，号称对儒学很精通。周敦颐和他相遇，二人一连几天交谈，不分昼夜。回去以后，王安石认真思考他们交谈的内容，以至于忘了吃饭和睡觉。这里有两种说法，一个说见了，一个说没见，已经自相矛盾，难道王安石年轻时就已经因怨恨而不再见他，而到了三十九岁的时候又上门去拜见他不成？如果说周敦颐最初曾三次推辞不见王安石，那么后来他又自己前往去见他吗？真是太可笑了。这两种说法都是虚妄的不实之词。考察周敦颐的年纪，不过比王安石年长五岁，如果说王安石是年轻人，那么周敦颐也应该是年轻人，即便说王安石求友心切，非常想见周敦颐，而周敦颐与他一样也在求学之时，什么理由使他这样妄自尊大呢？难道是效法孔子与孺悲的故事吗？而且，周敦颐既然没有见到王安石，以一个正在求学的少年，他怎么能一见名帖就断定这个人不能和他交谈呢？周敦颐如果这样做，他还怎么在世上做人呢？何况，按照两个人的年谱，他们一辈子都没有相逢的机会。周敦颐于天禧元年（1017 年）出生在道州（又称道县，在今湖南省南部），天圣九年（1031 年），他十五岁，父亲就去世了，他随母亲到京城依靠舅舅生活，那么他在十五岁以前一直是生活在道州的。景祐四年（1037 年），他母亲又去世了，安葬在润州（今江苏镇江）。康定元年（1040 年），他二十四岁了，被任命为洪州分宁县（今义宁州）主簿，才开始来到江西。王安石生于天禧五年（1021 年），幼年就随父亲在韶州（今广东韶关）做官，他在《忆昨书》中写道，“丙子从亲走京国”，那时他已经十六岁了。第二年，父亲担任了建昌的官吏，他就在十七岁时到了江宁（今南京）。宝元二年（1039 年），父亲去世，他在江宁居丧，即诗中所谓“三载厌食钟山薇”。庆历二年（1042 年），他二十二岁，成为进士，到淮南做官去了，而这时周敦颐已经在两年前到了分宁，这说明二人在年轻时未曾有一天在一起，罗景纶的说法从何而来呢？嘉祐三年（1058 年），王安石从常州改任提点江东刑狱。嘉祐四年（1059 年），他三十九岁。嘉祐五年（1060 年）五月，王安石被召回京城任三司度支判官，而周敦颐在这一年的六月解除合州（今四川合川东）签事的职务回到京城，王安石已经离开京城去了江东，他的年纪已经四十岁了。以为二人曾经在江东相遇，年份与地域都不相合，那么邢恕、度正的说法又是从何而来的呢？那些讲学之徒伪造这种说法的目的是想借助王安石来衬托周敦颐吧？然而，周敦颐见不见王安石，对王安石来说又有什么关系呢？我之所以不惜笔墨做这种辩解，主要是看到当时那些诬蔑、诋毁王安石的人肆无忌惮，乃至毫无影子的事情他们也言之凿凿，好像真的一样。其他许多不可信的说法和这件事有相似之处；而真正的事实被抹杀，不再能看到，又不止这一件事啊！

执政前的王安石（中）

王安石早年屡次被朝廷征召到京城任馆职，也就是史馆、集贤院、秘书省等机构的文职官员，但是每次都被他以家庭生活困难、负担过重为理由拒绝赴任。不过，后来朝廷授命他为翰林学士，他却没有犹豫，很快就到京城来了。世上有些学者常常就以这一点批评他本来是热衷于富贵的，以前不过是矫情，故意做出这种姿态，为的是提高自己的声望，时间长了，可以一下子升到很高的职位。啊，为什么不认真考察真实的情况，而学那些舞文弄墨之徒刻意地为人制造罪名呢？王安石开始出来做事的时候，在他自己看来固然很早，而且显得比较成熟，对国家和社会有用固然是他很早就立下的志向。然而，他安于现在所处的地位，努力去做应该做的事，又是他学问修养的本源。如果说他拒绝担任馆职是因为馆职太小，看不起馆职，那么州县小吏就更加低贱了，为何他能安心去做呢？不仅一直安心在这些职位上努力工作，而且主动谋求这样的职位。只是因为他的家较为穷困，母亲年纪也很大了，不得不为了俸禄去做地方官，所以才不惜自己轻贱自己，为的是让自己能安心地照顾家人。到了请他做学士的时候，他的母亲已经去世，家里的生活稍微有些改善，足以供给自家的需求了，所以朝廷提拔他，他也不再推辞了，因为他的生活处境和以前有了很大的不同。由于这个原因，我认为王安石的立身与其说像伯夷，不如说他像柳下惠。而那些对他怀恨在心的人仍然私下里悄悄地议论他，恐怕是太过分了吧。在这里，我选择《临川先生文集》中的一两篇文章来证明我的说法。皇祐三年（1051 年），他在《乞免就试状》中是这样写的：

我的祖母年纪已大，父亲去世后尚未安葬，弟弟和妹妹又要婚娶、出嫁，家里十分穷困，而人口又很多，很难在京城居住生活。我曾经把这种情况向别人陈述过，请求不要让我参加争取馆职的考试。这样做怠慢了朝廷的诏命，怕是有罪的，幸亏朝廷很宽容，没有太为难我，不仅不再图谋让我去京城任职，还把我看作淡泊名利的人，使得我不再有葬父、嫁妹、奉养祖母的焦虑。我一再推辞避让，不敢去出任地位尊贵显要的职位，说我淡泊名利是可以的，但如今我是为了自己一家的私利而焦急，选择对我有利的事去做，因此说我淡泊名利却不是我的本意。再加上我的知县一职任期已满，等候补缺至今已经两年有余，家中老幼都没有得到很好的安置，刚要去新的地方上任，又召我马上进京赴试，实在与我的私人计划有所妨碍。我只是想照顾好自己的家庭，希望皇帝能以慈悲为怀，体察我的本意，收回让我参加馆职选拔考试的诏令，使我能圆满地做完这一次外任。

这是他初次拒绝朝廷的诏令，因为文彦博在推荐他的时候称赞他“恬然自守”，所以他在《乞免就试状》中特意说自己并非淡泊名利，只是因为家中确有具体困难，是从自己的家庭情况出发。在此之前，庆历七年（1047年），他写了《上相府书》。在此之后，至和元年（1054年），他又写了《辞集贤校理状》两篇；嘉祐元年（1056年）写了《上执政书》《上欧阳永叔书》；嘉祐二年（1057年）写了《上曾参政书》；嘉祐三年（1058年）写了《上富相公书》，其中的措辞大致相同。他不是故意想要表现孝顺、友爱的感情，并溢于言表，他的这种做法即使和古人相比，在道德上也不用惭愧。而有人一定要把他的这种做法视为矫情，怎么喜欢诬蔑别人到了这种程度呢？其实，他喜欢担任地方官吏也是万不得已，他自己就曾这样说过：

我不考虑一个人能否胜任这项工作，只把孔子的学说作为唯一的精神信仰，使不能令人满意的品性在孔子这里得到纠正而已。在外为官只做地位低微的小官，这不是我的志向。私下里我把自己比作古代贫困的人，不知道是不是合适啊。(摘自《答王该秘校书》)

我常常觉得，如今出来做官都是道义得不到伸张而个人得到了发展，我看这里是有不得不如此的情况。不出来做官就没有办法维持生计，不出来做官又想找到维持生计的办法，其道义就更得不到伸张了，这一直也是我不得不这样做的原因。我曾写过《进说》一文，以此来鼓励那些能够按照自己意

志做事的人，按照自己的意志做事而又很满足，我还没有见过这样的人，不料今天在这里遇到了您。（摘自《答张几书》）

由此看来，像伊尹那样，先在有莘国的田野里耕种，后被成汤重用，并辅佐成汤灭了夏朝，这正是王安石的志向。看自己做不到这种程度，他为此而在世俗之人面前自责已经够多了，而后来的人仍然在私下里议论他，这是一种什么心理呢？

孔子做了掌管粮仓的小吏，就希望进出的数字都是对的，他做管理牲畜的小吏，就希望牛羊长得都很壮实。王安石也是这样，虽然他心里并不想担任这个差使，但既然已经做了，就忠于职守，不肯有一丝一毫的马虎和得过且过，这正是他的学问不欺骗人的道理。王安石担任地方官吏的地方都显示出他治理地方的能力。这在他担任鄞县知县时表现得尤为显著，《王安石传》称他疏通河渠，修治池塘，改善农田水利状况，防止当地水旱灾害；他还把稻谷借贷给农民，秋后偿还，只增加很少量的利息，不仅使县仓里的陈粮得以换成新粮，还能方便农民，不使他们遭受地主豪强的重利盘剥。这就是后来他执政时搞的农田、水利、青苗诸法，这只是在这个县里小试了一把。在《临川先生文集》中有《鄞县经游记》《上杜学士言开河书》《上运使孙司谏书》等，从中都可以看到他在治理鄞县时的一些政绩，这里就不一一引述了。明朝嘉靖年间（1522—1566），陈九川为王安石的文集作序，他写道："王安石曾经担任过鄞县知县，被称为尊理守法的官吏，死后还受到当地人的奉祀，在庙中享受祭飨，老百姓至今把他视为神明。"数百年过去了，他在民间的影响仍然没有终止，可见他在道德修养和治理手段方面达到了一定的境界。

王安石是喜欢做事的人，不是喜欢表白的人，看他执政之前的政论，也往往散见于他的文集之中。下面我们摘录一两段看一看，由此可见他的政治抱负。他在《与马运判书》中说：

我曾经讲过，如今造成国家财政陷入困境的原因不仅是开支没有节制，不知道如何开发财源也是很重要的一个原因。我认为，一家一户的富足有赖于国家的富足，国家的富足有赖于天下的富足，而要想使得天下富足，只有靠开发利用大自然的资源。比如一个家庭，当家的人并不替他的儿子谋求财富，但有了父亲的严格管教，儿子自然就能学会生财致富，父亲还有什么需求不能获得呢？如今关起门来跟儿子做买卖，门外的财富一点儿也进不来，虽然把儿子的钱全弄过来了，可财富仍然没有增加。现在这些年，谈论财政的言论虽说都很不错，但都不过是国家索取天下财富的方法罢了，这就像父亲与儿子关起门来做买卖一样，这正是国家财政陷入困境的原因啊！

啊，这样的道理怎么与当今之世经济学、财政学的原理这么吻合，这么一致呢？王安石理财的政策具体就体现在这里。然而，后世有人竟把他当作专门为朝廷敛财的官员看待，为什么他们的看法与王安石的精神正相反呢？《临川先生文集》中还有《议茶法》一文，讨论榷茶法应当废除的理由；又有《上运使孙司谏书》一文，指出由官方垄断食盐买卖是不可行的。这种意见就是今天管理财政的专家也是应当采纳的。但是，有些学者却把他当作桑弘羊、孔仅的同类而加以批评。

王安石有几首诗也谈到他在理财方面的意见，如今也记录在这里：

《发廪》：

先王有经制，颁赉上所行。后世不复古，贫穷主兼并。
非民独如此，为国赖以成。筑台尊寡妇，入粟至公卿。
我尝不忍此，愿见井地平。大意苦未就，小官苟营营。
三年佐荒州，市有弃饿婴。驾言发富藏，云以救鳏茕。
崎岖山谷间，百室无一盈。乡豪已云然，罢弱安可生。
兹地昔丰实，土沃人良耕。他州或呰窳，贫富不难评。
豳诗出周公，根本讵宜轻。愿书《七月》篇，一寤上聪明。

《兼并》：

三代子百姓，公私无异财。人主擅操柄，如天持斗魁。

赋予皆自我，兼并乃奸回。奸回法有诛，势亦无自来。
后世始倒持，黔首遂难裁。秦王不知此，更筑怀清台。
礼义日已偷，圣经久堙埃。法尚有存者，欲言时所咍。
俗吏不知方，掊克乃为材。俗儒不知变，兼并可无摧。
利孔至百出，小人私阖开。有司与之争，民愈可怜哉。

《寓言》：

婚丧孰不供，贷钱免尔萦。耕收孰不给，倾粟助之生。
物赢我收之，物窘出使营。后世不务此，区区挫兼并。

上面《发廪》《兼并》两首诗所主张的理想社会大概有些接近于现在所说的社会主义，这种主张是否可行，我们将在下一章讨论。而他这首《寓言》所描写的正是后面所要实行的青苗、均输诸法的根据。

他还有《省兵》一首诗：

有客语省兵，省兵非所先。方今将不择，独以兵乘边。
前攻已破散，后距方完坚。以众亢彼寡，虽危犹幸全。
将既非其才，议又不得专。兵少败孰继，胡来饮秦川。
万一虽不尔，省兵当何缘？骄惰习已久，去归岂能田？
不田亦不桑，衣食犹兵然。省兵岂无时，施置有后前。
王功所由起，古有《七月》篇。百官勤俭慈，劳者已息肩。
游民慕草野，岁熟不在天。择将付以职，省兵果有年。

这是王安石对于当时军队建设的一些意见，后来他主持朝廷大政，实行改革，这些都一一实行，正像他在这里所说的一样。

他在《材论》一文中说：

天下所忧虑的事不是怕人才不够多，怕的是掌握国家大权的人不希望他们多；不是怕有才能的人不愿为国家做事，怕的是掌握国家大权的人不让他们做事。

人才都是国家的栋梁，得到人才，国家就会安定而繁荣；失去他们，国家就会灭亡并遭受屈辱。但是，那些掌握国家权力的人不希望人才众多，也不希望他们出来做事，是什么原因呢？这里存在着三种偏见，其中最严重的偏见是觉得自己处在很高的地位，完全可以排除凌辱，断绝危害，一辈子不会遇到重大灾祸，人才的得失也与国家的治乱不相干，所以就随意放纵自己，结果陷入了败乱、危亡和被人羞辱的境地。这是一种偏见。另有人或者认为，我有高官厚禄，足以吸引天下有才能的人，他们的荣辱祸福都掌握在我的手里，我可以傲视天下的人才，而他们也必然会归向于我，结果也会陷入败乱、危亡和被人羞辱的境地。这又是一种偏见。还有人不讲究选拔、培养和使用人才的方法，而是忧心忡忡地以为天下其实没有什么人才，结果也只有陷入败乱、危亡和被人羞辱的境地。这也是一种偏见。

这三种偏见对国家的危害是一样的。然而，其中用心并不坏，还可以讨论他的这种偏见的由来的，是那种认为天下其实没有什么人才的看法。这种人的心思大概不是不想用天下的人才，只是不了解这些人才的情况罢了。况且，那些有才能的人外表和其他人能有什么区别呢？只是他们遇到事情可以妥善地把事情办好，出谋划策并明辨利害，治理国家能够使国家安定繁荣，这是他们和其他人不一样的地方。所以，掌握国家权力的那些人如果不能精细地考察他们，慎重地使用他们，那么即使他们有皋、夔、稷、契那样的才智，仍然不能让他们区别于其他的人，何况那些才智还不如他们的人呢？世上那些存有偏见的人说："有些人身上藏着特殊的才能，就像锥子放在口袋里，它的尖马上就会露出来，因此没有具有真才实学而不被人发现这样的事。"说这种话的人只看见放在口袋里的锥子，却没有看见圈在马棚里的马。

好马、劣马混杂在一起，饮水吃草，嘶叫踢咬，想要找到它们之间的区别是很难的。如果让好马拉重车，跑平坦的路，不用多鞭策，也不用赶车的人多操心，只要一拉缰绳，上千里的路程很快便赶到了。而这个时候即使让几匹劣马并驾齐驱，即使轮子跑歪了，缰绳勒断了，马的筋骨也累伤了，昼夜不停地追赶，也还是远远地落在好马的后面。这样一来，就分出好马与劣马来了。

古代的人君懂得这个道理，他们并不认为天下没有人才，而是用尽一切办法去寻求人才、考察人才。考察人才的方法就是给他们适合于自己才能的工作。南越的长箭用百炼的精钢做箭头，用秋鹗的羽毛做箭尾，如果把它放在强弩之上，拉满弦，可以发射到千步之外，虽然有十分凶悍的像野牛似的野兽，也会立刻穿身而过被射死。这是天下最锐利的武器，是战争中决定胜负的法宝。然而，如果用它来随便敲打，那么它和枯朽的棍子是没有什么区别的。由此可见，即使得到了天下奇才，如果使用不得当，也和这种情况是一样的。古代的人君懂得这个道理，于是便仔细、慎重地衡量人才的能力再加以使用，使他们的才能，无论大小、长短、强弱都能尽量得到发挥，找到适合他们的工作。这样，那些愚昧浅陋的人也能够尽其所能去做一些事情，更何况那些德才兼备、智力高超的人呢？啊，后世那些在位的人君尚未明白这个道理并在实践中加以运用，就坐在那里说天下果然没有人才，这是没有动过脑筋认真思考。有人问，古代对于人才都说是培养教育出来的，而你只强调人才的搜寻和使用，这是什么道理呢？我回答：“在天下的法度尚未建立之时，只能先索求天下的人才来使用；如果能够使用天下的人才，那么就能恢复先王的法度；恢复了先王的法度，那么即使是天下的小事，也没有不像先王时代那样去做的了，何况教育培养人才这样的大事呢？这就是我只谈论寻求和使用人才的道理啊。

这是王安石在其政论中对人才问题的论述。

以上所录只是王安石平生所怀抱的理想的一部分，然而他后来实行的那些改革措施在这里已经浮现出来了。

执政前的王安石（下）

提点刑狱这个官职的主要职责是随时巡回于该路辖境之内，考察各州县对刑狱事件处理得是否公允，而且还要考察各州县官吏是否都能廉明、称职等，类似于今天监察部门的工作。江东刑狱的治所设在饶州（今江西鄱阳）。

王安石在宋仁宗嘉祐三年（1058）被任命为提点江东刑狱。后来回京述职，他写了《上仁宗皇帝言事书》，综论天下大事，详细陈述了自己的政治革新主张。这篇言事书可以说是王安石的政治改革宣言书，后世那些有志于学习治理国家的道理并做出一定成绩的人大概没有人不曾读过王安石的这篇万言书。如今我避讳习俗的看法，把他这篇万言书全部引录在这里，并做一点儿简单的注疏和解释，以备研究古代如何治理国家的人参考。

我才德浅薄，蒙受皇帝的恩典，当上了一路的提点官，现在又蒙恩被召回朝廷，有所任用，应当把在外工作的情况向皇上做一汇报。我有点儿不自量力，不知自己是否称职，竟敢根据自己工作所涉及的一些情况冒昧地谈论天下大事。敬请皇上详加考虑，选择其中比较适合的加以实施，这是我最大的荣幸。

我私下里观察，皇上有恭敬俭朴的美德，有聪明睿智的才能，早起晚睡，处理政务，没有一天松懈过，对歌舞、美色、游猎、玩物一类嗜好一点儿也没有沾染上，而且能以仁慈的态度对待自己的百姓，爱惜物力，得到了天下人的信任。皇上还能秉公选拔有声望的人才来辅佐朝廷，把国家大事托付给他们，并不因为奸邪小人中伤就怀疑他们。即使是二帝三王的用心，也不过如此。按说这样应该家家富裕，人人满足，天下太平了，然而，事实上并没有收到这样的效果。我看到的情况是，对内不能不为国家担忧，对外则不能不担心外族的侵扰，国家的财力一天比一天困窘，社会的风俗一天比一天败坏，全国各地的有志之士常常担心国家不能长治久安。这是为什么呢？我认为，主要的弊病就在于人们不了解法令制度的重要性。

如今，朝廷立法很严，政令齐备，哪方面的法令都不缺少，为什么我还认为没有法令制度呢？因为如今的法令、制度有很多都不符合先王的政治。孟子说："国君有仁爱之心和仁爱之名，而老百姓却没有得到他的恩惠，就是因为没有效法先王的办法来治理国家。"按照孟子的说法，比较今天的现状，问题就在这里。然而，现在这个时代距离先王的那个时代已经很遥远了，所遭遇的变化、所面临的形势已经完全不一样了，想要在各个方面都恢复先王时代的做法，即使是蠢人也知道是非常难的。不过，我所说的今天的问题在于没有按照先王的办法去做，指的是效法他们的理念罢了。二帝三王其间相差千年有余，从治到乱，从乱到治，其中的兴盛和衰乱都经历过，人们所遭遇的变化、所面临的形势也各有不同，他们所采取的方法、措施也并不一样，但他们治理国家的理念、处理事情的轻重缓急却没有什么不同。所以我说，应当效法的只是先王的理念罢了。效法先王的理念，则我的变法革新的主张，就不至于骇人听闻，让天下的人感到担忧害怕，举国哗然，而实际上已经合乎先王的施政方针了。

梁按：当今这个时代谈论政治的人一定要说依法治国，实际上，没有任何一个国家舍去法制还能够得到治理的。中国的儒家学者讳言这一点，只是用遵守祖宗的现成法度来美化自己。他们所说的祖宗成法是什么东西呢？不过是承袭前代的旧制度罢了。而这个前代又承袭更为前代的旧制度，数千年来都是一丘之貉，结果是：因陋就简，每况愈下。那些以政治家闻名于世的人不过是就现有的法律、制度做一点儿考察，使其名实相符罢了。更好一点儿的也只是弥补其中的一些疏漏，做一些完善的工作。其中一个提倡变法的计算一年和一月从何时开始的方法称为改正朔。

人就是汉代的董仲舒，他说道："如果琴瑟非常不协调，一定要改弦更张，才能继续演奏啊。"既然如此，考察一下他的做法就会发现，他的所谓改革只是改正朔和变换衣服的颜色。这些细小的事情一定和治理天下的大道理无关，这是很容易明白的。所以，董仲舒并不是真正能够变法革新的人。而且，汉武帝的志向也不在这里，在此也就不必说了。从此以后，更没有听说过哪个人在这方面还有作为。能将制定法律、制度作为自己的职责毅然承担起来的人大概都是怀着真诚善意的心情为国家分忧的人，这样的人多少年多少代都见不到一个，即使有这么一个人，他们的见识也未必能达到这样的高度。他们对国家的性质大概也不清楚，在他们看来，国家就是皇上，所有的法律、制度都是为了皇上便于统治而设立的。如果法律、制度都是为了皇上的统治而设立的，那么从数千年皇权统治的经验来看，它们其实已经很完备了，它们不必改弦更张也能维持下去。啊，三代以上不用说了，秦汉以后，能够真正了解国家的性质并怀着真诚善意的心情为国家分忧的人只有一个王安石啊。他对国家的担忧是非常真诚的，对国家的停滞不前、不能进步，国民的贫穷孱弱、疲惫困顿，真是痛心疾首，反复探讨其中的原因，就像探索黄河源头的人一定要到达星宿海一样。所以他敢用这样一句话来下断语："问题就在于对法律、制度建设的重要性不了解。"是啊，这句话真是说到家了。也许，有些论者以为，王安石既然称颂效法先王，那他一定是个把传统理想化的保守派，对当代的事物并不了解。但是，王安石不是说过吗？所谓效法先王，只是效法他们的理念而已，用今天的话来说，王安石所说的先王并非具体的先王，而是抽象的先王。从本质上来说，所谓先王的理念，就是政治中最主要的原理、原则。事实上，王安石的变法并不想骇人听闻，让天下的人感到担忧害怕，造成举国哗然的局面，但这种局面竟然出现了，这不是王安石的过错。

尽管如此，根据当今之世的情形来看，皇上虽然想改革更新国家的政治，使它合乎先王的理念，但事实上是做不到的。皇上具有恭敬俭朴的美德，也有聪明睿智的才能，更有对待人民的仁慈和对待物力的珍惜，如果真能了解先王的理念，那么还有什么想做的事做不成，想得到的东西得不到呢？然而我却认为，皇上虽然想改革更新国家的政治，使它合乎先王的理念，但在事实上却是做不到的。为什么这样说呢？这是因为现在国家很缺乏人才。我曾私下观察过在朝廷任职的人，没有比现在更缺乏人才的时候了。上面缺乏人才，那就说明有人才被冷落、被埋没在下面，却不为当时的人所了解。我又到民间去寻找，却也没见到有多少，这难道不是培养、教育人才的方针出了问题吗？在我看来，如今在官位上的这些人很少是人才，这从我在工作中了解到的情况就可以看得很清楚。如今，在一路数千里之内，能够推行朝廷的法令，知道哪些事是急切要办的，哪些事是可以缓办的，而且能够把境内的民众管理好，办好他们分内的事情，这样的人才是很少的。然而，没有才能，做事敷衍、随便，贪婪、卑鄙的人却多得数也数不清。能够讲求先王的理念，使它适应当时形势的变化，这样的人大概在整个辖区之内也找不到一个。朝廷每下一道指令，尽管用意很好，但那些在位的官员往往不能很好地落实，老百姓并不能得到皇上的恩惠。而且，下面那些小官吏总是借机以售其奸，为个人捞取好处，骚扰百姓。所以我要说，在位之人缺少人才，而民间也不见得就有很多。既然人才如此匮乏，那么皇上即使想改革更新国家政治，使它符合先王的理念，大臣当中也有能够符合皇上的心意，想要接受这项任务的人，但是九州这么广大，四海这么辽阔，究竟有多少人能够明白皇上的旨意，皇上的旨意又有多少能够落实，让每个人都能享有改革的成果呢？所以我说，就目前的形势来说，这是一定办不到的。孟子说：“只有法律还不行，它自己是不能发挥作用的。”他说的不就是这个道理吗？可见，当今之世最紧迫的事情就是人才了。如果真能使国家拥有大量的人才，当国家需要的时候，有充足的储备可以从中选拔，执政的官员有了合适的人选，然后再看看时机是否成熟，选择那些老百姓最感觉痛苦的地方来改革更新国家的弊政，使它更符合先王的理念，也就容易多了。

梁按：建立法治社会固然是一件很着急的事，但推行法治的是人，制定法律、制度的也是人，所以，王安石既以法律、制度建设为根本，又以人才为根本的根本。事实上，法治国家一定是以大多数人民作为其根本的，这才是王安石的真正用意。

如今的天下也是先王时代的天下，先王的时代，人才很多啊，为什么到了今天却偏偏不足了呢？所以我说，这难道不是培养、教育人才的方针出了问题吗？商朝的时候，天下曾经大乱，当权者贪婪、狠毒，腐败无能，都是不称职的人。后来，周文王起来要取代商朝，天下的人才也曾显得很匮乏，在那个时候，周文王能够造就天下的读书人，把他们都培养成有能力为君主服务的人才，然后根据他们的才能让他们担任不同的官职。《诗经·大雅·旱麓》篇说：“岂弟君子，遐不作人。”说的就是这个道理。等到事业成功了，就连那些低微下贱的捕猎兔子的人都没有不追求品德的。《诗经·周南·兔罝》篇说的就是这个意思。又何况那些当权者呢？由于周文王能够这样做，所以他出征就能让别人臣服，治理属地则能处理好政务。《诗经·大雅·棫朴》篇说：“奉璋峨峨，髦士攸宜。”又说：“周王于迈，六师及之。”就是说周文王所用的这些文臣武将都能各尽其才，没有办不好的事。等到周夷王、周厉王的时代，天下大乱，人才又显得少了。直到周宣王中兴，能够和他一起图谋天下大事的人只有仲山甫一个人了。所以，诗人感叹地说：“德輶如毛……维仲山甫举之，爱莫助之。”这是在叹息当时人才太少，仲山甫得不到人们的帮助啊。周宣王能用仲山甫，通过他来影响天下的读书人，然后人才又重新多起来了。于是，对内处理好政务，对外讨伐那些不来朝贡的邦国，又恢复了周文王和周武王时的国土，所以诗人赞美他们：“薄言采芑，于彼新田，于此菑亩。”这是说周宣王能够使天下的读书人看到新的希望，让他们的才华能够为自己所用，这就像农夫耕种他们的田地，使得田地里有芑菜可以让他采摘一样。由此看来，没有哪个人才不是君主造就的。

梁按：这种说法，近代的曾国藩也曾引申和发挥，他说道：“如今的君子有了一些权势，就责怪天下没有人才。他们身居显贵的高位，不能用自己的理想去移风易俗，造就当今之世的人才，反而告诉我们说没有人才，说他们讲了真话，可以吗？不可以！一个十户人家的小地方，其中如果有崇尚仁义的君子，他的智慧完全可以改变十个人，那一定能选拔十个人中的佼佼者并把他们培养成人才；如果他的智慧完全能够改变一百个人，他也能选拔百人之中的佼佼者，把他们培养成人才。看来，移风易俗并培养造就一代人才并非只是身居高位的人能这样做，凡是有一官半职的人都应该参与此事。”他的话说得更加深刻、明白了。但我看王安石的这番言论，他把培养造就人才的责任完全归于君主，为什么这样说呢？不仅仅因为他的话是说给君主听的，毕竟，民间培养造就人才的范围是很小的，而君主则大得多，民间培养造就人才的效果来得慢，而君主则来得很快。所以，对于没有身居高位的人也勉励他担负起培养造就人才的责任，这是不得已而采取的差一些的做法，是以聊胜于无来安慰自己。如果说到想要培养造就一个国家的人才，率领他们共同进步，没有比开明专制的君主亲自去做更快捷有利的办法了。这是俾斯麦造就德国时用过的办法，而曾国藩造就中国也只能做到他那个程度了。

造就一个人使他成为人才，有哪些具体做法呢？也就是教育他，培养他，选拔他，任用他，都有一定的方针罢了。那么，教育的方针是什么呢？在古代，从天子到各诸侯国的国王，全部从他们的都城到乡村都设立学校，普遍设置专门负责教育的官员，而且严格进行选拔，国家的礼、乐、政、刑等内容都被列为学习的科目。学生们观看、学习的都是先王的礼法言论、道德准则以及治理天下的思想理念，他们的才华也可以为天下、国家服务。如果有人不能用他们的才华为天下、国家服务，则不对他们进行教育；而愿意用他们的才华为天下、国家服务的人则没有不在学校中受教育的，这就是教育的方针。所谓培养的方针又是什么呢？就是要增加他们的俸禄，使他们的生活宽裕，同时用礼法约束他们，使他们有所顾忌。为什么要增加他们的俸禄呢？人之常情，如果财用不足，人就会贪婪卑鄙，任意要人家的东西，什么坏事都能做得出来。先王懂得这个道理，所以为官员们规定了俸禄，即使是在官府里当差的老百姓，他们的俸禄也足以代替其耕田的收入。从这里一级一级往上数，每提高一级就增加一级的俸禄，使他们能有足够的收入来维持生活，从而养成懂得廉洁、羞耻的风气，远离贪婪、卑鄙的行为。这样似乎还不够，又规定他们的俸禄可以传给子孙，这叫作世禄，即世世代代都可以享受的俸禄。这样就使得他们在有生之年，在抚养父母、兄弟、妻子、儿女方面，在接待亲戚、朋友方面，都没有什么遗憾了，而在他们死时也不必担心子孙后代的生活了。为什么要用礼法来约束他们呢？在通常的情况下，人在钱财富裕的时候如果没有礼法的节制和约束，就可能放荡任性，为非作歹，什么样的事都可能做出来。先王了解这种情况，所以制定了婚姻、丧葬、祭祀、养育、宴饮的标准，衣服、食物、器具、用品等也按照等级制定了统一的规格，规定了它的尺寸大小和数量。按照级别规定可以做但财力不足的，就不要做；而财力能够办到但按照规定不可以做的，也不能有数量和分寸的增加。为什么还要用法度来裁制他们呢？对于天下的读书人，先王先用治理国家的思想理念教育他们，使他们掌握治理国家的本领，不接受教育的，按照法度就要驱逐他们到边远的地方去，使他们终身为人所不齿；接下来又用礼法来约束他们，不能遵循礼法的，按照法度就要流放或杀头。《礼记·王制》上说："改变服装式样的人就要被流放。"（此为王安石概括之语，非《礼记》原文——编注）《尚书·酒诰》中记载，"假如有人来报告说'有人聚众饮酒'，你就该一个不漏地捆绑了送到周都，我定他们死罪。"聚众饮酒、改变衣服样式，这些都是小罪，而流放、杀头都是大刑。用大刑惩治小罪，先王为什么要这样做，而且坚定不移呢？就是因为在他看来，不这样做就不能统一天下的风俗，实现他的统治。用礼法来约束，触犯礼法的就要受到裁制，为什么天下的人都能服从而不敢冒犯呢？其原因不仅仅是禁令严厉和管理周密，同时也要靠君王真诚恳切的用心和身体力行加以倡导。凡是君王身边的达官贵人都要能顺从君王的意愿，按照礼法做事，有哪一个不遵循礼法的话，依法行事就从他开始。如果君王能以诚恳的态度做这件事，而有权势者又能自觉规避不做君王不喜欢的事，那么朝廷不用刑罚，人们就能遵守礼法，不去违反礼法。所以说，这就是培养人才的方针啊。

选拔人才的方针又是怎样的呢？先王选拔人才，一定是从地方、从各级学校中选拔，让众人推荐他们认为有道德、有才干的人，写成推荐信告知上级，上级考察后，如果被推荐的人确实德才兼备，则根据他们德行的大小和才能的高低来任命官职。而且，考察一个人不能只靠眼睛和耳朵的功能，也不能只听一个人私下里的看法。要想了解一个人的品德，就要看他怎么做，要想了解他的才能，就要听他怎么说，对他的言行都有所了解后，还要让他试着做些事。所谓考察一个人，就是要让他做一件具体的工作。即使是古代的尧选拔舜，也不过是这样，又何况尧舜之后的人们呢？实际上，九州如此广大，四海如此辽阔，官职、百姓如此众多，人才的需求量应该是很大的，但拥有天下的人不可能亲自一个一个地去考察，又不能委托一个人在一两天之内用考试的办法考察人才的品德和才能，然后决定取舍。大概我已经能够了解一个人有很好的德行和很高的才能，便委任他很高的官职，并让他选取同类的人，长期使用，从中进行考察，发现有才能的人就报告给上级，然后按照等级秩序授予他官爵、俸禄，这就是选拔人才的方针。

任用人才的方针又是怎样的呢？人的才能和品德有高有低，并不相同，他们被任命的职位也有合适与不合适的区分，先王了解这种情况，所以他让懂得种田的人去管理农业，让懂得工艺制作的人去管理手工业，其中品德深厚且才能很高的，就被任命为主管的官员，品德、才能都比较一般的被任命为副手，辅佐主管的官员。先王又考虑到，一个人任职的时间长了，上级就能熟悉他，了解他的工作，下级也能服从他，并接受他的指导，优秀的人才可以做出好的成绩，居心不良的人缺点也可以暴露出来，所以，长期使他担任一个职务，并对他的工作进行考核。这样一来，有聪明才智的人就可以充分发挥自己的聪明才智去工作，不用担心自己做的事情没有结果，功劳也显露不出来。那些得过且过的懒汉虽然想蒙混于一时，但也要顾虑到最后事情败露会受处分。这样，他们还敢不努力吗？至于那些没有本事的人，他们自然会主动辞职的，因为他任职做事的时间一长，不能胜任这项工作的情况就显露出来了，这是不可以侥幸避免的。他们既然不敢冒险，知道主动辞职，哪里还会有结党营私、挑拨离间、巴结奉承、争着向上爬的人呢？选拔已很谨慎，任用也很得当，工作时间又长，对他们又很信任，不用各种条条框框束缚他们，让他们尽量发挥自己的聪明才智，来为朝廷做事，古代的尧、舜能够管理好百官，办好政事，用的就是这个办法。《尚书·尧典》上说：“三年考核一次，三次考核之后则提拔一批优秀的人，罢免一批不称职的人。”说的就是这种情况。但在尧和舜的时代，他们罢免的人我们是听说过的，就是所谓“四凶”（浑敦、穷奇、梼杌、饕餮）吧。他们提升的人则有皋陶、稷、契，都是终身担任一个职务没有改变过，只是提升他们的爵位，增加他们的俸禄罢了，这就是任用人才的方针。既然教育人才、培养人才、选拔人才、任用人才的方针是这样的，而当时的君主又能与他的大臣尽心尽力，真诚恳切地实行这套方针，这样一来，那些被任用的官员不被怀疑，而国家的任何事情也没有想办而办不成的了。

梁按：王安石谈到的教育应当兴办，官吏在一个职位上应当持久，稍微了解政治体制的人大概都是没有异议的，也不用进一步地阐释。只有他说到用法律来惩罚官员，引述了用严酷的刑罚惩治微小的过错一条，则有人担心他用了法家的“申商之术”，显得操之过急，也和政治的原理有很大差别。当然，国家对于人民有一种命令和服从的关系，它的统治权力是至高无上、不可抗拒的，不仅专制的国家是这样，即使立宪的国家也是这样。如果觉得这是不可行的，就不要发布这样的政令，既然发布了政令，又可以不实行，就是对国家神圣权力的亵渎。后来，元祐年间（1086—1094）的那些君子因为阻挠新法的实行而被发配、流放、降职、免官，他们将积怨发泄到王安石身上，他也曾考虑采用管仲治理齐国时的办法，管仲曾说：“使政令有所亏欠的人，死罪；使政令有所增加的人，死罪；不按照政令做事的人，死罪；滞留政令的人，死罪；不服从政令的人，死罪。”王安石后来之所以失败，正是因对对于持不同政见者采取了姑息的态度，不能实践这本书上说过的方法。

现在各个州县虽然都有学校，不过是个空架子罢了，并没有负责教育的官员掌管培养人才的工作。只有太学才设置了负责教育的官员，但也没有经过严格挑选，朝廷所必需的礼、乐、刑、政方面的知识并没有被列入教学内容；老师对此也漠不关心，以为这些都是各有关部门的事，不是自己必须知道的。老师所讲的不过是儒家经典的篇章、句子而已。老师讲授经典的篇章句子，本来不是古代老师授课的方法，近年来，才有人教学生写这种用来应付考试的文章。这种为应付考试而做的文章，没有连年累月的死记硬背是不能掌握的。但是，等到他们能把这种文章写得很漂亮时，从大的方面说，不能用它来治理国家，从小的方面说，也不能对国家有什么好处。所以，虽然在学校里读书读得头发都白了，经年累月按照老师教的去做，一旦派他从政，他则茫然不知如何去做，很多人都是这样。现行的教育方法不能将人培养成有用的人才也就罢了，反而让他困顿，并摧残、败坏他，使他不能成为人才。为什么会这样呢？我们知道，培养一个人才，要专一才能成功，学得太杂了就容易混乱，所以先王在使用人才的时候都要考虑到他的特点，把工匠安排在官府，把农民安排在田间，把商人安排在市场，把读书人安排在学校，使他们各自专心于自己的专业，而不看别的事物，怕的是其他事物影响他的专业。对于读书人，不使他们关心专业以外的事情还不够，还要让他们专心学习先王的思想理念，对于诸子百家的各种学说，凡不符合先王道理的都要排除，使得谁也不敢去学习它。当今学生最应该学的是对国家有用处的学问，如今却把有用的学问放在一边不教，只教应付考试的文章，耗费他们的光阴和精力，经年累月地学习这样的事情，等到他们做官时，又叫他们把这些东西抛掷一边，而拿国家大事来责成他们。古人用全部精力和时间专心于国家大事，尚且有能办到的和不能办到的，如今却要他们用全部精力和时间去学习无用的知识，等到他们被委任去做一件事的时候又突然用国家大事来为难他们，难怪能够胜任职务而有所作为的人那么少啊。所以我说，现在的教育不仅不能把人培养成为人才，而且还增加他们的困难，摧残、败坏他们，使他们不能成为人才啊。

梁按：后代论说的人有的以为八股取士是从王安石开始的，因而拿这件事来责怪他，为什么他们对王安石的诬蔑这样肆无忌惮呢？王安石认为，培养人才必须靠学校，他的话说得多明白啊，他在执政之初并没有废除科举考试，是因为当时学校尚不普及，形势所迫，不得不这样罢了。这个问题下面还有论述。

现在的教育还有更为严重的问题。先王的时候，士子要学习的知识包括文武两个方面，都不能偏废。士子的才华有些可以当公卿大夫，有的可以做一般的官吏。他们的才华有大有小，官职有的合适有的不合适，但对于军事，则不论他的才华大小，没有不学习的人。所以，才华大的平日可以出任中央六部的官职，派出去就能做国家军队的将领。才能小一点儿的就领导地方军队（比、闾、族、党），也是一支军队的统帅。所以，把保卫边疆或守卫宫廷的重任都交给正直的读书人，小人就得不到这样的职位。现在的读书人却认为，文武是不同的事情，我只负责文职事务而已，至于保卫边疆、保卫宫廷的重任，则推给军人去承担，而这些军人往往是社会上的奸邪、凶悍、无赖之徒，如果他们的才能和品性能够在一乡之中站住脚的话，那么他们没有肯离开亲人去当兵的。保卫边疆、保卫宫廷，这都是国家的重要任务，君王对此应该表现得很慎重。所以，古代教育读书人都把射箭、驾车当作当务之急，至于其他的技能，就要看他的条件是否合适才决定教还是不教，如果他的条件不合适也不勉强。至于射箭，那是男子的本分，如果生来就有疾病也就罢了，如果身体没有问题，没有不学习射箭的。在学校期间，固然要经常练习射箭，有迎宾送客的应酬之事要表演射箭，有祭祀之事要表演射箭，要区别一个人的品行和能力与另一个人是否相当，也要通过比箭来决定。有关礼乐的事，没有不包括射箭的。而且，射箭的意义也都寄托在礼乐、祭祀之中了。《易经·系辞下》指出："弓箭的作用在于显示威力于天下。"难道先王只是把射箭当作应该学习的打躬作揖的礼节吗？事实上，射箭是军人应做之事中最重要的一件事，是威慑天下、守卫国家的手段。平时可以通过它来学习礼乐，战时就可以用它去抗击敌人。士子既然早晚都练习射箭，而且射得好的人很多，那么，承担守卫边疆、守卫宫廷重任的人就可以从中挑选了。士子曾经学习过先王的思想理念，他们的品行操守也曾为乡里之人所推重，然后根据他们的才能把守卫边疆、守卫宫廷这件大事托付给他们，这就是古代的君王把兵器交给他们，而国家内外都平安无事的原因。今天却把安定天下这么大的事——君王应当特别慎重地来挑选人才的大事，交给了那些奸邪、凶悍、无赖之人，他们的品行操守都是乡里之人不能认可的。所以，现在常常担心边疆的安全，不知道守卫宫廷的军队能不能使这里平安无事，如今谁不知道那些守卫边疆、守卫宫廷的军队靠不住呢？但是，在我看来，天下的读书人都以手执兵器为耻，也没有懂得骑马、射箭、行军、作战的人，于是不得不靠招募士兵去打仗，怎么能完成这么重要的任务呢？由于不能严格培养，挑选的时候标准又不高，所以士子们都以手执兵器为耻，也没有人懂得骑马、射箭、行军、作战这样的事，就是这个道理。这都是教育方针不符合先王思想的缘故啊。

梁按：这是王安石所主张的“全民皆兵主义”，当今这个时代的东西方各国没有不通过这种办法达到强国目标的。然而，我国自秦汉以后两千年，在王安石之前与王安石之后都没有一个人能像他这样看到这一点。而且，他认识到，要引导国民崇尚军事，一定要重视学校教育，这与当今之世的学校特别重视体育是多么吻合呀。中国轻贱军人已经很久了，特别是宋代以来就更加严重，在募兵制度下，要想让军人不被轻贱，就像要到燕这个地方去却驾车往南走一样。王安石说到的那种现象，把安定天下这么大的事交给那些品行和操守都不被乡里认可的奸邪、凶悍、无赖之人，天下的士子却以手执兵器为耻，这种情况，今天和过去没什么区别。如果世上没有王安石这个人，何时才能结束这种局面呢？

现在规定的俸禄一般都很低。如果不是在皇帝身边工作，家里吃饭的人口稍微多一些的，没有不兼营农业、商业，得些收入才能够养活这些人的。至于在下面州、县工作的官吏，一个月的收入多的有八九千钱，少的只有四五千钱，再把候差、候调、候缺的时间算在一起，六七年间只能得到三年的俸禄。这样算下来，一个月的收入多的实际上不到四五千，少的只有三四千罢了。这点儿钱，即使是个仆役也会感到很窘迫的，何况他们平日的生活以及婚丧嫁娶等开支都包括在里面了。那些社会地位在中等以上的人，虽然穷困，也还不失为君子；社会地位在中等以下的人虽然生活安定，但仍然是小人；只有社会地位居于中等的这些人不一样，生活穷困时他们做小人，生活安定时他们做君子。在天下所有的士人中，社会地位在中等以上和中等以下的还不到百分之一；穷困时做小人，安泰时做君子，这样的人却到处都是。先王认为，治理众人不能用力量压服，所以约束人们的行为不能以自己为标准，而应以中等阶层的人可以接受为标准，按照他们的愿望，因势利导，只要中等阶层的人能够遵守，那么先王的意志就可以推行到整个国家，并且延续到后代。凭借如今俸禄的标准，希望士大夫不做有损廉耻的事，大概中等阶层的人是做不到的。所以，如今做了大官的人往往互相收受贿赂，追求金钱，背上了贪污的坏名声；而那些小官吏则生意买卖，索取财物，无所不为。士大夫既然不顾廉耻，给社会带来很坏的影响，他们也就偷懒怠惰，得过且过，愤发图强的心思就更没有了。这样一来，他们的本职工作怎么能不松懈，治理国家的理想又如何实现呢？更何况，贪赃枉法、收受贿赂、侵害百姓的事往往就发生在这里，这就是我所说的没能使他们生活宽裕的后果。

现在，婚丧嫁娶和供养父母所需的服饰、食物以及各种物品都没有礼制法度来加以限制，而社会上一般人都以奢侈为光荣，以节俭为耻辱，只要他们具备财力，就没有什么事是不能做的。官府既然不加以禁止，而人们又以此为荣耀，那么如果人们的财力不足，不能跟上这种社会风气，到举办婚事、丧事的时候，他们往往就会得罪那些族人和亲戚，被认为是不体面。所以，有钱人家尽量铺张而不知道停止，穷困之人则勉强凑合去迎合这种风气，这就是士大夫被弄得困难重重、失去廉耻之心的原因。所有这些都是我说的不能用礼法约束人们的行为产生的后果。如今皇帝亲自厉行节约，做天下的表率，这是在您左右的近臣权贵亲眼见到的。然而，他们在家里依然是奢侈无度，这些人做了皇上不喜欢的事，违背了皇上对天下的教导，其中有些人是很过分的，但也没听说朝廷对他们有什么惩罚，来警示天下的人。

从前，周朝的人聚在一起饮酒，曾有人被捉住杀头，以为酒喝多了就会产生祸害，使许多人死亡，这才加以严格禁止，不让祸害由此产生。这样做了以后，他的刑罚虽然非常简单，但犯罪以致招来灾祸被处死的人却非常少。

如今朝廷的法律特别严厉的只在惩戒贪官污吏这方面。用严刑峻法惩治贪官污吏，却轻视对奢侈腐化的立法，这就是所谓抓住次要的东西而放松了根本的问题。然而，社会上一些有见识的人认为现在官吏过多，国家的财富已经无法供给，这种议论也是不通情理的。现在的官员数量的确很庞大，然而和前代官员的数量相比大概还算是少的，而且俸禄又那么低，可见，国家经费不足应当是另有原因，官吏的俸禄难道值得计较吗？我固然没有学过管理财政，但历代理财的大概情况我还是知道的。这就是依靠天下的人力、物力创造天下的财富，再用天下的财富供给天下的需求。自古以来治理国家，从来没有财富不够用而成为国家的大问题的，问题在于理财的方针不正确。如今天下没有战乱，老百姓安居乐业，人人都在尽力创造财富，为什么公家和私家都把穷困作为问题而因此大伤脑筋呢？恐怕就是因为理财不得其法，而有关部门又不能根据现实情况来变通处理罢了。如果我们在理财方面按照正确的方针去办，又能根据实际情况变通处理，那么我虽然愚笨，也知道增加官吏的薪俸是不会让朝廷因经费不足而伤脑筋的。

梁按：孔子说过，用很高的俸禄鼓励士人做官，后世那些谈论如何治理国家的人大概没有人不知道这是一件紧迫的事。然而这里也有困难，第一就是增加官吏的俸禄，要考虑经费不足这个大问题，王安石已经为此进行了辩解。他对财政问题的看法在此次上疏中尚未谈到，但他所说的依靠天下的人力、物力创造天下的财富，再用天下的财富供给天下的需求，其理财原则都包含在这句话里了。古今中外各个国家，无论哪个时代，其官员的俸禄都不会超过国家每年总支出的百分之三四，如果理财的方针是正确的，那么这个百分之三四按照比例而增加是没有问题的。如果理财的方针不正确，那么即使从这百分之三四中裁减一部分，又怎能缓解苏司农（苏辙）的财政困难呢？王安石认为，增加官吏的俸禄不会使国家财政受到伤害，这是真正懂得如何治理国家的人说的话。还有一种说法，认为尽管俸禄增加仍然不能制止人的贪婪，那些大开贿赂之门、把官场搞得一团糟的人不是俸禄很低的人，而是那些享受高官厚禄的人。这种说法放在今天的军机大臣、各省督抚身上是可信的，放在那些享受优厚肥差的官员身上也是可信的，我似乎不能提出任何质疑。尽管如此，如果仅仅给他优厚的俸禄，而不能在这之后对他进行监督和检查，那么就真像一些人议论的那样了。所以，王安石在增加他的财富之后，又说了要用礼法来约束他们，用刑律来惩戒他们。然而，就算有法度对他们进行监督和检查，但他们的粮库里没有可以赡养家人的粮食，法度也就成了一纸虚文。看来，有了一个很好的办法和意愿，一定还要有另外的好办法、好意愿来配合，双方相互依赖、相互维护，如果是粗疏草率、不成体统，虽然像锦绣一样美丽，也不过像天吴（中国古代的水神）一样罢了。从最近这些年我国增加了一部分官员的俸禄来看，则并非只是让朝廷增加了开支，而且鼓励人们去追逐名利，使得社会大众的心理和读书人的品性为物质利益所蒙蔽，一天比一天厉害。然而，难道是王安石说错了吗？

梁又按：对奢侈浮靡风气的惩戒，自古以来就有许多说法。而近代以来，有人看到如今的欧美各国奢侈浮靡的风气更加严重，而且他们的国家与民众都很富裕，于是有人就认为，奢侈未必不是好事。哈，这是多么荒谬啊。凡是一个国家的经济，一定要使它像母亲那样富足，然后它的民众才能让自己的财富增值。而奢侈的风气只能消耗它的财富，使得它不能像母亲那样。所以，奢侈其实是亡国之道。今天的欧美各国是因为富裕才开始奢侈，不是因为奢侈而导致富裕。然而，已经有了像杜甫所描述的“朱门酒肉臭，路有冻死骨”这种现象。这种社会问题已经成为今日欧美各国的大患，它将来是否会造成社会的分裂，我们还不知道，但如今稍微有些知识的人没有不心怀忧虑的，为什么还要说“奢侈不是问题”呢？按照王安石的说法，是要用立法来惩戒奢侈，这个意见固然是不能实行的，但是他的想法还是有可以采用之处的。

当前的法令既严格又完备，所以用它来网罗天下的读书人，可以说是非常严密了。然而，在尽量以道理、技艺教育他们的同时，有针对不接受教育的刑律来管束他们吗？在用制度来约束他们的同时，有针对不遵守制度的刑律来惩戒他们吗？在任用他们担任一定的职务的同时，有针对在工作中不负责任的刑律来制裁他们吗？如果不是先用治理国家的思想理念教育他们，就不能以不接受教育来处罚他们；不先用制度来约束他们，就不能以不遵守制度来惩戒他们；没有先给他们官职，就不能以工作不负责任责备他们。这三件事是先王礼法中最急迫的，现在却实行不了，而那些小是小非并没有妨碍对国家的治理，却大施禁令，而且经常改动，每月每年都有变化，那些官吏甚至都记不住，又怎么能够使人一一避免而不违犯呢？这就是法令不能被人尊重，无法实行，而小人却可以侥幸逃避，免于被处罚，君子则躲也躲不过，不幸而触犯的情况，这就是人们所说的不能用刑律来制裁他们。所有这些都是因为治理国家的方针与先王的做法不一样啊。

梁按：官僚政治果然可以称为好的政治吗？我不敢这么说。然而，近代以来，自从施泰因（1757—1831，普鲁士政治家）用它来治理普鲁士，实行之后大见成效，俾斯麦就跟在他的后面，将这种制度推行到德意志，也很见效，各国开始渐渐地羡慕他们。而我们中国，两千年以来舍去官僚之后就没有政治了。官僚政治存在这么多问题，难道它就绝对不可以信任了吗？施泰因治理普鲁士，为什么要训练、督责他的官僚呢？就像将帅训练、督责他的校官和士卒一样。这是因为，这样做可以造成整齐、严肃的气象，从而收到指挥下属像使用自己的手臂一样的效果，而整齐、严肃正是官僚政治的特长啊。要实现这样的目标一定要有手段和方法，王安石对此是非常了解的。

现在选拔人才，首先，把那些记忆力强、读书较多，稍微通晓文章辞采的人称为特殊的人才、社会的精英人士，这样的人就属于公卿的选拔对象了；其次，记忆力不一定很强，读书不一定很多，稍微通晓文章辞采，而且学过一些诗赋的人就称为进士，进士中比较拔尖的人也属于公卿的选拔对象。可见，通过这两种方式选拔上来的人并不能胜任公卿的职位，这是不需要讨论就非常清楚的。然而，现在有些人却说，我们历来都用这种方法选拔天下的人才，而能够胜任公卿职位的人也往往是从这些人里选拔出来的，不一定非要按照古代选拔人才的办法，然后才能得到人才。这种说法也是不明事理的。先王那个时代，官员用尽各种选拔人才的办法，却仍然担心社会就如今天考公务员，得高分的一定能做好管理工作吗？

上的人才得不到任用，而让那些不正派的人混到朝廷里来。如今完全废除了先王选拔人才的办法，驱使天下所有有才能的人都去参加贤良、进士这两科的考试。当然，有才能、可以做公卿的最好去考贤良、进士，而贤良、进士中有时也可以得到能够做公卿的人才。然而，那些不正派的人如果懂得一些写作应考文章的雕虫小技，也可以由此进入公卿的行列。相反，那些真正有才华可以为公卿的人却可能被那些毫无用处的学问纠缠一生，郁郁不得志而屈死在深山荒野，这样的人十个有八九个是这种下场。所以说，古代统治天下的人，他们慎重选择的也只是公卿罢了。公卿已经得到了称职的人，就可以依靠他们推举志同道合的人，聚集到朝廷来做事，这样，政府的各个部门就都能得到很称职的人了。今天，如果让那些不正派的人侥幸做了公卿，他们则呼朋引类聚集到朝廷中来，这就是朝廷里有很多不正派的人的原因。虽然也有一些贤明的人，但他们往往苦于得不到帮助，不能按照自己的意志行事呀。而且，公卿中不正派的人，既然会呼朋引类到朝廷中来，那么朝廷中不正派的人也会呼朋引类充当派往四方的专使，而四方的专使又会各自呼朋引类去管理地方州郡。这样一来，即使政府规定了官吏犯罪，推荐的人要连坐负责，但怎能靠得住呢？恰好被这些不正派的人利用了。其次，九经、五经、学究、明法这些考试科目，朝廷早已深感忧虑，认为它们对国家一点儿好处也没有，改为只要求应试的人稍懂一点儿儒家经典的意义。然而，只会讲一些空洞的道理，录取的人才也不见得就比以前的要好些。如今朝廷又开设了明经一科，用于选拔人才。希望能吸收那些研究古代经典中治国办法的人才。但是，明经科考试录取的人也还是那些能背诵儒家经典，稍微通晓文章词句的人，那些精通先王治国的思想理念而且可以用来治理国家的人却未必可以当选。再有就是那些靠祖宗恩泽的世家子弟，学校没有用道理和技艺培养他们，政府主管部门也不考察他们的才能，父兄又不对他们的行为和品德负责任。可是，朝廷动辄把官职授予他们，让他们负责一些政事。从前周武王讨伐商纣王的时候，曾列举商纣王的罪状，说他“凭家世任用官吏”。凭家世任用官吏，却不管他们的才能是否能够胜任，这正是商纣王灭亡的原因，这种情况在政治清明的时代是不可能出现的。

再说说流品之外的人。朝廷本来把他们排除在正人君子之外了，并且限制他们求取功名的道路，可是却又把治理州县的权力授予他们，让他们管理一方的百姓，难道这就是有人说的用正派的人治理不正派的人吗？根据我在外任职时见到的情况，一路数千里之间，州县官吏中来自流品之外的人并不少见，可以让他做点儿事的，十个中怕是找不到两三个，大多数倒要防备他们做坏事呢。在古代，对于读书人，只有正派与不正派的区别，而没有流品的不同，所以孔子那样的圣人也曾做过季孙氏的家臣，可是，这并不妨碍他可以做公卿。到了后代，才有了流品的区别，凡是被列入九品以外的人，他们即使想要有所成就，也已经将自己置于廉耻之外，而没有再进一步的志气了。由于近来社会风气萎靡不振，虽然是士大夫，形势对他们追求进步很有利，而且朝廷也在物质、精神上奖励过他们，可是到了晚年失意的时候，往往还是晚节不保，做了坏事。何况那些平素就没有超过别人的志气，而且早已被朝廷排除在廉耻之外，限制了他们进取之心的人呢？他们一旦做了官，就要违法乱纪、胡作非为，这一点儿也不奇怪。至于那些对边疆大臣、宫廷卫士的选拔，我已经说过它的问题了。所有这些都说明选拔人才的方针是不符合先王的道理的。

梁按：王安石是科举取士制度的坚决反对者，读了他的《上仁宗皇帝言事书》，才知道他为什么不主张科举取士。后来，科举取士用经义来取代诗赋，也只是一时的权宜之计，并不能从根本上解决问题。他在熙宁初上《乞改科条制札子》，指出：“古代选拔士子都是依靠学校，所以思想和道德统一于上，风俗习惯形成于下，它所培养的人才都能在社会上有所作为。自从先王竭泽而渔式地选拔人才，教育、培养的方法又失去了根据，士子之中虽然有很好的人才，却少了学校老师和同学对他的造就，这是许多人担心的局面。如今想要恢复古代的制度，革除科举取士的弊端，却担心不能依照顺序逐渐地觉悟。首先应该终止以声病和对偶为特征的诗赋写作的考试，使学生能够专心致志地研究儒学经典的意义，并等待朝廷兴建学校，讲求三代以来教育、选拔人才的方法，并在全国范围内施行这种方法。”把这两篇文章合起来读，王安石的主张、见解就看得很清楚了，而后世有些人动辄将八股文毒害天下的罪名强加于王安石的头上，为什么这样诬蔑他呢？

现在，选拔人才已经不按照先王的办法去做了，至于任用人才，又不问他的德行是否合适，只问他出来做官的先后；不论他的才能是否相称，而只论他担任过什么职位。因文学考取的，却派他管理财政；已经任命他管理财政的，又调他去主管刑狱；已经派他主管刑狱了，又调他去掌管礼仪。这样一来，一个人就要具备百官应有的才能，而造就这样的人才是很难的。要求一个人做他难以做到的事，能够做到的人是很少的。既然很少有人能做到，人们也就你看着我，我看着你，都不努力去做了。所以，派一个人去掌管礼仪，他从不为不懂礼仪而担忧，因为如今掌管礼仪的人都是不曾学过礼仪的。派他去主管刑狱，他也不会因为自己不懂刑律而感到可耻，因为现在主管刑狱的人都是不曾学过刑律的。现在，天下的人也逐渐接受了忽视教育的现象，适应了固有的习惯和风俗，

现在有的干部政策，又何止论资排辈？还要排出身，排跟过谁，排门路的高低，排是哪条线上的，不一而足，就是不看能力和品行。

看到朝廷任用的官吏，如果不是按照资历任用的，就纷纷议论和讥笑他；至于任命的职位和这个人的能力是否相称，却从未有人提出过非议。而且，这些官吏经常被调动，不能长期担任一个职位，这就使得上级不能熟悉、了解他的工作，下级也不肯服从他的领导，贤能的人还来不及做出成绩就被调走了，不正派的人也不能充分暴露他的缺点和毛病。至于那些迎接新官、欢送旧任的劳顿，与文书、案卷绝缘的弊病，只是其中很小的害处，也就不用细说了。一般说来，设置一个官员就应该让他在这个位置上做的时间久一些，特别是那些任职的地方比较远、职位比较重要的岗位，更应该这样做，然后才能要求他们有所作为。而现在他们根本不能在一个地方干很久，往往到任没有几天就被调动了。

选拔官吏不认真、不谨慎，使用他们又很不得当，安排给他们的职务也不能长久，布置给他们的任务还很零碎，却要用律法来束缚他们，使他们不能按照自己的意图去做事，因此我知道当今在位的官员有许多是不称职的，如果稍微给他们一些权力，而不用律法来约束他们，他们就会放肆得无所不为。这样看来，现任的官吏不称职，却要凭借律法进行治理，从古到今，没有这样能把国家治理好的。即使现任官吏都是称职的，如果都要靠律法来约束，不让他们按照自己的想法去做，从古到今，想要治理好国家，也是从来没有过的。如果选拔官吏不认真、不谨慎，使用他们又很不得当，安排给他们的职务也不能长久，布置给他们的任务还很零碎，却要用律法来束缚他们，那么即使有贤能的人担任了官职，但他们

王安石一直在说先王如何，他是借先王批评当下，先王成为一种理念、一个标杆，用以衡量当下的问题。今天我们再读王安石亦应如是，不必纠缠细节，直接把握核心。

同那些不正派而又无能的人比起来，也是几乎没有什么区别。正因为这样，朝廷有时明明知道这个人道德情操高尚又有工作能力，能够胜任某个职务，但如果他的资历比较浅，排不上队，仍然不能任用和提拔他。即使把他提拔上来，也会有很多人不服气。有时明明知道这个人没有本事又不正派，但如果他没有出错，也没有被当事人揭发，则不敢根据他的不能胜任就撤他的职。就算是撤了他的职，人们也会表现出不服气。他确实是个不正派又没有本事的人，大家为什么还会不服气呢？就是因为真正的社会精英担任这个职务，与不正派又没有任何本事的人担任这个职务，在做事方面没有什么不同。我在前面说过，不能只管任用官员，给他们工作，却没有刑律来处罚那些做事不负责任的人，就是这个意思啊。

教育、培养、选拔、任用，其中只要有一项不合乎先王的道理就足以伤害天下的人才，何况这四个方面都执行得很不够呢，因此在职的官吏中，没有才能、得过且过、敷衍了事、贪婪卑鄙的人多到不可胜数，而乡村里弄之中也很少有可以任用的人才就不奇怪了。《诗经·小雅·小旻》中说："国虽靡止，或圣或否。民虽靡膴，或哲或谋，或肃或艾。如彼流泉，无沦胥以败。"说的就是这个意思。

梁按：他的这番言论为什么与今日官僚社会的情形一点儿差别也没有呢？过去，西方读者有人读马可·波罗的游记，见到了他绘制的罗盘针的图形，说这个东西是中国人发明的，被欧洲人拿了过去，现在它的样式已经比马可·波罗所绘的图形精美百倍。然而，在发明它的地方，经过了数百年，对它的改良却不知道有哪些。你在中国旅游碰巧在市场上买了一个，看上去和马可·波罗所绘的图形没有什么区别，也就神情沮丧地默然而退了。我看今天的政治，则不能不对王安石的这篇文章发一些感慨。

担任官吏的人才不足，而民间也缺少可用的人才，难道施行先王的政策也得不到吗？哪里有能够将国家托付给他的人？哪里有能够委任他守卫边疆的人？皇上不能总想靠老天的恩赐，竟没有一日的担忧啊。汉朝的张角，三十六万人同一天起事，他所在的郡国竟没有人发现他的阴谋。唐朝的黄巢横行天下，他所到达的地方没有官吏敢与他对抗。汉朝、唐朝为什么灭亡了呢？灾祸就是从这里开始的。唐朝已经要灭亡了，国家由盛转衰，进入五代时期，军人当权，有道德操守的人都躲了起来，不和外人相见，官场上也不再有懂得君臣大义、上下礼仪的人。到了这个时候，颠覆一个国家的政权大概就比下棋还容易了。但是，老百姓血流成河，侥幸没有死在荒野中的人是很少的。一个国家缺少人才，造成的危害大概就是这样。如今这些公卿大夫、政府高官，没有一个肯为皇上的千秋万代考虑，也没有一个为国家的长久利益着想，我私下里常常感到困惑。当初，晋武帝只图眼前的快乐而不为子孙后代做长远打算，当他在位的时候，那些执政的官员也总是迎合奉承，以使自己能够苟且地生活下去，而社会风气却日渐败坏。抛弃了礼义廉耻，不讲法律制度，君臣上下都丧失了道德底线，但没有人觉得这是问题，有眼光、有见识的人早就料到，国家将来一定会发生动乱的。后来，中国大地果然陷入了战乱，被外族分裂了两百多年。我想，太祖、太宗、真宗皇帝把帝位传给皇上，就是想着能代代相传，使老百姓永远受到皇恩的庇护。我希望皇上能以汉唐五代的战乱以致灭亡作为镜子，警惕晋武帝苟且偷安、因循守旧酿成的大祸，明令各位大臣研究怎样才能为国家培养出合格的人才，做到深谋远虑，心中有数，逐步推行，力图符合当前形势的变化，而不辜负祖宗的愿望。这样，国家的人才就用不完了。有用不完的人才，那么皇上还有什么要求不能满足，有什么愿望不能实现呢？

梁按：文章真切直白、沉着痛快，没有能够超过它的了。正当举国沉醉于天下太平的氛围中的时候，这一番话说得真是毫无顾忌，虽然前有贾生痛哭流涕，难道就超过王安石了吗？可惜宋仁宗没有醒悟啊！

如果对造就人才的大计能够进行预先的谋划，做到心中有数，并逐步推行，那么为国家造就人才也是很容易的。我开始读《孟子》的时候，看到孟子说王政是容易推行的，心里以为真是这样。后来看到他与慎子讨论齐国和鲁国的土地问题，孟子以为先王分封诸侯各国，一般不超过百里，当时如果有王者出现，就会按照制度，凡是诸侯王先有的封地达到一千里或五百里的，都要将它削减到几十里或一百里才罢休。于是，我怀疑孟子虽然很精英，他的仁德和才智足以统一天下，但怎能不通过战争、不动用军队，就能使几百里或上千里的强国一下子削减十分之八九的土地，和先王时代的诸侯王一样呢？后来，看到汉武帝采用主父偃的计策，叫诸侯王把受封的土地分封给他们的子弟，由朝廷亲自决定他们的爵位和名号，分别直属于中央，于是诸侯王的子弟都得到了土地，从而使得势力强大、封地广阔的诸侯终于因为土地的分封而变得弱小了。这才使我懂得了，只要能做到深谋远虑、心中有数、逐步推行，那么大的诸侯国可以使它缩小，强国也可以使它削弱，而不至于使国家发生震惊、动乱和伤痛的局面。孟子的话没有说错，何况今天要进行改革，形势并不像孟子当时所面临的那么困难，所以我说，如果能对改革变法的大计做到深谋远虑、心中有数、逐步推行，变法也是很容易做到的。

然而，先王治理国家，不担心人们不做，只担心人们没有能力做；进而，不担心人们没有能力做，只担心自己不肯努力做。什么叫不担心人们不做，只担心人们没有能力做呢？人们一般情况下想得到的东西不过是善良的品行、美好的名誉、尊贵的官爵、优厚的利益，而先王能够掌握这些东西来对待天下的读书人，天下的读书人能够遵从先王来治理国家，先王就把他们希望得到的全部给他们。读书人没有能力也就罢了，如果有能力，那么谁肯放弃自己希望得到的东西，而不努力施展自己的才华呢？所以说，不担心人们不做，只担心人们没有能力做。什么叫不担心人们没有能力做，只担心自己不肯努力做呢？先王的办法对待这些人是再好不过的了，除非他是冥顽不化的蠢才，否则没有不肯努力的。然而，君主如果不能真诚恳切地对待这些人，并且身体力行，先走一步，就不会有人也以真诚恳切的态度努力实践来响应他。所以说，不担心人们没有能力做，只担心自己不肯努力做。皇上如果真诚地想要造就天下的人才，那我希望皇上努力去做就是了。

我还看到朝廷过去曾想要有所作为，进行变革，开始的时候，对于利害问题的谋划就不是很成熟。所以，只要有一个因循守旧、投机取巧的人出来反对，就不敢继续进行了。其实，法度确立以后，人们不会只感到它的好处，所以，先王的办法虽然对天下是非常有好处的，但是当他刚接受这个烂摊子，人们还心存侥幸的时候，他要建立新的法制，没有不感到艰难的。假如他要建立新的法制，而天下那些心存侥幸的人都能心悦诚服地遵守并施行，没有任何抵触的话，那么先王的法度至今是不会被废止的。正是因为创立法律制度非常艰难，那些心存侥幸的人不会心悦诚服地遵守并施行，所以古代的人想要有所作为，没有不首先惩办那些反对他的人，然后才能贯彻自己意图的。《诗经·大雅·皇矣》篇中说："是伐是肆，是绝是忽，四方以无拂。"这就是说，周文王也要先进行征讨镇压，然后才能使天下太平啊。先王想要建立法制，改变被破坏的风俗，造就新的人才，虽然有征讨镇压的困难，但还要忍痛去做，就是觉得不这样做就办不成事情。后来孔夫子出现了，他以一个普通人的身份周游列国，所到之处则鼓动他们君臣抛弃原来的习惯，违背自己的意愿，加强薄弱的地方。可是，他风尘仆仆地到处走，结果却陷入困境，到处受到排斥和驱逐。然而，孔夫子始终并不因为困难就放弃，他认为，如果不是这样，就不会有所作为，他所坚持的大概和周文王是一样的。君王中的圣人没有能超过周文王的了，臣民中的圣人没有能超过孔夫子的了，他们想要有所作为，进行变革，都是这样干的。如今皇上掌握着天下的权力，处在先王一样的地位，如果想要革新法令制度，并没有征讨镇压的困难，虽然有一些心存侥幸的人不高兴，出来攻击这种变革，但人数一定没有喜欢改革的人那么多。如果

这样的认识，王安石可以有，今天的人也不难得到，但王安石有勇气和胆略说出来，今天的人却没有，这是今人不及王安石的地方。

一听到有些因循守旧、心存侥幸的人提出反对意见，就停止改革，不敢继续进行下去，那是因为自己主意不定啊。皇上如果有意想要造就天下的人才，那我希望您果断地干下去。如果做到了深谋远虑、心中有数、逐步实施，而且还能努力去做毫不犹豫，这样还不能造就天下的人才，据我所知，大概还没有这样的事吧。

梁按：读这一段，再看王安石后来在执政期间的主张，他的意见受到世俗中人的中伤，他是早有思想准备的，他能百折不挠，始终不悔，说明他是按照自己说过的去做的，可惜宋仁宗是个不值得和他说这番话的人！我们看范仲淹执政期间进行的变革，不过两三件事而已，然而就因为不能被那些因循守旧、心存侥幸的人所容忍，只做了三个月就从这个位置上离开了，宋仁宗的优柔寡断从这里大概就可以看出来了。然而，王安石却不管你听不听，就是反复地对你说，这不就是孟子说的“齐国人中没有比我更敬重君王的”吗？

然而，我的主张一般世俗之人是不讲的。如今谈论时局的人都认为我的这些意见是脱离实际的陈词滥调。我私下观察这些精英人士，想要尽心尽力帮助朝廷的人是有的，但他们所考虑的不是远大的目标，而是眼下所能行得通的。这些精英人士拿这种想法去迎合潮流，而朝廷选拔人才时看重的也是这种人，至于君臣父子的关系、国家的法律、维系社会关系的礼仪，这些先王特别看重和坚守的东西，他们都很少注意。谁要谈到这些问题，他们就聚在一起嘲笑谁，说这是脱离实际的陈词滥调。现在朝廷对所有的事情都很关注，有关部门的法令却只是在纸面上做文章，这种情况已不是一两天了，它的效果如何，是有目共睹的。那么，对于所谓脱离实际的陈词滥调，我想皇上也可以稍微留神考察一下。

从前，唐太宗贞观初年，朝臣对施政方针各有各的看法，像封德彝这类人，他们认为不把秦朝、汉朝的政治制度综合起来加以施行，就治理不好天下。能够认真研究思考先王的政治制度来启发唐太宗的，只有魏徵一个人。他推行的政策虽然还不能完全符合先王的意图，但大部分是合适的，所以唐朝才能在数年之内几乎放弃刑法而不用，使得国家安宁，外族顺服，自从夏、商、周三代以来，从未有过这样繁荣富强的时代。但唐太宗刚登基那些年，天下的风俗也像现在这样。魏徵的那些话在当时也是所谓脱离实际的陈词滥调吧，但它的实际效果却很好。贾谊说："如今有人认为，用道德教育人民不如推行法律更有效，说这种话的人为什么不看看商朝、周朝、秦朝和汉朝的实际情况呢？"其实，唐太宗的情况也是可以考察的呀。

我荣幸地能因职务关系回来向皇上报告，没有考虑自己是否称职，却在这里大胆地谈论国家的根本问题，这是因为我得到了皇上的信任，我是应该向您报告的。我认为，现在当朝人才缺乏，与朝廷想要任用人才的情况很不相称，而且朝廷任用这些精英人士的办法有些不很合理，使得他们不能充分发挥自己的才能，这也是我的工作涉及的情况，应该让皇上先有所了解。如果撇开这些事不谈，只提那些琐碎的问题来玷污皇上的智慧，对国家社会也没有好处，也就违反了我勤勤恳恳为皇上办事的初衷。我希望皇上认真考虑，选择其中适当的意见来实行，如此，就是国家的幸运了。

梁按：这篇文章是秦汉以来的第一篇大文章，稍微可以和它媲美的只有汉朝贾谊的那篇《治安策》（《陈政事疏》）。然而，贾生说的大半都是为皇帝自保其宗庙社稷谋划的，他对国事、民事的议论又往往不考虑事情的根本，而只强

汉代贾谊曾作《治安策》，陈述可为痛哭者一，可为流涕者二，可为长叹息者六，向汉文帝陈述他的治国方略。毛泽东曾说："《治安策》一文是西汉一代最好的政论。"

调细枝末节，哪像王安石这篇文章胸怀广大，用国民忠仆的标准责备皇帝，而且正本清源，哪一条都和先王的思想理念相适应。李商隐在诗中说："公之斯文若元气。"（此诗为李商隐诗《韩碑》中的一句，赞美韩愈的文章以气盛，梁启超在这里借此赞美王安石的文章）他是完全可以担当的。在此之前有范仲淹的《答手诏条陈十事》，他援引《易经》所说的，"绝望了就会想到要改变，改变了就能畅行无阻，畅行无阻就能够长治久安"，说得非常恳切。他说，国家革除了五代造成的混乱，富有四海已经八十年了，法律制度经过逐日逐月的侵蚀消解，上面的官吏人满为患，下面的百姓困苦不堪，必须通过改革变法来救国救民。他的这种见解和王安石是一样的。然而，整个朝廷都沸腾起来，与范仲淹为难，宋仁宗也没有办法左右这种形势，怎么能说这是宋仁宗一个人的过错呢？但沿袭社会的风俗习惯更让他们感到安全，习惯是非常厉害的，即便你有雷霆万钧之力，往往也没有办法征服它。我曾经读过王安石的《答司马谏议书》，其中写道："人们习惯于得过且过已经很久了，知识精英中的大多数人又把不关心国家大事、附和世俗、讨好众人当作美德。"当时的社会心理从这里也可以看到一些。这只是宋仁宗一个人的过错吗？汉文帝对贾谊，宋仁宗对王安石，大概是非常相似的。贾谊没有遇到赏识他的人，因此忧郁而死，王安石得到宋神宗的支持，能够将自己的理想付诸行动。所以，贾谊只能通过文章为后人所知，而王安石却能通过他的改革事业而著名。然而，虽然王安石遇到宋神宗，但在流俗的反对下，他的成就也就只有这些，就像孟子所说的，不是没有新条嫩芽生长出来，但紧跟着就在这里放牧牛羊，所以这里就变得光秃秃了。自从王安石在当时被人指责、辱骂，数百年来，直到今天也没有人为他辩白，而那些不关心国家大事，只会附和世俗、讨好公众的人却能够得到世人的称赞和推崇。于是，中国数千年好像坠入长长的黑夜一般，只留下这篇文章被参加射策考试（汉代选士的考试方法之一，代指科举考试）的人作为讽读或任意割裂、批评的谈资，这是多么可悲啊！

一篇《上仁宗皇帝言事书》既然没能使宋仁宗醒悟，那么两年后，也就是嘉祐五年（1060 年，一说嘉祐六年，即 1061 年），王安石又向宋仁宗递交了一份意见书，即《上时政疏》，其中写道：

我曾私下里观察自古以来的君主，他们在位的时间久了，就少了心忧天下的那份真诚，即使没有对百姓施行暴政酷刑，天下也有可能发生动乱。秦朝以后，在位时间较长的帝王有晋武帝、梁武帝、唐明皇，这三位皇帝都是很聪明、有智慧、有胆略、建立过功业的帝王。他们在位的时间都很长，又没有什么内忧外患，于是便因循守旧，苟且偷安，并不真正地为天下的安危而忧虑，只求能度过眼前，缺少长远的打算，自以为灾祸不会降临到自己的头上，直到真的大祸临头了才后悔莫及。虽然自己或许能够幸免，但祖宗庙宇已经遭到破坏和侮辱，妻子儿女也已走到穷途末路，天下的老百姓更陷于血泊之中，活着的人都不能摆脱困苦、饥饿以及被人劫掠的厄运。作为先王的子孙，看着祖宗的庙宇受到毁坏、侮辱；作为百姓的父母，保护不了子民的生命安全，这难道是仁孝的君主所能够忍受的吗？然而，晋、梁、唐三位皇帝在安逸享乐之中走到这一步，自己还以为灾难不会到来呢，即使来了也没有这么严重，没想到，它在不知不觉中就突然降临了。

天下大概是最大的器物了，不大力申明各种法令制度，便不能维持它；不大量培养人才，就不能保住它。假如没有为天下安危而忧虑的真诚，就不能询问察访到有贤德的人才，也很难要求人们遵守法度。有贤德的人才得不到使用，法令制度得不到完善，这样过着偷闲的日子，或许侥幸没有出现问题，但旷日持久，到最后却未必不会酿成天下大乱。我想，皇上有谦恭俭朴的美德，有聪明睿智的才能，有仁爱士民百姓、天下万物的思想。然而，皇上在位时间已经很久了，到了应该认真思考天下大事，吸取晋、梁、唐三位皇帝的教训来警诫自己的时候了。在我看来，如今朝廷里的官职，还不能说已经得到了有贤德的人才、政策的制定和施行还不能说已经合乎法度。官吏在上面为所欲为，百姓在下面忍受贫困，社会风俗一天比一天败坏，财力、物力一天比一天困窘，而皇上高高在上，深居宫闱，并没有询问察访人才，完善法令制度的意思。这就是我在私下里为皇上谋划，不能不感慨的原因啊。

王安石一再申述的意见，按照毛泽东的说法就是，政治路线确定之后，干部就是决定因素。

因循守旧，苟且偷安，贪图享乐，无所作为，可以侥幸一时，却很难维持长久。晋、梁、唐三位皇帝不知道考虑天下的安危，所以灾难祸患一旦到来，再想询问察访有贤德的人才，完善法令制度，已经来不及了。把古代的事情作为今天的借鉴，则天下的安危治乱还是可以有所作为的。而有所作为的时机没有比今天更迫切的了（就在今日），今天的机会一旦丧失，我担心您会后悔莫及的。用十分认真的态度去询问察访，培养大批有贤德的人才，用十分认真的态度去完善、申明各种法令制度，这些，皇上现在还能不抓紧吗？《尚书》中说："如果吃了药却不感到眩晕，他的病就不能痊愈。"我希望皇上能以终身致命的疾患为忧，不要为一时的眩晕而叫苦。我既然被皇上提拔任用，让我担任侍从官员，那么国家的治乱安危就关系到我的荣辱，这就是我不敢以避免越权的罪责而放弃尽力规劝的职责的原因。希望皇上能仔细考虑我的意见，警诫自己，那就是天下的大幸了。

《上时政疏》与前面的《上仁宗皇帝言事书》反复陈述的都是一个意思。然而，他的语言更加危言耸听，他的意志更加坚忍不拔。大概王安石那时真的担心形势很危急，不能坐视不管，而且觉得仁宗皇帝还可以接受他的意见，希望事情能有所改善。然而，仁宗皇帝已经老了，已经不想做什么事了，过了两年，他也就去世了。

（考异四）

《邵氏闻见录》中说：王安石被委任了知制诰这样一个官职，也就是为皇帝起草诏书和文件，大概相当于今天的办公厅秘书。一天，皇上举办赏花钓鱼宴，招待各位官员。内侍们用金碟盛了钓鱼用的药饵，放在一个小桌子上，王安石把它都吃光了。第二天，仁宗皇帝对宰相说："王安石是个奸诈的人！如果是误食钓饵，吃一粒也就不会再吃了，他把钓饵都吃光了，这是不近情理的，平时我就不喜欢他。"后来，王安石自己写作《日录》，对祖宗讨厌鄙薄，对仁宗皇帝表现得尤其严重。蔡上翔说："臣子陪伴皇上赏花钓鱼，皇上就在身边，旁边还站着各位同事，这些钓饵，内侍们已经盛在金碟里了，人人都知道它是钓饵，怎么会有王安石误食这样的事，而且还被皇上亲眼见到了？如果皇上亲眼见到王安石误食钓饵，又何必等到第二天对宰相说这件事，难道他对王安石还有所畏惧而不敢当面直说吗？而且，既然他平时就不喜欢这个人，为什么忍耐到现在才把这种想法说出来呢？不过是一盘钓饵罢了，王安石已经知道吃错了，还要把它都吃完，就是要表现他的奸诈，这种奸诈表现在哪里呢？皇上也一定要等他把钓饵都吃光才知道他的奸诈，这种说法的道理又在哪里呢？皇上因为这件事而不喜欢自己的臣子，臣子也因为这件事而怨恨他的君王，以致后来撰写《日录》，非常鄙薄宋仁宗。为什么邵伯温造谣诽谤竟到了这种极端的程度！"蔡上翔对邵伯温的驳斥，可以说是快刀斩乱麻。此种小节本来是不足以辩驳的，把它记录下来的原因就是想说明，王安石本是一个高尚的人，一个纯洁的人，诽谤者竟用奸诈来诬蔑他，他说了那么多好话，做了那么多好事，都被这个"诈"字抹杀了，天下还有公正的声音吗？

（考异五）

在熙宁、元丰年间（1068—1085），整个朝廷都和王安石的新法为难，然而从未有人诋毁他的人格。如果有，就是从世人所传苏洵作的《辨奸论》开始。他在其中说道："将来使天下百姓遭殃的，一定是这个人。"又说这个人真是将"王衍、卢杞合为一身了"，又说他"嘴上讲的是孔子、老子，身体行的是伯夷、叔齐，收罗那些沽名钓誉之士和不得志的人，在一起制造舆论，自我标榜”。又说这个人“内心阴险狠毒，志趣和一般人大不一样”，又说他“满面尘垢，像居丧者一样，可是却大谈诗书”，又说“凡是做事不近人情的人，很少不是大奸大恶的人，竖刁、易牙、开方就是这类人”。这些语言丑化、诋毁一个人到了极致，真是没有没说到的了。近代有一位李穆堂先生，据他考证，《辨奸论》是一篇伪作。他在《书〈辨奸论〉后》一文中写道：苏老泉（也就是苏洵）的《嘉祐集》十五卷原本已经看不到了，今天流行的版本中有一篇《辨奸论》，世上的人都因为这篇文章而称赞老泉能预见到王安石将给国家带来灾难。这篇文章最初见于《邵氏闻见录》中，这本书编于绍兴二年（1132 年），到了绍兴十七年（1147 年），沈斐编苏洵文集附录二卷，其中载有张方平为苏洵写的墓表一文，其中提到了《辨奸论》。而苏东坡为了感谢张方平为他父亲作墓表，写了一封信给张方平，也讲到写作《辨奸论》这件事。我认为，这三篇文章都是赝品。根据当时的情形来考察，有很多不合理的地方。按照墓表的说法，王安石嘉祐元年（1056 年）开始出名，他的同党一时为他倾倒，他的任命书中这样写道：“自有人类以来，只有几个这样的人。”制造舆论，把他说得几乎就像个圣人。欧阳修也对他表示赞赏，劝先生（也就是苏老泉）与他交往，而且王安石也愿意结交先生。苏老泉说“我了解这个人，这是个不近人情的人，很可能会给天下带来灾难”。而《邵氏闻见录》叙述《辨奸论》的写作初衷，和墓表是一样的。它引用了墓表吗？那应当明确指出来，不应该用自叙的语气。是与墓表暗合吗？那不应该字句完全一样。考察王安石在嘉祐初年，还没有被当时的朝廷重用，同党也很少，嘉祐三年（1058 年），才被任命为度支判官（据《王荆公年谱考略》，应为嘉祐五年——编注），一个中央财政部门的属官。这一年他写了《上仁宗皇帝言事书》，并没有得到施行。第二年，负责《起居注》的编修，辞章上了八九篇，又被任命为知制诰（据《王荆公年谱考略，应为嘉祐元年——编注》），很快就得罪了当朝执政的大官，遂以母亲去世为理由返回南京（金陵）守制去了（据《王荆公年谱考略》，其母去世在嘉祐八年——编注）。宋英宗在位这些年，他一直不接受朝廷的召唤，却说嘉祐初年同党一时为他所倾倒，错得太厉害了。把王安石当作圣人的，是宋神宗。任命书说的那番话，是在熙宁二年（1069 年），而苏老泉死于宋英宗治平三年（1066年），后来的那些事都不是他所能听到的。（中略）还有收罗一些沽名钓誉之士和不得志的人，一起制造舆论，自我标榜，自以为是颜渊、孟轲再生于今世，然而王安石的本传和王安石的全集都在，其中并没有这样的事。王安石执政之后，或许有依附于他的人，但老泉先生已经不在了，他是不可能知道的。如果把老泉先生所接触的人引见给王安石，他们相隔得太远了，王安石不一定有收罗他们的能力。我不知道所谓沽名钓誉而又不得志的都是些什么人。

人为什么要奸诈呢？一定有好处他才这样做的。王安石生平是以夔、稷、契为表率的，千乘之富他不看在眼里，三公的高位也不能改变他，这是天下所有人都信服的，他又为何要奸诈呢？他看到大宋朝的积弱现象，心里很不踏实，惶惶不可终日。而那些公卿大臣却像堂上的燕雀一样，悠闲得自以为很安全，他才不得不出来承担起天下的责任，而又幸运地遇到了很想有一番大作为的皇上，于是毅然与他合作，建立制度，改变风俗，力排众议，推行他的那一套变法的措施。这样做都是为了改变国家的弊端，希望国家长治久安，丝毫自私自利的想法都没有。他的办法不见得都好，但要相信他的出发点还是好的，哪里有什么奸诈呢？还有一点，我年轻的时候读俗刻本苏老泉集，读了其中的《辨奸论》之后，认为它不是老泉的作品，看到的人还有些疑问，不很相信。曾想得到宋刻本作为参考，但购求多年，都没有得到。马端临（字贵与）的《文献通考·经籍考》列载了苏洵的《嘉祐集》十五卷，而世俗的刻本不称“嘉祐”，书名既然有很大差别，又多至二十余卷，觉得一定有后人的赝品、伪作掺杂在里面了。最近得到了明朝嘉靖壬申年（1532年）太原府太守张镗翻刻的巡按御史澧南王公家藏本，该书书名和卷数都与《经籍考》记述的相同，而其中唯独没有所谓《辨奸论》这篇文章，这就更加让人相信这是邵氏伪造的赝品了。然而又感叹他这样费尽心机地制造伪书，但从来没有做伪者不被人揭穿的。

李穆堂的这篇文章可以说是点亮了一盏明灯，使得所有的事物都无法将自己隐藏起来。蔡上翔引申发挥他的说法，有数万言，论证《辨奸论》和《墓表》确实是伪作，更令人大呼痛快，这里因为文章很繁复就不具体引述了。苏洵并不是圣人，即便是他写了这样一篇文章来诋毁王安石，也不能让王安石有什么损害。然而，假的就是假的，不能认为它是真的。邵氏之流为了诬蔑王安石，把苏洵也诬蔑了，这种鬼蜮的丑态，我实在无法理解，只恨后来编写历史的人还把这种不负责任的言论当作实录，而沉沉冤狱经过了上千年也没有得到改正，我又怎能不为之伸张呢？

（考异六）

朱子《名臣言行录外集·邵康节传》中说，治平年间（1064—1067）与客人在天津桥上散步，听到杜鹃的叫声，神情惨然，很不高兴。客人问他原因，他说："洛阳过去并没有杜鹃，今天开始有了，一定是有原因的。"客人问："什么原因呢？"先生（邵康节）说："不超过两年，皇上用南方人为首相，会引来很多南方人，专门进行改革变法，天下从此要出事了。天下要得到治理，地气是从北向南；将要大乱，则从南向北。如今，南方的地气已经来到。"这段文字也曾见于《邵氏闻见录》，而朱熹，即朱夫子竟也采用了，它的荒诞妄言粗俗丑陋，简直不值得有见识的人一笑。邵康节可以提前知道以后的事，难道杜鹃也能提前知道以后的事吗？大概是当时的小人们特别痛恨王安石，而又各自有所崇拜的人，所以就把所谓的先见之言托付给他所崇拜的人，用他们对未来的预言来抬高自己的身份。这就是王安石三次拜谒周敦颐而不被接见，苏洵写作《辨奸论》，以及邵康节听到杜鹃叫声的由来。考察《宋史·司马光传》，其中说道："宋神宗曾经询问司马光，现在这个宰相陈升之，外面都怎么议论他？"司马光回答："闽

这段议论所引宋神宗与司马光的一段对话，并不见于《宋史·司马光传》，而见于《续资治通鉴》卷六十七所记为熙宁二年（1069年）事。司马光所说的两个宰相、两个副宰相，其中陈升之是宰相，福建人，吕惠卿是副宰相，也是福建人，王安石是副宰相，则是江西人，两个楚人，不知所指何人。

人狡猾、险诈，楚人轻浮、随意，如今，两个宰相都是闽人，两个副宰相都是楚人，他们一定提拔、推荐自己的同党，天下的风俗怎么能够更加淳朴厚道呢？”这种偏激浅陋、嫉贤妒能的话，稍能识大体、顾大局的人都是说不出口的。司马光果然说过这样的话，还是诽谤者假托司马光的名义？我不敢下这个断语。然而，由此可见，当时那些缺少远大的见识、热衷于眼前名利的儒者，他们的南北门户地域之见是非常严重的。王安石作为南方来的人忽然当了宰相，北方人是很嫉妒的。这也是天津桥上听到杜鹃叫声，邵康节所发那番议论的另一个原因。这种谬论到处流传，直到今天则变本加厉，以省界为标准，妨碍国家的统一，真让人感到悲痛！

王安石与宋神宗

商朝的创建者成汤对伊尹，春秋五霸之一的齐桓公对管仲，孟子说他们都是先认可对方的学识，然后才请他们做臣子的。事实上，在专制政治体制下，政治家没有得到君主的信任，却能实现自己的主张并有所作为的，我从来都未听说过。所以，非秦孝公不能任用商鞅，非刘备不能任用诸葛亮，非苻坚不能任用王景略，非埃马努埃莱二世（意大利统一后的第一个国王）不能任用加富尔（1810—1861，意大利王国第一任首相），非普鲁士的威廉一世不能任用俾斯麦。如果他们的君主不足以有所作为，却要辅佐他干一番事业，那么就不是通过正当途经获得君主支持的，比较差的就像唐顺宗时的王叔文、王伾，比较好的就像明神宗时的张居正。所以，要想了解王安石这个人，不能不先了解宋神宗。

《宋史·神宗本纪》在"赞"词中说道："神宗皇帝天性孝顺友爱，他对祖母、母亲都很恭敬，在她们身边侍奉的时候，总是垂手站立，无论寒暑都不改变。他曾经和两个弟弟一起在东宫读书，听侍讲王陶讲论经籍和史传，为了表示对老师的尊敬，他带着两个弟弟向老师行大礼，得到朝野的一致称赞，说他是有贤德的人。他继承皇位之后谦虚谨慎，对辅相都很敬重，鼓励直言，体恤鳏寡孤独之人，赡养那些年高有德的老人，改变财政的匮乏状况，不对宫室搞豪华装修，不搞劳民伤财的各地游幸。"《宋史》本来完成于嫉妒仇恨王安石的那些人之手，他们对宋神宗往往也是有微词的。然而即便按照他们在这里所讲述的，宋神宗的德行已经是秦汉以来皇帝中数一数二的人物了。不过，宋神宗之"神"还不仅仅表现在这些方面，他对大宋朝几代人向辽国、西夏国缴纳岁币感到耻辱，不甘心处于这种积贫积弱的局面，朝思暮想要实行变法，富国强兵，重振汉唐的雄风。他学习越王勾践卧薪尝胆的精神，欣赏赵武灵王主张胡服骑射的英明果断。史书上说，宋太祖赵匡胤曾经想积攒两百万匹丝绢换取辽兵的脑袋。按照他的设想，以二十匹绢收购一个脑袋，辽兵精锐不超过十万，两百万匹丝绢就足够了，并把这些丝绢储存在景福殿。宋神宗继位之后，元丰元年（1078 年），更改景福殿库名，他作了一首诗："五季失固，猃狁孔炽。艺祖肇邦，思有惩艾。爰设内府，基以募士。曾孙守之，敢忘厥志。"于是，设置了三十二个库，用这些字为三十二个库命名，一个字为一个库之名。后来，又积盈余二十库，他又作了一首诗："每虔夕惕心，妄意遵遗业。顾予不武姿，何日成戎捷？"也是如法炮制。

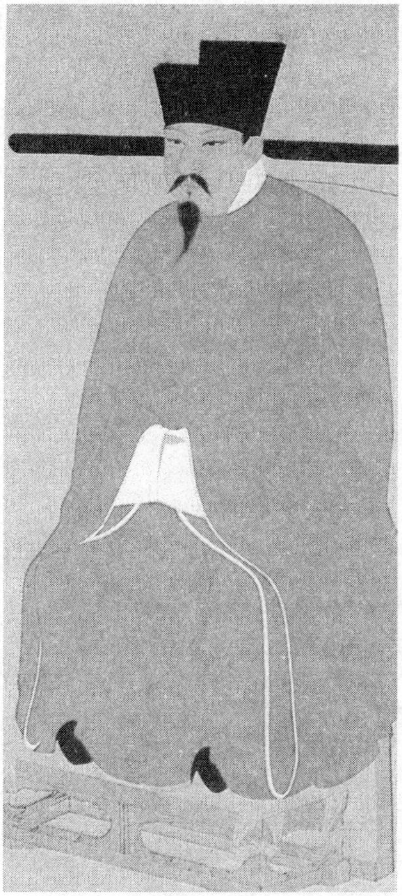

英年早逝的宋神宗

宋神宗为宋朝第六代皇帝。1066 年被立为太子，次年即位，时年仅二十。他立志改革，重用王安石，实行变法，力图挽救北宋中叶的财政危机。神宗在位十八年，三十八岁便英年而逝。

由此看来，宋神宗的隐痛和他的远大志向不是已经昭然于天下，后世所共见的吗？王船山（夫之）说得好："宋神宗一定有不能畅所欲言的隐衷，这就是说，在他身边的高级领导人中，没有能够领会他的意图并为他谋划的人。神宗皇帝刚继位的时候，曾对文彦博说：'国家养兵以备边疆有事，仓库里就不能没有富余的钱粮。'这不是受到王安石的诱导，而是很早就立下了这个志向。（中间省略）神宗仿佛被荆棘囚困在楼台之上，形势紧迫根本不容他在那里自怨自艾，徒发感伤，他希望振奋精神，有所作为。然而，他却难以把自己心里所思所想的话对众人说出来，以鼓舞大家克敌制胜的勇气和决心，只是提出养兵以防备边疆有事，但这还要求助这些高官的理解和支持，这些掌握国家权柄的高官不愿意像他那样表现得焦躁不安，只是想如何与他平安相处。"王船山对宋神宗的论述真可以说是窥见了他最隐秘的地方。宋神宗这个人其实就是王安石所说的怀着一种赤诚心忧天下，不想因循守旧、得过且过，不是当一天和尚撞一天钟的那种人。他一辈子都担心自己成为昏聩、糊涂之人，而不以一天的头晕目眩为苦。凡是王安石期待着从宋仁宗那里得到的东西，在神宗这里都得到了。而且，神宗皇帝环顾群臣，没有一个可以和他谈话的人，当他见到王安石的时候，就好像获得了左右手，他们就像鱼见到水、水养护鱼一样和谐默契，造就了两千年来从未有过的君和臣的一段佳话，这难道是偶然的吗？

王安石既然以他的君王不能成为尧、舜而感到耻辱，而宋神宗则毅然把尧舜当作自己学习的榜样，那么王安石的事业也就是宋神宗的事业，这里也就不再多说了，只选择一两篇王安石所写的奏议，来看看他辅助皇帝的事业是多么勤勉。他在《进戒疏》中写道：

此文作于熙宁二年（1069年），王安石刚被任命为右谏议大夫、参知政事，相当于副宰相。

我认为，皇上已经结束了守丧的仪式，这完全符合古代圣贤所规定的礼仪。现在是臣子们向您进呈劝诫的时候了，我现在皇上身边工作，有责任先说出自己的看法。我听说孔子与颜渊讨论如何治理国家，他提出先要抛弃郑国的乐曲，然后远离斥退那些小人。商汤的左相仲虺称赞汤的德行，首先是不近声色，不聚敛财富，然后任用他人就像对待自己一样深信不疑。这大概就是人们常说的不沉迷于声色，不玩物丧志，然后使自己能够集中精神；能集中精神，然后才能明白事理；能明白道理，然后才能对人有所了解；对人有所了解，才能使得小人远远地离开你，而忠臣良士以及贤德的君子才能及时得到任用，并让他们尽心尽力。如果是这样的话，那么法度的施行、风俗的养成都是很容易的。皇上虽然拥有过人的才华，但如果自己不能早早地戒除这种声色欲望，以至于出现失误，让这种欲望扰乱了自己的心思，也会造成精神不能集中的恶果；精神不能集中，就不能明白道理；道理弄不明白，歪理邪说就会乘机来影响你，这样它给你带来危险与动乱也不是不可能的。

皇上自继位以来，我还没听说有过沉迷于声色、玩物丧志的时候。然而，孔子是最伟大的圣人，他尚且认为，人活到七十岁的时候，才敢于随心所欲，如今皇上正值盛年，享受着君主的尊荣，想以声色欲望蛊惑你的人并不少见，那么我的这种担忧和皇上的自我约束就是很有必要的了。

老天降生圣人的时候是非常吝啬的，而我们能赶上圣人的降生就更难了。如今，老天既然已经把圣人的禀赋给了皇上，那么人们就要把对圣人的希望寄托在你的身上。希望皇上能够自尊自爱，成就你的圣德，自强不息，去建功立业，使您在后世不丧失圣人的名誉，而天下的人都能得到皇上的恩泽，这难道不是您所希望看到的结果吗？

他在《论馆职札子一》中写道：

（前略）自尧、舜以及周文王、周武王以来，历代君王都喜欢探讨治理天下的道理，选择人才，任用他们来辅助自己。我想，一个皇帝的职责就在于探讨原则、道理，而不在于做事；就在于选拔人才并任用他们，而不在于自己去亲力亲为。希望皇上能以尧、舜、周文王、周武王为榜样，那么圣人的功德一定会显现于天下。至于各个部门那些琐碎的事务，恐怕没有必要让圣人每日辛勤劳碌。（中间省略）政府各个部门每天都有事情请示汇报，他们所说自己部门的那些事，都是琐碎的小事，至于关系到国家大局的事情，有时刚说了一个大概，就由于时间紧迫只好暂时告退。如今有很多事，如果不是经过详尽地讨论和说明，让所有需要变革、设置的施政措施，无论事情的来龙去脉、时间的先后，以及大小、详略的方案，都让皇上了解清楚，烂熟于心，然后按照顺序去施行，那么治理国家的大政方针是没有办法贯彻实施的。

而且，像我这样的臣子，如果不是皇上的恩赐，我又怎能从容地竭尽全力地去做事？自古以来，那些有过很大作为的君主，没有不是开始的时候非常勤奋，到后来就沉湎于享乐和安逸的。如今，皇上具有圣人的资质，秦汉以来的帝王没有能和您相比的。您在处理天下大大小小的事务时也是非常勤奋的，但是，您所做的有些并不是很重要的事，所采取的措施有时也并不合适，我担心您到后来并不能以享乐和安逸结束这一生，达到无为而治的境界啊。

读罢这两篇文章，王安石是如何启发他的皇上的就可以看清楚了。他所说的“不沉迷于声色，不玩物丧志，然后才能集中精神；能集中精神，然后才能明白道理；能明白道理，然后才能对人有所了解”，岂止是君王，凡是做学问、做事情的人都应该按照这个方式去做。他所说的“让所有准备变革、新创的施政措施，无论事情的本末、时间的先后，以及大小、详略的方案，事先都经过详尽的讨论和说明”，则又是开创一个事业的根本，而宋神宗后来之所以能对王安石那样信任，不被社会舆论和众人的言论迷惑，大概也是有原因的。

他在《论馆职札子二》中写道：

皇上自继位以来，因为在职的这些官员有些缺乏才能，就提拔了一大批人，这些人多数是有些小才而在德行上有缺陷的。这样的人如果得了志，社会风气就会败坏。社会风气败坏了，那么这些朝夕在您左右的人如果都是为了自己的私利来侍奉皇上，就没有胆量质疑朝廷的是非；那些被皇上派到各地去的人如果都是为了自己的私利来为皇上做事，也就不能了解关系到天下兴亡的主要问题在哪里。这种弊端已有前车之鉴，恐怕不能不认真对待。想要解决这种弊端，只有亲近贤德良善之人而已。

啊，我读到这里了解到，熙宁、元丰年间（1068—1085）在用人方面有不合适的地方，责任一定不全在王安石啊。宋神宗希望国家得到治理的心情太急切了，然而君子中能够顺应他这种愿望的人又太少了。所以，他在用人方面就有些鱼龙混杂，来不及仔细选择。这是宋神宗的一个麻烦，也是王安石的一个麻烦。

总论
——王安石的政治主张和施政纲领（一）

世上谈论王安石的人往往只谈他的变法。由于这个缘故，人们在谈论王安石的功罪的时候也只是根据他的变法。我固然是王安石的崇拜者，尽管如此，我知道，历史学家是不能根据个人的好恶来评判历史人物的。在这里，我将全面考察当时的情形，并参考古今中外的各种学说，心平气和地讨论王安石的历史功过。

自元祐年间（1086—1094）以来，所有人谈到王安石的变法，都说他的那些法是恶法。他们这是意气用事，片面、偏激是不用多说的。然而，王安石所变之法都是良法吗？这也是我不能贸然肯定和赞成的。我常说，天下有绝对的恶政治，而没有绝对的好政治。如果他的施政本意在于为国家的利益和人民的幸福进行谋划，就应该算是好的政治。

还有一种情况：有时候，这种谋划最终达到了目的，好的谋划得到了好的结果；但也有谋划得很好，却不能达到目的的，出发点（或者说动机）是好的，其结果反而非常糟糕，这种情况也是有的。所以，对于同一政策，往往甲国实行了，就能达到很好的结果，乙国实行了，却得到非常不好的结果；甲时代实行了，能达到很好的结果，乙时代实行了，却得到非常不好的结果。那么，这个政策究竟好还是不好呢？这是没办法回答的。可以回答的只有一点，就是把它放在一个具体的环境中，看合适还是不合适。

王安石所变之法，我想从中找一个完全不好的法是找不到的，因为他的本意，也就是出发点（或动机），都是为国家的利益和人民的幸福来谋划的。然而，从王安石施行这些变法的过程中我们看到，其中适合当时情况的与不适合当时情况的，大约一半对一半。王安石非常赞赏古时三代的法度，他说，这些法都是三代已经实行过并证明是行之有效的。然而，三代太遥远了，记载于典籍中的又不可尽信，这些法是否曾经实行过，我也不敢确定。但是，王安石的这套办法曾在一郡之内和一县之内做过尝试，而且确实是有效的。不仅如此，根据我的见闻，当今之世的欧洲各国，他们的政治设计往往和王安石不谋而合，而新兴的德意志帝国在这方面则有更多的相似之处，而且它已取得了很耀眼的成绩。既然如此，王安石也采用同样的办法，并且诚心诚意为天下苍生而谋划，效果却非常不明显，这是什么原因呢？应当看到，三代以前的政治家，他们所经营谋划的几乎都是占地千里的王国，有些还是只有数百里的诸侯国。而当今之世的欧洲各国，其中大一点儿的不过和我们的一两个省差不多，小一点儿的也就只能和我们的一两个县相比。所以，三代以前行之有效的或今天欧洲各国行之有效的，王安石管理鄞县一县时也是行之有效的，这一点可以断言。等到他做了宰相，管理这个国家的时候，是否还能像他在鄞县一样行之有效，我就不敢断言了。

我读中国的历史，发现获得成功的政治家只有几个人，一个是管仲，一个是子产，一个是商鞅，一个是诸葛亮。我们考察一下他们所处的时代，都是封建时代或割据时代；他们所管辖的地域只能和今天的一个省或数个州县相比。但是到了大一统时代，管理的是整个国家，想要得到这样一个政治家，他能够深思熟虑、深谋远虑，制订一个宏大、长远的规划，使全国人民都能得到好处，就像我们前面提到的那几个人一样，大概还没有这样的人吧。如果有一个，那就是王安石，而他的成就一定会让后来的人瞠目结舌。于是我私下里怀疑，我国的政治家是不是只能治理小国

此“封建”非彼封建。

家，不能治理大国家呢？我由此想到我国之外世界其他国家闻名于后世的那些政治家，加富尔是什么人呢？俾斯麦、格莱斯顿（1809—1898，英国政治家，曾四度出任英国首相）又是什么人呢？我国的一个巡抚或总督而已，也就是一省的领导人罢了。至于强盛时期的罗马帝国，还有当今的俄国，都希望能有像管仲、商鞅那样的人，但为什么没有呢？我经过深入思考发现了其中的缘故。大政治家都是一些这样的人，他们要做的事情不外乎统一国民的思想意志，使他们能向着一个目标前进，从而达到对内充实国力、对外扬眉吐气的目的。而要想统一国民的思想意志，他们所采取的办法只能是进行干涉。今天，用放任的办法而不是干涉的办法管理国家的只有英、美等两三个国家。然而，他们所谓的放任已经不是我所说的放任了，何况在此之前，他们也都经历过很严重的干涉的阶段，才有了今天的放任。其余那些国家没有不是用干涉的办法治理国家的。并非只是今天的东西方各国如此，就是我国古代也是用的这种办法。管仲、商鞅、诸葛亮都是用干涉的办法管理国家和民众的。《周官》是否为周公所作，我不知道，其中的那些主张曾经实行与否，我也不知道。假如真是周公的作品，而且真的曾经实行过，那么干涉民众最多的没有能超过周公的。这样看来，干涉是政治家唯一的手段就很明显了。而这种手段，如果用于治理小国还比较容易，用于治理大国就比较难了。小国实行这种办法，利大于弊；大国实行这种办法，则弊大于利。所以，过去治理大国的人所用方法只有两种：一种是专

这里所谓的放任即现代社会之民主政体吧。

制独裁，一种是无为而治。专制独裁者我们叫他民贼，对他们我没有什么可说的，也不认为他们是政治家。而放任者也绝不足以称为政治家，我没听说过政治家卧在床上就可以治理他的国家。况且，既然说到放任，那么不仅人可以做，而且土木做的偶人也能够做到，何必还用这些政治家来做呢？我国有数千年的历史，凡是一家一姓兴起的时候，一定用专制独裁的政策，像汉高祖、宋太祖的时代就是这样。在经过一段时间之后，则一定用放任的政策，像汉景帝、宋真宗的时代就是这样。放任时间久了，就会出现混乱，混乱就可能亡国，亡国后又有振兴，有振兴就会有独裁，专制独裁疲倦了，就又返回放任。历史就是这样循环往复，所以在这里是不能产生政治家的，对此我一点儿也不感到奇怪。放弃专制独裁和无为而治这两种办法，在这两种办法之间的只有干涉这一条道了。然而，大国很难实行干涉的办法，而且实行后弊大于利，我们已经说过了。所以，我私下以为，国家太大了，便利了那些威风八面的军人，成为他们驰骋的舞台，也便利了那些碌碌无为的庸才，使他们可以藏身于其中得过且过，最不利于那些发愤图强、意志坚决、有条有理、明察秋毫的大政治家。从今往后，交通日渐发达，这些大国也就像过去的那些小国一样了，则政治家的成就也就比较容易实现了。而在过去，天下最艰难的事业大概没有能超过它的。就王安石所处的时代、王安石所处的地域来说，想要实现王安石的理想，它的难度，周公没法儿比，管仲、商鞅、诸葛亮没法儿比，来库古、梭伦没法儿比，

这是中国特色的放任。

施泰因、加富尔、俾斯麦、格莱斯顿也没法儿比。他的难度这么大，他所取得的成绩也只能是这样，这一定是很合适的。他的难度这么大，尚且能取得这么大的成绩，则王安石在古今中外的政治家中，其地位是可以想见的。

而且，同样都是以干涉为特征的政治，也有程度上的深浅差别，程度浅的实行起来就比较容易，程度深的实行起来就比较难。王安石所实行的以干涉为特征的政治有些措施是立宪制国家能够实行而专制国家极难实行的，甚至还有的措施接近于国家社会主义，是今天世界上那些立宪国家仍未实行的。我们国家这些数千年来没有经历过以干涉为手段的管理的民众，突然把干涉强加给他们，他们群起哗然，也是可以理解的。然而，王安石的法果然是良法吗，或者不是良法吗？我没有办法说清楚。此外，还有一个导致王安石变法失败的原因，就是用人不当，这一点很多人都能指出来。然而，我对于这种说法还是有保留意见的，与过去的论述者稍有不同。这个问题放在下面讲，这里就不赘述了。

分配、税收和国家财政
——王安石的政治主张和施政纲领（二）

有人曾将他的所作比附为今天的经济体制改革。

类似于所得税吧。

社会上对王安石的一般看法，是把他当作一个从民间聚敛、搜刮财富的官员，这就大错特错了。诚然，王安石的事业大半是在理财。但是，他理财的目的绝不只是增加国库每年的收入而已，实际上还是想让国民摆脱贫困，增加他们的财富，再从他们的财富中索取盈利的那一部分作为国家的财政经费。所以说，发展国民经济才是他的第一目的，改善国家财政只是他的第二目的。他所主张建立的各种法令都是和这两个目的大有关系的。因此，我不用财政这个概念，而用民政和财政这个提法。

第一，设立制置三司条例司。

这个制置三司条例司是王安石创立的管理国家财政的机关，负责制定户部、度支、盐铁三司条例，实际上是个领导变法的机构。他说：

西周时期设置泉府之官，掌管货币流通和集市贸易，目的是限制财富过度集中，调剂贫富差距，使天下的财富得到合理分配。后世只有桑弘羊、刘晏的做法与这种做法大致相似。学者不能了解先王制定这些法令的用意，认为皇帝不应当与民争利。其实，如今想要理财，还是要采用泉府的办法。

熙宁二年（1069 年）二月，朝廷设立了制置三司条例司。宋神宗下诏说：

我认为，要想达到天下大治，一定先要使民众富裕起来，然后天下大治的局面才能实现。如今，县一级的官员连薪俸都不能保证，老百姓的财富也面临枯竭，所以特意下诏给辅佐的臣子，在朝廷之内设置三司条例司，来革除现在的弊端。如果一个人所做之事是他从事的专业，那么他就能认清其中得与失的根源。我今天把权衡天下财富的重任交给这个部门，他们熟悉、了解自己的工作，得到的办法一定是最好的，提出的建议一定是通达的，把财物聚积起来，追求国家的富足，只有这样做，我的百姓才能富裕起来。如果政策制定得很苛刻，下面的百姓受到剥削，上面的官吏怨声载道，这是我不希望看到的。所以我命令三司的官员、诸路的监察干部和朝廷内外的官员，在接受诏书两个月后，汇报你们整顿财政的计划。

制置三司条例司成立后，宋神宗特命知枢密院事陈升之（宰相之一）和王安石共同领导这个部门。王安石当时任参知政事，即副宰相，由他主持这个部门的具体工作。当今世界上实行立宪的那些国家往往以总理大臣兼财政大臣，就是因为财务是各种政务的根本，王安石深深地理解这一点。

王安石的志向在于抑制大地主的兼并，帮助贫困的百姓，合理分配天下的财富，使老百姓富裕起来，从而达到天下大治。制置三司条例司的职责就在这里，而此后制定的各种法令也没有不是根据这个基本点来施行的。据史书记载，王安石曾与司马光在朝廷上就如何理财的问题展开辩论。司马光说："善于理财的人不过是按着人头敛取民财。"王安石说："事实上不是这样的，善于理财的人不增加赋税也能使国库充足。"司马光说："天下哪有这样的道理？天地所创造的财富不在百姓手里，就在官府手里，你千方百计从百姓手里争夺财富，这种伤害比增加赋税还要严重呢。"他们二人争论不已。司马光的这些说法真的有道理吗？天地所创造的财富果真是永远不变的吗？如果

著名史学家司马光

司马光（1019—1086），北宋大臣、史学家。他的史学著作有《资治通鉴》二百九十四卷及“考异”、“目录”各三十卷、《通鉴举要历》八十卷、《历年图》七卷、《稽古录》二十卷、《本朝百官公卿表》六卷，其中《资治通鉴》是我国古代最著名的编年体史书。

人也可以按照一定的规律去创造财富的话，那么天下的财富是不是可以增加呢？天下的财富一定有不在官府也不在民间的，它们被丢弃在地上。正是这样。如果财富增加了，那么它既可以在民间，同时也可以在官府。如今的欧美各国这样做了，他们就是很有成效的。王安石想要整顿、改善国家的财政，他以发展国民经济为入手的方法，这就是孔子曾经说过的百姓富裕了，君主怎能不富裕呢？中国自古以来谈论理财的人，他们的见识没有能够达到这个高度的。

王安石是这样想的，国民经济为什么越来越衰弱不振呢？因为国民不能充分发挥各自的能力从事生产。国民为什么不能充分地发挥各自的能力从事生产呢？这是豪强巨富的兼并造成的。一国之中总是豪强巨富少而贫民多，而豪强巨富又喜欢靡费奢侈，并不把他们的财富作为扩大再生产的资本，那些贫苦人点点滴滴的生活资金又在日复一日的生活中耗尽了。一个国家的资本如此匮乏，百姓的生活没有办法再凑合下去了，于是王安石殚精竭虑地想要找到解决的办法，而最好的办法就是解决兼并的问题。谁能解决兼并的问题呢？只有国家才有这个力量。王安石想把财政大权全部集中到国家手里，然后由国家调剂分配，拿多余的弥补不足或亏损的，让全国的老百姓都能享有一定的财富，并且有能力、有条件从事生产。他在一首诗中写道："三代子百姓，公私无异财。人主擅操柄，如天持斗魁。赋予皆自我，兼并乃奸回。奸回法有诛，势亦无自来。"他的青苗法、均输法、市易法等法令都是根据这个基本点制定的。最近这数十年来，这样一种思想在欧美是非常盛行的，名叫社会主义，这种学说以国家为大地主，为大资本家，为大企业家，而人民不能有私有财产，就像王安石所说的，"赋予皆自我，兼并乃奸回"。也就是说，国家的财政收支都由君主掌握，兼并被认为是奸邪的行为。他们那里的许多学者往往梦想实现这个社会，把它当作通向世界大同的必经之路，而有见识的人又认为这是一件很大的事，可能需要经过几代人的努力才能实现。以欧美这样的条件，现在仍未能走到这一步，而王安石想在数百年前的中国就实现这个理想，哪有这种好事呢？虽说他在开始时没有他们那么宏大，他的条目没有他们那么复杂、细致，他的程度也没有他们那么极端，然而这种做法仍不能完全适应王安石所生活的时代

见《兼并》一诗，意思是说，夏、商、周三代的君主像对待儿子一样对待自己的百姓，公家和私人的财产都由君主统一分配，除此以外没有分外的财物。君主独揽大权，像北极星一样掌握着其他星星，使其围绕自己运行。国家的财政收支既然都由君主掌握，那么兼并就被认为是奸邪的行为，就要受到法律的制裁，兼并的情形也就无从产生了。

和国家，是可以断言的。王安石的问题就在于这一点。但他的学识精彩卓越，他的思想深远，他的心地仁爱宽厚，他真的是千古一人啊，司马光怎么可以理解他呢？

社会主义难以实行的原因不止一条，而为国家掌握理财机关的这个人是最难选择的。他手里的权力越多，弊病和危害的产生也就越容易，这一条是显而易见的。而且，他们那里所倡导的社会主义在立宪政体确立之后还难以实行，何况是在专制的时代呢？本来是想抑制兼并，万一在实行中一时不慎，国家反而成了兼并的领头人，那么百姓到哪里去投诉呢？还有那些监守自盗的官员借此自肥，就更别说了。所以，王安石的这个政策在财政上收到的效果虽说很丰厚，但在国民经济上收到的效果还是很有限的，这一点也应该看到。

宋朝财政的破败到了宋仁宗的晚年已经很严重了，这一点前面已经谈到。宋神宗继位之后，首先让翰林学士司马光等人设置官署研究裁减国家开支的制度，把庆历二年（1042 年）的数字作为基数，和今天开支费用中不同的地方对比，进行分析，并向他汇报。过了几天，司马光对神宗说，国家开支不足，就在于花费太奢侈了，赏赐不加以节制，宗室又非常多，官职的设置则过分庞杂，缺少必要的限制，军队也不精悍，这种情况必须由皇上与两府大臣和三司官吏深思，找到挽救这种破败现象的办法，经过岁月的打磨，也许会有成效，不是我一朝一夕就能够裁减的。等到建立了制置三司条例司，查阅三司，的财务账簿，商量了很久，才决定废弃哪些开支是合适的，凡是一年的政府开支和郊祀的费用都编写出预算。这样一来，节省的经费达到了十分之四。财政的破败既然已经这个样子，如果不谈怎么创造更多的财富，只从节约费用入手，能够使国家安宁吗？司马光并非不了解这一点，却仍然说一些不着边际的话，说什么慢慢来，不能裁减得太快，就是想把难题推给皇上，怎么能不负责任到这种程度呢？而且，司马光说做不到，那为什么王安石能马上裁减十分之四？也没见有什么大变啊！而沿用了数十年的费用，每年的政府开支一下子裁减十分之四，这真是天下最难的工作了。制置三司条例司刚刚建立就取得这么大的成就，可见领导这个部门的人做事是多么忠诚勤勉，才识是多么聪明机敏，魄力是多么坚毅伟大。王安石和那个不负责任的司马光为什么正好相反呢？后世那些谈论王安石的人对于这样伟大的业绩都采取沉默、忽略的态度，故意不说，真不知是何居心！

历史上所说的编著定式，也就是今天各立宪国家所谓的预算案。史书还说，三司提交的新增官吏俸禄的数字，京师一年增加四十一万三千四百余缗，京师以外，监司和各个州县增加六十八万九千余缗。通过裁减过分庞杂的费用来增加官吏的俸禄，这是改善行政的根本出路。当时，建立制置三司条例司所做的善政也许更多，但史书上已经无法考证了，就是这些东鳞西爪的事情，也不是世俗之人能够做得到的。

铜钱的计量单位，俗称串，一串为一千文。

《文献通考》卷二十四引元祐元年（1086年）苏辙的上奏说：熙宁初年在三司看到各地报上来的财务账簿，其中有上报之后二三十年没有开封的。实际上，各地州郡上报财务账簿的时候，随着这些账簿一起来的还有贿赂，贿赂都有一个常数，达到这个数额的就不开封查验了，如果达不到这个数额，就百般刁难，直到把钱要足为止。由于这个原因，还在衙署中安排了接待、侍奉的吏员，专门在暗中与这些送交公文案卷的人纠缠。以前这种财政机关的腐败，由此可见一斑。

第二，青苗法。

青苗法颇有些类似于官办的劝业银行，这是王安石的惠民政策。《宋史·食货志上》的第四篇记载了它的缘起：

熙宁二年（1069年），制置三司条例司发布消息称，各路常平、广惠仓中储存的钱谷粗略计算已经达到一千五百万贯石以上，不过它的收藏和发放都违背了初衷，没能收到应有的效果。如今准备采取新的办法，根据当时的谷价，遇到市场上谷价高的时候，州县政府要适当降低谷价，卖给困难的农民；遇到市场上谷价低的时候，州县政府要适当提高谷价，收购农民手里的粮食。还可以采取将青苗纳入税收的办法，春天将钱粮贷给困难的农户，以青苗作为抵押，秋天将贷款收回，收取利息两分，也可以用现钱进行兑换。这是参照了陕西转运使李参在陕西实施青苗法的经验，愿意预支借贷的人，就发放贷款给他，到秋收的时候，按照税收的标准缴纳粮食。借贷每年分两次进行，一次在正月，一次在五月，还贷时有人愿意缴纳粮食，也有人因为市场上粮食价高愿意还钱的，都从其便。如果遇到灾年荒年，允许下一次贷款到期时再缴纳。这不仅能够帮助百姓度过灾年荒年，而且百姓从官府得到贷款，那些兼并的豪富之家就不能再利用青黄不接的时候向农户发放高利贷了。再者，常平、广惠仓里贮存的谷物积压在粮仓里，一定要等歉收之年谷物涨价时卖出去，能够买得起的不过是城市里那些游手好闲的人。如今，利用一路的资源，市场谷价贵时，官府借贷谷物给农户，市场谷物便宜时，官府从市场上收购谷物，以增加官府的积蓄，平抑物价，也使得农户有了资本，可以不误农时，不荒废土地，那些想要乘机兼并的豪富之家不能利用农户的暂时困难。所有这些做法都是为了百

路是宋朝一级行政单位，相当于今天的省。

姓，政府不从中牟取利益，这也正是先王让利于民以发展生产的重要措施。先要统计诸路钱谷究竟有多少，然后分别派遣各地官员去提取，每个州郡选任通判、幕职官各一员，主管转运和出纳，仍然先从河北、京东、淮南三路开始施行，等到有了一些头绪，再向其他路推广。其中广惠仓除了留下一部分钱粮用于救济老弱贫病穷困的人外，其余的都用于青苗法。皇上已经允许，制置三司条例司又制定了具体的实施办法，先从河北、京东、淮南三路做起来，访问民间的农户，多数都愿意支取贷款，希望其他各路转运司都能尽快施行。

这就是青苗法的大致情况和施行的缘起。为什么叫青苗法呢？当时的陕西转运司李参为了解决戍边士兵军粮不足的问题，下令让当地的百姓自己估算一下粮食的产量，官府把钱借贷给他们，等到秋收时向官府缴纳粮食，借给农户的钱就叫“青苗钱”。通过几年的经营，仓库里有了余粮。到了王安石变法的时候，仿照这个办法去做，所以沿袭了这种叫法。王安石怀念这个政策很久了，他年轻时候所作《寓言》诗，就表达了这个意思。后来他做了鄞县的县令，也曾采用这种办法，证明是有效的。等到他担任了国家的主要领导，就想把这种办法和措施推行到全国去。我曾经谈论过这个问题，不论哪个国家，也不论哪个时代，那些在田里劳作的农民一年到头勤勤恳恳，如果不是遇到水旱之灾，那么他们的收入是完全可以自给自足的。赶上几年好收成，他们就会有一些盈余，也就可以规划婚丧嫁娶和祭祀之类的费用。然而，实际情况往往并非如此。开始时，资金可能不很充裕，耕牛、种子都需要钱，还有青黄不接时的生活所需，不能不向周围的豪富借贷。有时遇到大灾之年，或者喜事、丧事，为了各种礼节，又要向他们借贷，那些豪富则乘机将他们的命运攥在手里。于是，一年的收入被利息吃掉了一大半，到了第二年，他们不得不继续借债度日。债务一天比一天重，利息一天比一天多，他们辛辛苦苦干一年，只是为豪富做牛做马罢了。老百姓越来越贫弱，国民经济越来越困窘的原因就在这里。历史上在欧洲的希腊、罗马，有钱人往往借贷金钱和粮食给贫民，后来贫民负债太重，无力偿还，只好卖身为奴。古代欧洲奴隶很多，大约就起源于此。经历了数千年，这种制度始终没有办法根除。公元1500年以后，各国政府纷纷用法律规定提取利息的比例，有人超过就会定罪。然而，高利贷仍然得不到禁止。此后，近代银行制度兴起，这种良好的愿望才开始慢慢变成现实，但它仍不能惠及农民。最近这数十年来，有了所谓劝业银行、农工银行、信用组合等组织，社会财富渐渐为更多的人所享有，然而仍然不能使每个人都公平地享有社会的财富。所以说，这种贫富不均的问题实在是一个数千年来令各个国家都非常苦恼而又始终没有解决的老问题。要想解决这个问题，只有国家改变其政治制度才有可能。圆满解决这个问题的办法在我国古代有所谓的井田制，在欧美近代则有所谓的社会主义制度，都是不允许人民拥有私有财产。达不到圆满解决而求其次的话，国家设立贷款机构是首先要办的事，让那些豪强富户囤积居奇的伎俩不能实现，王安石计划要做的就是这件事。我国在王安石之前想到要这样做的人也是有的，齐景公在齐国，子皮在郑国，司城子罕在宋国，都用这个办法来赢得民众，王安石不过是仿效他们的一些主张罢了。

当时，苏辙也曾写过文章说："天下的百姓，没有田进行农业生产，没有钱投资商业，又禁止他们贷款，他们就难免辗转死于沟壑。如果让豪富借贷给他们，这些人就采取很不仁义的办法，收取大半的利息（高利贷）。百姓不这样做的话，就只能典当家里的财产或衣物。百姓深受其害，而国家也得不到好处。按照周朝的做法，如果百姓需要贷款，则请地方官吏审查之后贷给他，以向国家缴纳租税的方式支付利息。如今可以让州县的官员放贷给当地的百姓。"看来，苏辙的这种观点与王安石的青苗法正好吻合，不知他是以前听说过王安石的这些想法，还是他自己的创见。不过，苏辙后来还是因为攻击青苗法被罢官了，难道文人说过的话不是准备实行的吗？

王安石既然想实施青苗法，那么他就不能没有资本。由国库拨给资本，还不是他目前所能做到的。恰好有常平、广惠仓，各路各州县都有设置，而它储藏的东西事实上是弃置在那里，没有多少用处，王安石是把无用变为有用，用它作为资本。他的计划是很周详的，眼光是很敏锐的，非常令人钦佩。司马光曾经说过："常平仓是三代的良法，放贷青苗钱危害不大，废除常平仓危害就大了。”然而，常平仓并没有惠及百姓，就像制置三司条例司在原奏折中说过的，司马光能够为它辩护吗？不过是强词夺理罢了。

青苗法实行以后，在朝廷上引起了轩然大波，起来反对王安石的人很多，各有各的说法，一时也很难深究，所以这些人和他们的意见就不在这里一一介绍了。从王安石的《答司马谏议书》一文可以看到当时争论之一斑，他坚持自己意见的原因在这里也看得很清楚。

昨天收到你的来信，承蒙你的指教。我认为，我们交往相处的时间虽然很长，但讨论问题往往意见不合，这是因为我们所持的政治主张存在很大分歧的缘故。我虽然很想向你解释，但想来一定得不到你的谅解，所以只做简单的回复，对于你的指责，也不一一进行辩解了。但又想到你这么看重我，在书信往来中是不应该怠慢无礼的，因此向你详细说明我的想法，希望你能原谅我。

大概学者所争论的问题主要在于名称与实际事物的关系，如果名称与实际事物的关系搞清楚了，那么一些基本理论也就明确了。如今你来指教我的主要是四大“罪状”，即超越职权、惹是生非、与民争利、拒绝劝告，以致遭到天下的怨恨和诽谤。我却认为，我所做的这一切都是皇上批准的，议定的法令制度也在朝廷上讨论过，然后分别交给各级官吏去执行，不能说是超越职权；实行古代贤明君主的政策来兴利除弊，不能说是惹是生非；为国家改善财政状况，不能说是与民争利；驳斥错误的言论，批评花言巧语的人，不能说是拒绝劝告。至于实行新法会遭到这么多的怨恨和诽谤，我早就料到会这样的。人们沉迷于得过且过已经很久了，士大夫中有很多人都把不关心国家大事，附和流俗，取悦大众作为美德。皇上就是想要改变这种风气，因此我不管反对变法的人有多少，都要贡献自己的力量，帮助皇上抵制这种歪风邪气，这些人怎么能不大吵大闹呢？从前，商朝皇帝盘庚要迁国都，抱怨的人很多都是老百姓，不仅是朝廷里的士大夫。盘庚并不因为有人抱怨就改变他的计划，这是因为他经过思考，认为正确，然后才做的，做得对，还没看出有什么可后悔的。如果你责备我在位这么久，还未能帮助皇上有大作为，使百姓得到实惠，那我接受这个批评。如果说现在一切事情都不该做，只守着从前的那些法令制度去实行就可以了，这不是我敢认可的。没有机会和你会面，说不尽我对你十分仰慕的心情。

这封书信虽然非常简短，然而作者对于事业的坚持、坚守和坚定，以及自信的卓绝坚贞都跃然纸上。我们在千年之后再读这封书信，依然能在这里窥见王安石的精神，令人兴奋不已。按照当时的制度，借贷青苗钱的人，官府收取两分利息，所以批评王安石的人便以此为依据指责他从百姓手里搜刮财富，王安石在《答曾公立书》中谈到这个问题：

来信提到青苗法这件事，新法的实施对奸邪之人是不利的，他们一提反对意见，就有一群不明事理的人随声附和，他们的本意其实不在新法本身。孟子不喜欢言利，他所谓的“利”是指我这一国我这一身的私利，至于说到狗或猪吃掉人的粮食要禁止，野外有饿死的人就要开仓赈济，这是关系到国家政治的大事。国家大事就是理财，理财就是国家政治。一部《周礼》，讲如何理财的占了一半，难道周公是为了“利”吗？那些别有用心的人想利用名称和事物本身比较接近这种情况搞乱它，以此来迷惑皇上和公众，但他们并不了解百姓心里是怎么想的。开始以为没有人愿意贷款，而实际上前来贷款的人堵也堵不住；后来又担心人们不能还贷款，结果还贷的人多到几乎无法应付。大概按照百姓的愿望去做事，满足了他们的愿望，就必然会这样吧。然而有人又说，

前些年我们这里也有发展经济就是最大的政治的说法。

从表面看，理财是一种谋利的行为，但却忽略了其中的政治意义，它不是单纯的经济行为。

收两分利息不如收一分利息，收一分利息不如一分不收就贷款给他，贷款给他不如白送给他。为什么不白送而必须收两分利息呢？目的就是将来能把这件事继续办下去。如果不能继续办下去，就成了只讲恩惠而不懂得国家政治，这不是给了百姓好处却又不耗费国家财力的办法，所以必须实行贷款的方式。而且，还有官吏的俸禄、运输的费用、水旱灾年的拖欠、老鼠鸟雀的损耗，因此必须有所积累，准备饥荒到来时直接送给人们。这样计算下来，没有两分利息能行吗？而且，两分利息也是过去常平仓的常规做法，怎么可以改变呢？你如果能和懂得更多事理的人讨论这件事，你就会明白，我所说的没有一个字是不合于法度的，而社会上那些喋喋不休、无理取闹的人也是不值得一驳的。

这些都是计入成本的，赈灾更是政府的职责之一。

这封书信真可以说是专为解释为什么要实行青苗法而作的。当时，整个朝廷一派群情激愤的样子，除了与王安石共事的少数几个人之外，几乎没有一人不向青苗法发难的。把那些弹劾他的奏状累加起来，大概可以掩埋他了，但他仍然不为所动，而且宋神宗也不为这些奏状所动，这是什么原因呢？并非只是王安石有强大的自信，并且争取到了皇上的信任，而是当时那些批评他的人实在是没有一句话能指出他的要害，这也是个很重要的原因。

那些批评他的人都指责他是个搜刮民财的人，损害百姓的利益，为国家（实为皇上）聚敛财富。然而，王安石立法的本意恰恰与他们说的相反。实际上，他的本意就是要让老百姓得到实惠，一点儿借此机会帮助国库增加储备的意思也没有。条例司原奏中说的那些话并非矫饰之词，都是实实在在的情况。然而，批评他的人把他比作桑弘羊和孔仅一样的用心，这就是所谓无的放矢，不仅王安石不认同，就是宋神宗也笑着把他们的奏状留存起来。

王安石为何要以一种愤激的态度对待名实之辩呢？他指出，新法的实行对奸邪之人是不利的，而对此持有异议的人，他们的用意又不在于新法。

啊，他怎么能够一语破的而话中又隐含着哀痛呢？当年古罗马的伟大人物格拉古执政时，进行土地改革，限制公民占有土地的数额，全国人民欢声雷动，却遭到元老院的一致反对，他竟被众人打死在元老院中，大概也有人因新法的实行而受到危害，他们的用意也不在于新法本身。

王安石最初执政的时候，先裁减了各级政府不必要的开支约十分之四，这些朝廷官员大多数的衣食就来自这些开支，对他们不利已经很久了。而且，青苗法的本意就是要抑制豪强富户的兼并，这些朝廷上的官员多数都是豪强富户，以他们的能力要实行兼并是完全可以的。既然青苗法威胁到他们的利益，那么他们一定要进行反抗。当时朝廷之上群情激愤，人人都起来批评王安石，很难保证他们没有私心。即使其中有两三个贤德之人，也未必能怎么样，不过是随声附和那些愚昧无知的流俗之人罢了。何况这里所说的贤人都是习惯于得过且过、偷闲懒惰之人，绝不会主动招惹是非，他们没有是非观念，只要有一点儿风吹草动，就吓得一片哗然，他们这种状况与王安石和宋神宗的精神状态就像榫头与卯眼不能相合一样，是格格不入的。经过了数百年，社会发展到今天，这种社会状况和王安石的时代没有什么不同，王安石说的那些话就像是针对今天说的，真是让人感到悲伤啊！

青苗法立法的本意，它善良的意愿就是这样。然而，能够实行吗？我想，它一定是不能实行的。愿望很好却不能实行，这是为什么呢？而且，王安石在鄞县也是行之有效的啊，为什么还怀疑它可能行不通呢？很显然，一个县和全国是没法儿比的。在这个县里，王安石可以自己说了算，在全国，就不是他一个人能说了算的了。所以，当时就有强迫百姓贷款的禁令，而政府部门也把贷款多少作为政绩，虽然想要不强迫百姓贷款却做不到。遇到灾年荒年，是有可以延迟还贷的规定，但年景好坏并不能预先确定，而灾年荒年又经常遇到，于是政府部门的官员正好借机上下其手，即玩弄手法，串通作弊。这样一来，即使想不累年积压也不行了。这两种弊端只有韩琦、欧阳修的奏议说得最详细，可以说他们与王安石是君子式的诤臣。

看来，政绩成为灾难，古已有之。

有人问："韩琦、欧阳修二位先生所说既然已经切中他的弊端，王安石却仍然不肯觉悟，虽然都说他性格执拗，但是不是有点儿太过分了呢？"我想不是这样的。当时这些人攻击新法，有问题的地方他们攻击，没有问题的地方他们也攻击，就像王安石所说，他们的意图不是针对新法的。如果为王安石打算的话，似乎只有一件事都不办，什么事都装作看不见，与他们同流合污，才能免去他们的指责，但这显然不是王安石所希望的。而且，青苗法既然是个很好的法，那么它的弊端表现在哪里呢？应当说，不是法有弊端，而是人有弊端。就说这个青苗法吧，王安石在鄞县实行是有效的，李参在陕西实行也是有效的，假如每个县都有一个像王安石这样的人担任县令，那么每个县都是鄞县了。即使做不到这一点，那么如果各路都能有一个像李参这样的人担任转运使，由他按照制定好的法令监督下面的各个县令，那么也能出现每一路都和陕西一样的局面啊。根据条例司的核定，全国一共设置了提举官四十一人，以当时有贤德的人才那么多，要想找到四十一个像李参这样的人应该不难。而且，王安石又不是不想和这些人合作共事，和这些人完全不同。然而，他们一说有个建议是王安石提出来的，就都掩耳不听，也不问他提的建议是什么内容；他们一发现有个诏书是王安石拟的，就闭目不看，也不问他拟的是什么诏。如果要求他们施行，那么他们不是自视道德高尚或倚老卖老来抗拒，就是投下一个弹劾他的奏折离去。

诸位君子既然不屑与他合作，他又不能伤天害理、一事不做去讨好这些人，更不能一个人把天下所有事都承担起来，于是一定要在这些人之外去寻求愿意帮助他的人，又怎么能找得到呢？何况，这些人不帮助他也就罢了，他们还在一旁煽动、挑唆和阻挠，私下里庆幸它的弊端越来越显著，成功的希望越来越小。这样一来，本来可以顺利施行而没有弊端的青苗法因为这些人的缘故，想要它没有弊端，又如何做得到呢？其他的事也和这件事差不太多。

由此说来，我所说的青苗法虽然很好但不一定能够实行，是可以想见的了。假如每个县令都能像王安石一样，那么，这个法是可行的；如果不能做到这一点，就是不可行的。没有办法而求其次，那么，假如每个提举官都能像王安石一样，似乎也是可行的；做不到这一点，就是不可行的。没有办法再求其次，假如朝廷上每个执掌大权的人都能像王安石一样，那么在不可行中还有实行的可能性；做不到这一点，就是不可行的。

然而，青苗法的弊端果然像当时诸位君子说的那样吗？王安石的良法美意，老百姓就一点儿好处也没有尝到吗？我想，事实不是这样的。历史是诽谤王安石的那些人写成的，他们就是要张扬他的恶行而隐瞒他的好处，凡是可以表现王安石功绩之处删除务尽，唯恐有不彻底的地方，尽管如此，仍然不能完全删除。王安石的《答曾公立书》就记载了“开始以为没有人愿意贷款，而实际上前来贷款的人堵也堵不住；后来又担心人们不能还贷款，结果还贷的人多到几乎无法应付”的场面，当时民众欢欣鼓舞的情形从这里是可以想见的。他在《上五事札子》一文中写道：“过去，贫苦的农民向富户豪强借债付息，如今，贫苦的农民却向官府借债付息了，官府把利息定得很低，解救了老百姓的困苦。”这是青苗法实行数年之后所获得的成效。他在《赐元丰敕令格式表》中写道：“开创新法于其他人之前，获得成功却在反对意见兴起之后。”这就是说，王安石罢相之后，新法的效益才显现出来。

当然，也可以说，这些都是王安石自己的看法，不一定令人信服，我们再看看旁观者是怎么说的。河北转运司王广廉入奏时说：“老百姓都欢呼感念这个德政呢。”李定来到京师，李常见到他，问道：“你从南方来，那里的百姓对青苗法怎么看？”李定告诉他：“百姓感到很便利，没有不喜欢的。”李常对他说：“如今整个朝廷都在议论这件事，你千万不要乱说啊。”李定说：“我只知按照真实情况发言，不知道京师的规矩。有人想封住别人的嘴巴，其实是不可能的。”这样说有人也许还会认为，你列举的这些都是依附于王安石，想从他那里获得宠信的人说的话，并不可信。那好，我们再来看看王安石的反对派是怎么说的。

朱熹在《金华社仓记》中写道：“根据我所看到的前代知名人士的论述，对照今天发生的事情来说，青苗法的立法动机并没有什么恶意，出发点还是很好的。”程颢也曾谈到，他后来有些悔恨自己先前过于偏激，这说明程颢先生晚年已经认识到他先前攻击青苗法是不对的。而且，朱熹还写诗歌歌颂青苗法。苏轼在《与滕达道书》中写道：“我们这些人在新法实行之初总是不肯放弃自己的偏见，这才有了与王安石不同的看法。虽然我们也是一片忠心，出于对国家前途的担忧，但说了许多错话，其中很少有符合事理的。如今皇上圣明，国家充满了新的气象，社会风气也明显好转，回过头去看看我们所坚持的，更感到离正确很远了。”这是苏轼晚年对自己的行为的深深忏悔，感叹社会风气的转变，他的这段话与王安石获得成功在反对意见兴起之后的说法其实是一致的。这里所谓的对社会风气的影响，大概指的就是新法的实行，而青苗法正是新法中的一种。

程颢、苏轼都是当时反对新法最卖力的人，他们都这样，如果不是真有成效，他们会这样说吗？由此我们可以推断，与程颢、苏轼同样“深自忏悔”的人还有很多，只不过他们没有把自己想说的话留给后人。还不仅仅如此，元祐元年（1086 年），宋哲宗刚继位，就将新法全部废除了。二月废除青苗法，而三月，范纯仁就以国家的经费不够用为理由，请求恢复青苗法。八月，司马光也上奏称，实行青苗法对百姓是有利的，只是不能强迫他们借贷。这些都是写在奏折公文中记入正史的。

司马光、范纯仁都是当时最早出来反对青苗法的人，也是攻击王安石最用力的人，为什么十八年后他们又对青苗法这样津津乐道呢？由此也可看出，青苗法在当时是卓有成效的，而且老百姓已经在它的浸润中享受很久了，尽管有人一直想要掩盖它的成效，但其实是不可能的。然而，先前的那些骂声又是为了什么呢？有一种说法，对于普通百姓来说，不能和他们谋划事情的开始，只能和他们享受成果。然而，那些正人君子，他们是普通百姓吗？即使我辈站在今天的立场上来看，仍然觉得青苗法是很难实行的，但王安石当时还是实行了，虽说它的弊端是不可避免的，但其效果也是非常明显的。我于是更加佩服王安石的才能是没有人可以赶得上的，那种诋毁当时奉行新法的人都是小人的说法，我始终不敢相信。

以更加平常的心态来看青苗法，它不过就是个银行业而已，希望它能抑制兼并，其功效大概是很小的。银行作为一种产业，它的性质是适宜民办，不适宜官办的。如果国家能够制定出详细的条例，使借贷的人和要求借贷的人都能受益，而没有理由相互埋怨，国家再设立一个中央银行，以此来协调各家私立银行，不必直接贷款给老百姓，那么就算是得到了银行的核心价值。王安石做这件事有点儿像替关公耍大刀，很容易伤了自己的手。当然，这是站在今天的立场上说这番话，事实上，当时的人民并没有设立银行的能力，而且整个中国也没有一家金融机构，各行各业都受困于资金的短缺，呈现出衰败的景象。王安石能够洞察其中的原因，创造了这个办法来救治，没有超过一般人的见识和胆略能做到吗？中国人中知道金融机构为国民经济命脉的，从古到今，只有王安石一个人。

后来，也有事实上实行青苗法而避开不用这个名称的，像朱熹搞社仓的时候就是这样做的。他的方法也是利息十取其二，夏天发放而冬天收取，这与青苗法有什么区别吗？朱熹在崇安县推行这种方法收到很好的效果，就想推广到全国去，这和王安石在鄞县实行青苗法很有效，也想将其推行到全国去是一样的。朱熹平时痛心疾首地诋毁王安石，认为他非常急切地鼓动大家谋求财富，使得天下所有人都变得非常浮躁而丧失了生活的乐趣。等到他发起社仓的倡议之后，有人问他，以前你不是指责王安石这样做是不对的吗？

自给自足的农村经济

日出而作，日入而息，这是千百年来中国农村自然经济的生动写照。和城市商品经济的兴旺繁荣不同，宋代农村经济大多仍是以一家一户为单位的自给自足式的自然经济。自己种田，自己织布制衣，这种小规模的生产方式多依赖于自然条件，如遇上意外灾害，家庭生活便十分艰难了。此图为宋王居正所绘《纺车图卷》的一部分。

他就很激动地说："王安石只有青苗法这一件事是对的。"王安石果然像他说的那样，急切地谋求财富吗？王安石果然只有青苗法这一件事做对了吗？他说你对就是对罢了。

第三，均输法。

均输法也是一种惠民政策。它所要解决的主要问题是地方对京城的物资运输，如何减少盲目性，使其更加合理。熙宁二年（1069年）二月，王安石写了《乞制置三司条例》一文，其中写道：

我观察先王制定的赋税法，在国都的周边地区，征收的赋税实物有精品，也有粗货，等级标准是以一百里为限来划分的，而那些离国都比较远的诸侯国，就根据他们各自出产的货物来进贡。同时，又规定可以灵活变通，以货币或实物进行贸易也是允许的。对于市场管理、货物的流通，原则上是没有的使它有，有害的就从市场上清除出去。那些在市场上卖不出去而滞销在民间的货物就由政府委派官吏收购下来，以备将来有人要买，所有这些都不是对货物的垄断。

作为一个君主，聚积起天下的百姓，就不能没有财物；管理天下的财物，则不能没有原则和办法。以一定的原则和办法管理天下的财物，安排转运输送物资的工作，就要注意劳逸的均衡。费用或多或少，就需要相互沟通。资金或有或无，也不能不加以控制。而物价的高低、货物的收购或卖出，管理好这件事，也不能没有一套办法。

如今，天下的财政和物资供应已经到了非常窘迫的地步，主管的官员却死守着不合理的制度，朝廷和地方相互之间不通气，赋税收入有盈有亏，也不能互相弥补。每一路上缴的贡品，年有定额，遇到丰年或路途近便的，本来可以多运送一些，却不敢多收；碰到荒年物贵的时候，很难将贡品准备充足，他们也不敢减少。远处上缴贡品要走相当远的路，但在京城却只值一半的价钱。三司转运使只知道按照规定的额度和期限来收取，不敢有任何的增减调整。碰到国家有重要的军费开支或皇帝的郊祭大典，只能派官吏四处搜刮，洗劫一空。各级政府管理财政的官吏往往隐瞒真情，不说实话，尽量为自己多留一点儿应付临时开支的本钱。他们还担心一年的预算不够用，往往采取改变缴纳赋税地点的方式，勒索缴纳赋税的农户多交运输费。农户为了缴足赋税的额度，往往要花费比原来规定多出一倍的财物。而且，朝廷需要的物品总是求索于不产这些物品的地区，或不产这些物品的时节，那些富户或投机商人就乘公私急需的机会操纵市场和物价。

我们认为，发运使总管东南六路的赋税收入，他的职责就是管好茶、盐、矾的税收，军事储备和国家行政开支很多都要靠它们来供给，朝廷应该拨给专款，作为周转的经费，使他能够全面掌握东南六路的财物赋税的情况，以便灵活调拨。凡是收购赋税上缴的物品，都应该避开价格高的地区，而去价格便宜的地区，到离京城近的地区，不到远离京城的地区。京城仓库的储备情况以及每年支出的数目、现存的数量和所要供应的数量都要让发运使预先知道，有所准备，以便随时处理其所掌握的物资，等待上面的调用。这样，朝廷就可以逐渐掌握市场的控制权，调配物资的有无，做到便利地转运输送，节省费用和劳役，革除沉重的赋税，减轻农民的负担，国家或许从此能充裕起来，百姓也不再感到生活财用匮乏。

《宋史·食货志》记载了均输法施行过程的始末：

王安石亲自撰写的《乞制置三司条例》已经上报，皇上也已经下诏批准，不久就作为均输新法正式颁布实施了，并委托江、淮、两浙、荆湖六路发运使薛向总领六路发运与均输平准事宜。朝廷还从内藏库拨款五百万贯、上供米三百万担，作为营运资本，由薛向全权支配。曾有议论担心有人干扰他的工作，薛向既总领其事，于是请求设置所属官吏，报朝廷备案。神宗允许他自己选配官吏，薛向于是聘请了刘忱、卫琪、孙珪、张穆之、陈倩为其部属，又要求地方官吏报告六路每年应当上缴的数额、京城每年的支出以及现在仓库中的储备等情况，凡是应该预先规划的都提前向有关官员汇报，他们都按照要求去做。其后侍御史刘琦、侍御史里行钱顗、条例司检详文字苏辙、知谏院范纯仁、谏官李常等都屡次上疏批评均输法，并且弹劾薛向，宋神宗一律不予采纳，还下诏奖励薛向。然而，均输法最终也没有贯彻施行下去。

均输法是汉朝桑弘羊开创的，到了唐朝的刘晏则更加完善，王安石只是仿效了他们的办法，并非自己的首创。古代货币的使用还不完善，民间常常是以实物进行交易，国家征收赋税也以实物计算。所以，由于道路有远有近，输送税收的劳役就不是很均衡。又由于每年年景的丰歉不同，供求之间也得不到很好的调剂，百姓因此受到很大的伤害，国家也没有因此而获得利益，确实像条例司原奏中所写的那样。因此，桑弘羊、刘晏施行的均输法不用增加赋税而国家财政收入充足，历史学家称赞他们，不是一点儿道理都没有。当今世界，交通便利，货币的使用也更加普遍了。我辈读史，见他们为了这件事竟不怕麻烦，苦苦思索，以求答案，却不了解当时那些治理国家的人，他们的苦心孤诣看上去是那么遥远而不可企及。当时那些气势汹汹地攻击均输法的人又是为了什么呢？《宋史》说，均输法最终没能贯彻施行，但它没说最终没有贯彻施行的原因是什么，难道是因为攻击它的人太多就终止了吗？

第四，市易法。

王安石制定并推行的市易法大致上是借鉴了汉朝桑弘羊所推行的平准法，其特点是平抑市场的物价，掌握制定物价的权力，把物价的操控权夺回政府手中，其实是类似专卖法的一种措施。《宋史·食货志》记载了它的缘起和基本内容：

熙宁三年（1070年），保平军节度推官王韶建议在大宋的边疆进行贸易，并希望能以官府的钱作为本钱。神宗下诏采纳了他的建议，让秦凤路经略司以四川交子交易货物支持他，并任命他负责此事。王韶就想把他的官署移到古渭城去，在那里建一个市场。李若愚等人也提议，应该多多聚积货物来吸引西部各民族的百姓，但文彦博、曾公亮、冯京、韩绛、陈升之等人却对其作用表示怀疑。于是王安石说："如今生活在西北的那些番户，富裕的家里往往存钱二三十万贯。他们都不怕有人劫持，难道朝廷的威严竟已衰弱到这种程度了？如今欲联系西部羌人，把气氛搞得愈热烈，和他们的关系也就愈亲近。古渭城是一座边寨，便于和他们联络，各地来做买卖的商人云集此地，居住在这里的人也越来越多，还可以在这里置军，增派军队，选择合适的人守卫这里，形势就更不一样了。而且，西北的蕃部能够和官府进行市贸交易，那些边民也不再拖欠赋税和债务，而且心怀归顺之心，不仅收获了这样的好处，还开拓了疆土，以后可以在这里集结军队。"

由此看来，市易法的兴起原本出自王安石的“殖民”政策。大概边界尚未开发的地方要想借助人力的帮助，使它日益繁荣起来，着手的办法一定在于开发商业。但是，既然边界尚未得到开发，商人们就会裹足不前。这时，不靠国家的力量推进，是很难取得成效的，这正是王安石力排众议坚决推行此事的原因。后来有了成效，就把它推行到京城来了。

据《宋史·食货志》记载：

> 熙宁五年（1072年），神宗下诏，拿出国库的钱帛作为资本，在京城设置了一家交易市场，即市易务，由三司管辖。先前有一个名叫魏继宗的人，他上疏给北宋政府，其中写道：“京城的百货没有固定的价格，富户豪强，乘人之危，牟利数倍，财富都聚积到一小部分豪强富户的手里，国家财政也显得十分窘迫。所以，请求将用于专卖货物的钱放在常平市易司，选择懂得财政的官员来负责这项工作，并要求守法的商人进行配合，帮助官府了解、控制市场的价格。如果市场价卖得贱了，就提高价格买进来，如果市场价高了，就减价把货物卖出去，所收获的结余则上缴政府。于是，中书省奏请在京城里设置市易务官，凡是可以在市场上交易的货物，以及滞留在老百姓手里暂时卖不出去的货物，都可以根据平抑后的市场价格进行交易，愿意和官府以物易物的听其自便。如果想在这里进行交易，官府还可以根据他的偿还能力借钱给他，限期归还，半年收取利息十分之一，一年翻倍。政府各个部门按

让一部分人先富起来，而先富起来的往往还是有权有钱的人，由得权力之便。

照比例向百姓摊派税收，完全依靠纳税之人的供给……在这之后，各个州郡都设置了交易市场，进行贸易业务。

当年，均输法为什么在实行了一段时间之后就废止了呢？对此我曾经是有疑问的。宋神宗和王安石都不是容易被别人的言论左右的人，现在看来，正是市易法的实行取代了均输法。市易法与均输法有一些相似之处，不过，均输法所涉及的只是官府按照定额收取赋税，而市易法所涉及的却是一般的商务，所以它们的范围就有广狭的不同。而且，已经有了市易法，均输法的作用也就寓于其中了，不必再单搞一个均输法。考察王安石推行市易法的原因，他的用意大约有两个。

其一，特别注意经济学上关于财富分配这一方面，用这个办法来抑制豪强富户的兼并行为，保护贫苦的底层百姓。大概那些小本经营的农户、商户、手工业者生产、制造了一些产品，拿到市场上变卖，往往因为豪强富户联手控制市场，压低价格，卖不出好价钱，这就损害了这些商品生产者的利益。豪强富户用很低的价格买进商品，再转卖出去，仍然联手抬高价格，这又损害了商品消费者的利益。王安石思考着如何救济这些底层的百姓，所以他规定，遇到有客户要出售自己的货物而交易有困难的，如果愿意卖给官府，可以到官府办的交易市场进行买卖，勾行人、牙人与客人按照平抑后的价格进行交易。他们卖出商品的时候也按照当时的行情定价，不能卖高价。所有这些做法都是希望社会财富的分配能更加公平。

其二，特别注重经济学上关于生产的这一方面，使金融机构能正常运转，使资本发挥更广泛的作用。实际上，一般农户和小商人、小手工业者从事小商品生产，他们的资本往往都很有限，一定要等到把手中的产品卖出之后，收回成本，才能进行再生产，中间往往因资金不能及时补充而中断，生产能力也因此而显得微弱和萎靡不振。王安石思考着如何能使他们摆脱困境，凡是能有五个人为他作保的老百姓，或者有抵押资本的，官府都可以把钱借贷给他，而以所借时间的长短收取十分之一或分之二的利息。所有这些做法都是为了扩大生产资金的来源。

市易法立法的初衷就是这样，王安石对于百姓的利益也可以说是非常尽心尽力了。然而，市易法果然可以行得通吗？在我看来，王安石制定的各种法令中没有比这个法更不可行的了。为什么呢？就后面这一点而言，市易务只不过是一个银行罢了。

青苗法与市易法都与今天的银行所经营的业务有些相近，青苗法相当于农业银行的性质，市易法则相当于商业银行的性质。

王安石生活在八百年前，就能知道银行是国民经济最重要的机关这个道理，他的见识在悠久的历史上超过了任何人，虽说银行这种事物的性质适合于民办而不适合官办。而且我们看当今世界各国的中央银行，甚至都是集合股份办成的，政府不过是实施严格的监督而已，其他大大小小的银行没有一个不是委托民间开办的，这一点不必多说。如今，每一件事都由政府亲力亲为，并任命官吏来充当领导，且不论其中的事务多么琐碎，和管理政务完全不同，也绝不能把事情办得很好，这是欧洲各国都经过尝试从而证明是行不通的。按照前一种说法，市易法就是一种专卖制度，它的本意不过是要解决有些商品不好销售的问题，由官府来包办。但发展到后来，很容易造成这样一种局面：政府出面垄断所有产品，完全由官府进行买卖。即使做不到这一点，也要由政府出面制定其价格，大概不这样就达不到所谓平抑物价的目的。政府垄断所有产品并委派官吏进行管理，这是近世以来社会主义者所主张的一种理论，看起来，他们之间倒是有相辅相成的地方。按照这种理论，国家就是唯一的资本家，也是唯一的企业家，绝不会有第二个人和它竞争。这种制度是不是真的可行呢？我还不敢断然下结论。

然而，在现今这种社会制度下，要想推行这

种制度是不是可行呢？如今是经济社会，只能根据社会供求关系来调剂，自然会达到一种平衡，所谓自由竞争，正是它不可动摇的原则。如今却要取消这种经济运行的法则，将这种职能完全归到国家的名下，不必说它一定不能达到目的，即使能够达到，也是灾难性的，而且非常危险。大概它最初的意愿是想抑制那些兼并者，但发展到后来，势必由国家自己做了兼并者。兼并者对百姓的危害确实很大，然而有一个兼并者起来了，就不能禁止其他兼并者起来与他竞争，竞争的结果就可能使价格低于平价的水平。如果国家成了唯一的兼并者，而没有人能够和他抗衡，那么百姓的困苦又如何解脱呢？所有这些都是市易法不可推行的理由。

而且还有一点需要指出，王安石想用一个市易法达到前面所说的两个目的，却不知道这两个目的是不能用同一个手段达到的。银行的性质最不适合兼营其他业务，而普通的商业又最忌用典当的方式贷出生产资金。如今市易法却想兼顾这两种相互矛盾的业务，最后的结果只有两败俱伤。所以，在当时的各种法令中，市易法对百姓的伤害是最大的，且国库所得到的利益也很微薄。王安石的想法虽然很好，但真正实行起来并不能完全按照他设计好的路线走。

第五，募役法。

募役法是对当时实行的差役制度的改革。改变当时对百姓伤害最大的差役制，实行募役法，让百姓交一些请人服役的钱作为招募差役的资金，其实接近于一种人身税，这种办法同当今文明国家的所得税非常相近，是王安石挽救时艰、施恩惠于百姓的最好政策。我们生活在今天，本朝（清朝）自康熙、雍正实行一条鞭法以后，政府从来没有役使百姓之事。说到役法，往往没有人了解它是个什么东西。真没想到，数千年来老百姓辗转死于差役的不知有多少，大政治家王安石出来以后才为他们开启了一条生路，直到今天我们仍然在享受他的好处。

考察实行差役制度的历史，它的渊源是很古老的，经传中都曾讲到过去有力役之征，即官府或君主征用民间的劳力。其中讲到先王的制度，征用民间的劳力，每人每年不能超过三天。按照这种说法，即使在三代以前，力役之征也是免不了的。古代的租税制度尚不完备，国家财政非常微弱，如果要兴办一些事情，不得不征用民力。就是从人民对于国家应尽的义务来说，这样做也不能说是过分的。然而，君主往往滥用民力而没有节制，所以孟子说，官府征用民间劳力，如果是在耕种收获的时节，就会耽误农时，农民不得不放下地里的农活去服劳役，结果就造成了冻饿离散的严重后果，他们陷入水深火热之中是可以想见的。秦汉以来，国家一直沿用这种办法，没有进行过改革，到了宋朝，它的弊病就暴露得更明显了。下面摘录一些当时士大夫所记的事实和他们的建议，从中可以看到，王安石的改革是顺应了时势要求的，已经到了非改不可的时候。而他所制定的法令完善而又周密，通过与此前的人对这个问题的论述相比较，也是很清楚的。

宋仁宗皇祐年间（1049—1054），并州知州韩琦上疏，他这样写道："州县的百姓是很苦，但没有比在里正衙门服差役更苦的了。一旦战争兴起，对他们的残剥就更厉害了，甚至有守寡的母亲要求改嫁，亲兄弟要求分家，或者把田地送给别人，只求免去上等户，或者用不正常的死亡使自己成为单丁户。用了很多办法，就是想保全性命，摆脱死于沟壑的命运。每个乡分派的差役有多有少，他们的经济能力也有高下之分。假设一个县里有甲乙二乡，甲乡第一等户十五户，共计钱财是三百万贯，乙乡第一等户五户，共计钱财是五十万贯。它们轮番休息，次第服役，即甲乡十五年轮一周，乙乡五年就轮一周，富裕的乡休息时间比较长，穷困的乡休息时间就比较短，破产的农户一户接着一户，这难道朝廷是为民父母的所愿看到的吗？"

英宗时，谏官司马光说过："自规定农户到衙前服役以来，百姓更加困苦，不敢生产或经商，富裕的人家还不如贫穷的人家，贫穷的人家也不敢成为富裕人家。我曾在村中行走，见农民的生产工具都很少，问他们是什么原因，都说不敢置办。如今想要多种一棵桑树，多置一头牛，家里储存了可以吃两年的粮食或积攒了十四绢帛，邻居就已经看你是个富户，指名挑选要你去衙前服役了，哪还敢盖房子买地呢？我听了这样的事，十分生气而且伤心。哪有圣明的君王高高在上，四方无事，而制定的法律却使得百姓不敢为长久的生计进行规划呢？”

等到宋神宗即位，知谏院的吴充也上疏言道：“衙前征用差役这天，官吏来到门前，他们将怀里抱的舂米的木棒和吃饭用的餐具都记录在册，计算为财产，定为分数，以此来应付官府的需求。以至于有的人家财产已经枯竭，拖欠的赋税和债务都还没有了结，子孙都已经没有了，而担保的邻居仍然要被抓起来。这样一来，民间为了躲避繁重的差役，有土地却不敢多耕种，骨肉也不敢团聚，都是害怕成为人丁较多的上等户。实际上，他们已经没有办法生活下去了。请求朝廷早日制定乡里衙前差役的标准，以便施行。”

三司使韩绛也说过：“危害农民的弊端没有能超过差役的。最沉重的负担是衙前差役，常常使人破产；其次是州役，也需要花费很多钱。我听说过京城的东边有父子二人将要到衙前服役，父亲对儿子说‘我准备去死，这样才能使你免除劳役之苦’，结果父亲上吊自杀了。又听说江南有人嫁其祖母，并与母亲分居以逃避差役的。这种事完全违背人情事理，几乎不忍心再听下去。还有人卖田产给富户，田地归了不必服役之家，而差役还归于本等户。还有一些戕害农民的情况，这里就不一一列举了。希望朝廷内外的官员都能上疏讲明实际情况，并委托朝廷上的官员一起讨论，参考古代的制度，做出决定，使得差役不致产生这么严重的祸患，让农民都知道为了生活去赚钱，并拥有一份乐于工作的心情。”

这里所说，都是为了逃避差役。为了分派差役，北宋政府把农户分为九等，并且规定，下五等户一律免役，上四等户则根据其家产的多少，分别要求服不同的差役。而免去差役的还有太常寺的乐工、进士及第的人家、僧、道、女户、单丁户，城市居民和商贾也都免役，不能免役的只有中小地主和自耕农。

所有这些上面谈到的情况恐怕还不到真实情况的十分之一，尽管如此，千年之后读到这些文字仍然使人浑身战栗、痛哭流涕，止也止不住。当时遭遇这种厄运的那些人还有人生乐趣吗？这里所说的衙前服役不过是所有差役中最苦最累的，其他的名目多得难以计数。大概衙前服役主要是为官府出力，里正、户长、乡书手负责督催赋税，耆长、弓手、壮丁负责抓捕盗贼，承符、人力、手力、散从官供州县衙门随时使唤，县里的曹司至押录、州里的曹司至孔目官，下至杂职、虞侯、拣稻等，多得不能完全记录下来。各地都根据乡里农户的等级制定服差役的天数，特别规定官员、军队将领、政府中的职员，以及和尚、道士都可以免除劳役。聪明的人投靠这些人家，做他们的佣奴，也可以随之免除差役。百姓把得到官府承认出家当和尚视为脱离苦难，和尚身份证的价值比地契的价值还要高。而普通百姓和地位低贱的农户服役的次数越来越多，生活也越来越困窘，我们看前面摘录的那些奏议就知道，当时的国民经济已陷入困顿之中，情况非常危险，几乎一天都过不下去了。但史书仍然称赞仁宗的时代家家丰衣足食，这就是孟子要发出“尽信书则不如无书”的感叹的原因。造成这种情况的根本原因，没有比差役制度更严重的了。

在这之前，范仲淹认为，全国设置的县过多，所以造成了差役泛滥、百姓贫困，于是废除了河南府的一些县，并准备将这一措施陆续推广到其他的州府。后来，这个办法受到了旧党的攻击，很快就废除了，那些县也就恢复了。韩琦曾经提出丈量核准每一乡土地的阔狭，以此为依据规定差役的多少，但这些办法只能弥补这个制度的一些缺陷，并不能从根本上解决问题。司马光说，衙前差役可以实行招募制，其余的差役还是要征用农民，这只是五十步和百步之间的区别。招募就要有报酬，这笔开支从哪里出？司马光想都没想。等到神宗继位，王安石做了宰相时，才排除一切干扰进行改革，开始推行募役法。《文献通考》卷十二记载了大致的情况：

熙宁二年（1069年），神宗下诏让制置三司条例司宣讲新的役法。条例司讲道：综合大家的意见，役法还是以百姓出钱，官府招募服役的人最为便利，这就是先王曾经实行过的，用百姓的钱养官府的官员差吏。下面就把具体的执行标准发给将要分赴各地的官员，请他们提出意见，都说可以。于是，又与诸路逐条讨论：重新计算查点衙前已有的费用是很难的，凡是以前由官府承包给承包商（买扑人）的酒税征收权，他们所缴纳的保证金仍由各地官府支配，和免役钱一起计算，用于官府雇人充役。其中，城镇的盐铁专卖税，过去是专门用于奖赏衙前的费用，不能让民间插手，就按照过去制定的数额仍然作为衙前服役之人的奖赏。还有运送官府物资以及主管仓库、公使库、场驿、税收等工作，过去都曾烦劳当地官府为之筹划，今后这笔费用就可以省了。承符、散从等过去从事最苦、最繁重差役的人要补偿他们的亏欠，并改革役法，革除弊端，使他们不再被差役困扰。凡是有产业、有能力而过去不用服役的人，今后要出钱助役。这些都是其中的条目。

过了不久，司农寺的人说，如今设立的役法条文宽厚优待的都是乡村里不能自己表达其愿望的贫苦农民，裁度取用的都是官宦或豪强富户，而他们都有控制舆论的能力。如果制度定了下来，那么地方的官吏也就没有了营私舞弊、巧取豪夺的机会，所以新法的实行一定会遇到许多的阻力。如果做事没有主见，缺乏计划，一会儿听这个，一会儿听那个，最终将一事无成。希望根据司农寺郑重说明的这些情况，先从一两个州府开始，等到做出了成绩，证明新法很有效果，再让其他州府仿效实行。如果这个役法真能有益于百姓，应当特别奖励制定这个法令的人。神宗同意了这个意见，于是提点府界公事赵子几就把他这个府界所要实行的条例报了上去。神宗又下诏给司农寺，并且让邓绾、曾布再详加讨论。邓绾和曾布上奏说，本地的农户根据财产多寡贫富不同，分为上下五等，坊郭户分为十等，每年夏秋两季按照等级交钱，其中农户自四等、坊郭户自六等以下不交免役钱。两县中有产业的，上等各随所在县计算交钱，中等则合在一处计算缴纳。分家另立门户的按分开的产业计算等级，降低户等。官户、女户、寺观和未成丁户等一律减半缴纳。这些免役钱和助役钱就用来雇用三等以上税户代役，根据役事轻重不同，付给不同的薪俸。开封县有两万两千六百多户，每年的免役钱和助役钱约有一万两千九百贯，代役的薪俸用去一万零两百贯，还能结余两千七百贯，以备荒年灾年歉收时用。其他县大致相同。

既然免役钱或助役钱是按照等级收取，有多有少，那么过去的户等划分由于这样或那样的原因，有许多是不合乎实际情况的，按照这种等级划分收取免役钱或助役钱，显然是不公平的。为防止户等划分产生偏差，宋神宗于是诏令各个郡县，用三到五年的时间（坊郭三年，乡村五年），在农闲的时候集中众人，考察他们的贫富情况，清理其中造假作伪的行为，将所有户等重新划分一遍，该升的升，该降的降。有故意不按实际情况划分的，一律以违法论处。被招募的人要有三个人作保，衙前服役还要有物产作为抵押，受到损失时好索赔；弓手要测试武艺，典吏等要考书法计算，防止有人滥竽充数。被雇用的人每三年或两年一换。

新法已经完成，张榜公布一个月，老百姓没有疑义，就定为法令，颁布于天下，正式实施。全国各地风俗不同，差役轻重也不一样，百姓的贫富情况也有差异，允许各地根据自己的实际情况变通法令。凡是应该服役的人家按照等级交的钱，叫作免役钱。那些坊郭户以及女户、单丁、未成丁户，还有寺观和官品之家，按照旧的役法，他们是不服役的，他们缴的钱就被称为助役钱。对于所有这些要收取的钱，先看本州本县招募代役之人需要多少费用，并分配到各户。用于招募代役之人的费用充足了，再在这个基础上增加二分，作为水旱荒年的备用。虽然可以增加，但是不能超过二分，叫作免役宽剩钱。

啊，我读条例司和司农寺拟定的役法条目，感叹王安石和他的那些下属，真可以说是体大思精，可以成为立法家的模范了。差役制度对百姓的伤害既然已经像前面说的那么严重，那么再不进行改革是绝对不行了。不过，此前的各种差役固然有繁杂苛细应该免除的一方面，却也有治理国家所必需而不能轻易免除的一方面。如今的熙宁新法对于其中可以免除的已经免除了，其中还有不能免除的，但又不能继续让百姓服役，更不能以不再役使百姓为理由取消这些事。这就需要由国家招募百姓中愿意做这件事的人来做，这是非常明显的道理。但既然是招募，则并非义务的性质，而是带有契约的性质，如果没有报酬，谁肯干呢？而且，国家并非哪个人的私有财产，它如果有所需求，只能取自老百姓。这样的义务人民本来已经负担几十年了，只是因为立法不善，所以贫弱的人更容易受到伤害，而那些狡猾的豪强富户却往往可以幸免。如今按照它固有的义务加以改善和明确，使徭役变成了赋税，这其实是从根本上改变了事物的性质，但和前面的法令比起来，百姓的负担并没有增加，这正是免役钱合乎道理的地方。它的征收是以财产的多少分出等级，有钱人征收得就多些，贫困的人征收得就很少，对于最贫穷的那些人，官府还会免除他们的赋税。

这与如今许多文明国家所得税的法律正好相同。各国收取所得税，凡是收入很少，只够维持其基本生活的人，是不纳税的，只有当他有了额外收入的时候才纳税。而且，他们纳税是按照规定好的等级比例累进计算。这其实是非常公平的课税之法，是各国财政学家最为称道的。在数百年前各国尚未发明这种税法的时候，王安石所制定的募役法竟与当代的所得税法暗合，即核定每家每户的资产，按照贫富上下分出等级，根据等级纳税交钱；农户自四等以下，坊郭户自六等以下，可以免税等。

豪强大族以及僧侣也不必纳税和服役，而国家的一切负担都加在这些软弱无力的平民身上。这是欧洲自中世纪以来的弊政，而法国大革命和近百年来的欧洲各个国家的革命，其动机多半都在这里。王安石痛心疾首于这种不平等的政策法令，不怕得罪那些豪强大户，要求这些人也要缴纳助役钱，这是欧洲各国经过亿万人流血才得到的结果，王安石却能巧妙地谋划于朝廷之上，指挥若定，顷刻之间就把事情办成了。他的立法如此完善和周详，已经像前面我们讲过的一样，但仍不敢过于自信，还要张榜公布一个月，老百姓没有疑义了，再定为法令，颁布于天下，正式实施。即使这样，他仍不敢过于急躁，而是先在一两个州府试行，等到它有了成效，再推广到其他州府。所谓勤劳谦虚的君子是一定会有好结果的，不是吗？

自从实行了这个法令，此后虽然屡有变迁，但始终不能被废除，直到今天，人民不再知道还有徭役这样的事，说起这个词，往往不能理解，这是谁做的好事？就是王安石啊！此公之举将尧舜三代以来的弊政一举扫除了，实在是我国历史上乃至世界历史上最有名气的社会革命。我辈生于今日，已经把这件事淡忘很久了。试看当时人们所说的旧社会颠沛流离、困苦不堪的情形，又考察欧洲中世纪和近代的历史，见其封建时代的豪族僧侣剥削贫民的事实，可以两两相互印证。而对于王安石，我们该如何崇拜甚至顶礼膜拜啊！但是，数百年来，一犬吠形，百犬吠声，至今还在说他是个不切实际的人、执拗的人、苛刻残酷的人，甚至说他以权谋私，是个奸邪小人。啊，我们的国民不知感恩的陋习充分地表现在这里了。

苏辙

当时制定法令的人曾说过："如今新法宽厚优待的都是乡村里不能自己表达其愿望的贫苦农民，裁度取用的都是官宦或豪强富户，他们都有控制舆论的能力，看到新法的实行对他们不利，阻挠新法的人一定很多。"果然是这样，当时一些所谓士人君子都先后起来攻击新法，他们所持的理由都是从个人利益出发的。下面举几个例子。

苏辙说："服役的人不可不用乡户（即农民），犹如官吏不可不用士人（即读书人）。"

苏轼说："自古以来，服役的人一定要用乡户，犹如吃饭必用五谷，穿衣必用丝麻，水上行走必用舟船，陆地行走必用牛马，虽然在这中间也许会有替代物品，但毕竟不是人们经常用的。"他又说："士大夫抛家舍业，背井离乡到处去做官，效力之余也希望能有一些乐趣，这是人之常情。如果连厨房都萧条简陋，连饮食都变得很粗劣，就像是一个国家处于危难之中，这恐怕不是太平盛世的景象。"

神宗曾与他身边的大臣讨论免役的利弊，文彦博说："祖宗的法制都在，没有必要加以改变以至于失去民心。"神宗说："役法的改革令士大夫中的很多人不高兴，但老百姓有没有什么不便利呢？"文彦博说："你是和士大夫一起治理天下，并非和百姓一起治理天下。"

苏轼

苏轼（1037—1101），自号东坡居士，四川省眉山县人。北宋文学家、书法家、画家。

啊，当时这些攻击新法的人，他们的心肝怎么能像我们看到的这样呢！比如苏辙、苏轼说的那些话，什么乡民服役是天经地义的、不可改变的，他们深受阶级制度恶劣风俗的毒害，以为人生来就有高低贵贱的区别。法国大革命时的贵族和俄国现在的贵族都以这种论调来维护他们的特权，没想到我国所谓有道德、有修养的人也像他们一样。在当今世界上，无论中国还是外国，都没有所谓服役的人，没有所谓征用乡户服役的法令了，并没有不以五谷为食，不以丝麻为衣呀。苏轼看到这种情况，他还能说些什么呢？况且，苏轼对于免除服役的痛恨竟然来自厨房的条件简陋不能让那些从四面八方到这里来做官的人尽情享乐。如果像他说的那样，以此来装点太平盛世的景观，那么盛世确实像盛世了，但还记得我们的百姓为了这个盛世付出了寡母改嫁、兄弟分家，抛弃田产给别人，以免除上等户的差役，不惜非正常地死亡，也要做单丁户的代价吗？还记得我们的百姓为了这个盛世不敢多种一棵桑，多养一头牛，多存一年粮，收藏十四绢帛吗？就为了少数官吏的幸福生活，却要使多数人民流离失所、忍饥挨冻，唯恐他们死得不快，这简直就是把饮人之血当作快乐，是豺狼才能说出的话！这种话，稍微有点儿心肝的人怎么能够说得出口？没想到这些号称有道德、有修养的读书人却能觍着脸说出这番话来，而且数百年来，那些有道德、有修养的读书人都来随声附和，集中火力攻击为民请命而行为有些“古怪”的贤明宰相，从这里我看到了中国丧失公正的舆论已经很久了。

至于文彦博说的那番话，想起来也是很可怕的，他说：“皇帝是和士大夫一起治理天下，并非和百姓一起治理天下。”姑且相信他的这种说法，那么尽可能地掠夺老百姓的财产来取悦士大夫，是不是就达到天下大治的极限了呢？我要郑重地告诉后世读史的人，王安石当时推行的新法没有一件事不是有利于老百姓的，也没有一件事是不利于士大夫的。士大夫的利益一定和人民的利益相冲突吗？我辈今天所能考察到的都是当时士大夫的言论，当时老百姓怎么说，已经无从知道了。想要凭借一面之词就做出证据确凿的判决，那么他的冤枉岂不是真的和莫须有的罪名一样了吗？免除差役只是其中的一个方面罢了。

当时造谣、诬蔑、诽谤王安石的人很多，不能完全记载下来。《文献通考》中记载了作为司农寺主要负责人的曾布所写的一篇自我辩护的奏文，从这篇文章中可以明显看出，那些诽谤者的虚构、诬陷之词是如何产生的，不顾事实真相随便猜测的人是如何造谣生事的。这里只摘录其中的大略：

京城附近的上等户完全停止了过去的衙前差役，所以如今他们缴纳的钱财比过去服役时的费用减少了十分之四五。中等户过去要充当弓手、手力、承符、户长之类，如今要求上等户、坊郭户、寺观、单丁、官户等都出钱作为助役的费用，所以他们的花费比过去减少了十分之六七。下等户完全摆脱了繁杂的事务，专门充当壮丁，而且不用缴纳一贯钱，所以他们的花费比从前减少了十分之八九。大抵上等户减少的费用少一些，下等户减少的费用多一些。批评者说，新法的做法是优待了上等户，虐待了下等户，于是得出聚敛的结论，这纯属诽谤，真不知从何说起，这是我不明白的地方。提举司鉴于各县在考核农户等级时有不切实际的地方，所以首次制定了农户等级升降的条例，开封府、司农寺开始讨论这个方案时，大概不知道过去也曾有过增减农户等级的情况，但过去的规定是每三年重新登记一次，农户的等级也常有升降，如今根据考核的结果有所增减，也不能说做得不对。何况我们从一开始就向农户公布了考核的情况，如果有不符合实际情况的，还可以加以改正，而且所有农户等级的增减实际上并没有马上执行。批评者却认为，核算农户的财产，确定他们的等级，是想多多收取助役钱，而把一些农户升为上等户是要使免役钱的数目更加充足。而说到祥符等县，因为上等户数量较多，于是裁减一部分充为下等户，这样的事他们偏偏掩盖起来不说，这也是我不明白的地方。

凡是州县的差役，没有不可以招募人来做的道理。如今来投考报名应衙前差役的已遍及半个天下，没有不能主管仓库、场务、纲运的；而承符、手力之类，旧法也是许可雇人的，已经实行很久了；只有耆长、壮丁，按照今天的安排，这是最轻的差役，所以才轮流差遣乡户，不再招募人。批评者却认为，衙前雇人会使官府的物品丢失，耆长雇人则难以捕捉盗贼；而且认为，靠近边疆的州县可能会有敌人的奸细来应募，他们或者焚烧仓库，或者占据城门，恐怕会与外族勾结，里应外合，这更是我所不明白的。免役法规定，或缴纳现钱，或缴纳粮食，都根据农民自己的意愿来定，法律能做到这一步，已经是非常周全了。批评者却认为，如果是缴纳现钱，那么丝帛粟麦的价钱一定便宜；如果缴纳实物，把实物折算为现钱，那么又会发生刁难农户的行为，都对百姓有所伤害。如果是这样的话，我们应该怎么做呢？这也是我所不明白的。过去的徭役都是百姓要做的，即使是大灾之年，老百姓吃不上饭，也没有免除过差役。如今，免役钱只希望稍有盈余，为的是给大灾之年做一点儿储备，剩余的又专门用于兴修农田水利和增加官吏的俸禄。批评者却认为，助役钱不同于赋税，应该有减少和暂停的时候，我不知道过去征集衙前、弓手、承符、手力之类是不是也有过减少和暂停的时候，这也是我所不明白的。两浙一路，有户口一百四十余万，共缴纳七十万贯钱。而京城地区有户口十六万贯，缴纳的现钱也是十六万，两浙缴纳的钱只是京城地区的一半，但京城地区支付募役之人的薪俸后就剩不下几个钱了。批评者却认为，官吏借新法大收其钱，比如两浙为了一点儿结余而暗自侥幸，司农寺想用剩余邀功，这都是我所不明白的。

看到这里可以知道，当时那些诽谤者一定都是扬恶而隐善的。他们对于旧法的利弊和新法的利弊并没有进行过比较，也不去权衡它们孰轻孰重，他们说的那些话其实都是私人意气用事，并非社会公理，而免役法只是其中的一个方面罢了。等到神宗去世，司马光当政时，首先取消募役法，恢复差役法。然而，此前攻击新法最用力的范纯仁此时却说差役这件事要反复讨论，不然的话，有可能滋生为百姓的祸害。在这之前把让老百姓服差役比作丝麻五谷的苏轼又特别指出差役可以募民代役而不可以征用，并说这是圣人复活都不能改变的，甚至说农民应差，官吏百般需索，对比募役，苦乐相差十倍。同是一个人，前后十余年，他的言论竟如此不同，完全相反，难道是开始对从未见过的改革感到害怕，而等到改革有了显著成效的时候，他才不得不从心里折服吗？

有一句话是这么说的："非常之愿，黎民惧焉。"又说："一般的人可以与他共享成果，但很难与他谋划事情的开始。"以范纯仁和苏轼的聪明，他们的见识也不过与黎民百姓是一样的，王安石把他们都称为流俗，并不能说是诬蔑。然而，范纯仁、苏轼能够觉悟前面说的不对并幡然改正，最终并不失为君子。我只是非常不理解司马光，在王安石推行募役法之前，他曾特别谈到差役法的弊端，首先提出了募役的想法。等到他坐上宰相的位子时，却对那个反复无常的小人蔡京言听计从，把老宰相王安石的做法全部推翻了，甚至不惜放弃自己以前的主张。如果说他嫉妒王安石，以为这件事的功劳本应该是自己的，现在被王安石拿走了，所以不惜把它毁掉，以快慰自己，则以司马光的贤德，我不敢这样怀疑他，但除此之外，我又想不出他的居心究竟何在。

第六，其他关于民政财政诸法。

以上讲到了青苗法、均输法、市易法、募役法四种新法，都是当时王安石特别创立的关于民政、财政的新法，其他根据旧法进行整顿和改良的还有很多，这里简单地讲一讲。

（甲）农田水利法

王安石刚一执政，就派遣诸路的常平官专门负责农田水利的整修。官吏和百姓中凡是了解土地种植方法，了解水塘、圩埂、堤堰、沟渠的利害关系的人，都可以提出自己的建议，还要根据功劳的大小给予报酬和奖赏。后来他当了宰相，仍然在这方面兢兢业业、鞠躬尽瘁。史称自熙宁三年（1070年）至九年（1076年），各个州府和诸路兴修的水利田总共有一万零七百九十三处，三十六万一千一百七十八顷。

王安石兴修的水利工程不可胜数，从大的说，有疏通黄河、清理汴河。王安石在谈到疏通黄河的时候说："黄河向北泛滥，侵占的公田、私田非常多。河水散漫，时间长了，就会壅塞不畅，淤积严重。过去修了二股河，费用很少，但使得公田、私田都显露出来，昔日的盐碱地如今都成了肥沃的土地。"这时，司马光和欧阳修都出来阻止他，欧阳修说："开挖黄河就像是放火一样，而不主动去开挖，等它决口，就像是失火，与其使人辛劳，不如不要开挖。"王安石说："使人辛劳却除去一害，这就是百姓受到伤害还愿意跟随他的缘故。"就是这两种说法，一种是为了偷安，一种是任劳任怨，其中哪一种更得民心，大概能看得很清楚了。

清理汴河的建议也是王安石最早提出来的，直到他请求退休之后，元丰元年（1078 年）才开始动工，用了四十五天完成。这两件事对国家有利还是有害，我说不好，但足以证明王安石对老百姓的事是尽心尽力的。当时苏轼上疏诋毁他，说："天下太平已经很久了，老百姓和天下万物都有繁衍增生，而四方没有得到开发利用的东西也已经用尽了，如今想要开通水路并加以利用，一定是自寻烦恼。"这都是把不做事当作主意的人做的事，当时读书人的风气就是这样。中国直到今天没有被开发利用的东西仍然遍地都是，更何况大宋经历了五代的大乱，而真宗、仁宗时的凋敝又如前所述，说已经没有可以开发利用的东西了，欺骗谁呢？

（乙）方田均税法

方田均税法是王安石制定的整理田赋的税法。史书上记载了这件事的始末：

熙宁五年（1072 年）八月，神宗下诏让司农寺将均税条款和丈量土地的办法向全国颁布，以东西南北各一千步为四十一顷六十六亩，一百六十步为一方。这一年的九月，县令委派官吏分别丈量土地，随着山坡、原野、平湖、沼泽来确定土地的面积，根据土地的实际情况辨别它的颜色，丈量结束之后，再按照土地的位置和颜色确定肥沃或贫瘠，并分成五个等级来确定税收的标准。到了第二年的三月，这项工作结束，张榜向百姓公布，一个季节没有人提出异议，随即登记颁发田产证，和登记庄田的账簿一同发放，作为征收田赋的凭证。按照均税法的规定，各县以过去规定的数额作为赋税的基础。过去官府曾向百姓加征杂税，例如米不到十合而按一升收，绢不满十分而按一寸收之类，如今不能用这个数平均分摊增展，以免超过了原有的数额。凡是超过原有数额，增加数量的，都要禁止。如果是贫瘠的不毛之地，或众人共有的山林、水塘、路沟、坟墓等，都不收取赋税。另外，田地的四个角都用土垒成田埂，种上田野中适宜的树木，堆土作为标记。有登记方田的账簿，有登记庄田的账簿，有登记保甲的账簿，还有每户的田产证，另外如果有人要分家另过，或典当买卖，官府给办理契约合同，并在县里登记注册，都以如今丈量过的田地作为正式的田产。这项法令既然已经公布，就以济州钜野县尉王曼为指教官，先从京东路开始实施，诸路都仿照他们的办法实施。

这就是今天所说的以人为本啊。

这大概就是当时调查土地整顿赋税的政策之一，虽然不是王安石的独创，但是谈到理财的人都认为这是最好的办法。不过，每年厘定一次未免太烦琐了，也很难持久地坚持下去。他在确定之后先向老百姓张榜公布，如果一季之内没有人提出异议，再正式颁布执行，这又是特别仁义的政策。还有方账、庄账、甲帖、户帖（即上页所言方田的账簿等——编注），虽然它们的内容如今已经不可考了，但它与当今世界文明国家的法律大概有很多一致的地方。而严禁超过数额增加数量，豁免贫瘠和公用土地的赋税，惠及百姓的用意也很明显，谁说王安石的立法是损害下面有益于上面呢？

（丙）漕运

几个朝代都建都北方，而仰仗东南的粮食，所以漕运实为国家的一大政治，北宋时尤其明显。在此之前，负责漕运的官吏和军卒上下勾结，共同盗卖运送的粮食，甚至借口遇到风浪把船凿沉，来消灭痕迹，官府的物品受到严重损失，每年不少于二十万斛。熙宁二年（1069 年），王安石举荐薛向为江淮等路的发运使，开始招募民间的舟船和官船一起分别运送，相互监督，过去的弊端才被克服了。一年的漕运既能保证数量充足，而招募的商船运到京城的又有不止二十六万石。这在王安石的事业中虽然只是很微小的一部分，但他知人善任，讲究实际效果，大概是可以看到的吧。

以上所列正是王安石兴办民政、财政的主要事项。这些项目都是非常显著的，可以考察的。他的本意没有一个不是有利于老百姓的，没有所谓损害下面利益、维护上面利益的事情，比如俗吏和搜刮民财的人做的那些事，虽然当时也有执行不力，以至于和立法本意相冲突的地方，收效也不像他设想的那么好，这样的事也是有的。然而，我还是要说，在交通并不像现在这样方便的时代，想以干涉政策治理一个大国，这种事是很难办的，不过这不能认为是王安石的过错。何况当时许多所谓廉洁的君子，没有人肯帮助他，即使他犯有用人不当的错误，这个错误也应该由那些所谓的君子来分担。我之所以要在这里非常详尽地讲述当时财政的真相，就是希望后来阅读历史的人能够审阅呀。

军队和国防
——王安石的政治主张和施政纲领（三）

第一，省兵。

北宋养了大量的军队而使国家变得非常疲惫，拥有百余万士兵，每年财政收入的三分之二用于军费，但军队却不能一战，稍有见识的人没有不为此而深深忧虑的，但始终没有办法进行改革。积累成了很严重的问题，只有敢作敢为的人才能改变这种状况。然而，当时的士大夫偷懒已经成为习性，他们的心力不足以承担这项任务。在这里，我先介绍一下当时诸位德高望重之人对养兵之弊的论述，然后再谈王安石关于省兵的政策。宋仁宗嘉祐年间(1056—1063)，知谏院的范镇上疏给皇帝：

如今田地荒芜得十分厉害，人口非常稀少，赋税又特别严重，国家财政很不充足，这些正是养兵太多造成的。有人一定会说，养兵多是为了对付契丹啊。但契丹五十年来不敢南下进犯我大宋，不是因为我们养了很多兵，而是贪图每年送给他们的大量金银财物。即使他们要放弃这些好处，南下进犯我大宋，则黄河以北，妇女、儿童都是守城的人，又何必要用城市里那些游手好闲的人和田地里辛勤耕种的农夫，而且还要预先把他们蓄养起来，给百姓带来困扰呢？从百姓中招募军人，百姓人口就会稀少；百姓人口稀少，田地就会荒芜；荒芜的田地多了，赋税和差役相应地就加重了；赋税差役加重了，百姓就会与国家离心离德。相反，如果将军队藏于民间，百姓的人口就会增加；百姓的人口增加了，就会有更多的田地得到开垦；田地开垦得多了，赋税和差役相应地就会减轻；赋税和差役减轻了，百姓就会和国家同心同德。与其以老百姓与国家离心离德来防备契丹，契丹未至，民力已经先匮乏了，为什么不使老百姓与国家同心同德来防备契丹呢？契丹或许南下，但民有余力，国库里也很充足，不是更好吗？其中的利害是很清楚的，就像黑白那样分明，一二那样简单，如今却认为很难办到，我感到非常困惑。过去，汉武帝因为发动战争而使得天下受到困扰，但他派兵征讨匈奴，一直打到漠北，得到了他想要的。如今皇上也由于养兵而使天下受到困扰，但并没有派兵去征讨契丹，没有得到想要得到的快乐，又何苦这样做呢？

欧阳修也发表了他的看法：

国家自从景德（宋真宗年号，1004—1007）年间罢兵以来，至今已经三十三年了。经历过战争的军人几乎都死光了，后来的这些人未曾听过战鼓响，也没有见识过战场上的阵势。生在无事的年代而又衣食无忧，怎能让他们不骄横懒惰？如今，军人入住营房，连被子都不自己拿，而支使别人帮他拿。禁兵发放粮草，自己不去扛，反而雇人帮他们扛。他们这样骄气，怎么肯于不怕辛苦浴血奋战呢？前些天，西部边防的官吏，比如高化军的齐宗举两次用兵都打了败仗，就是这个道理。如果这些兵不怕辛苦，很能战斗，消

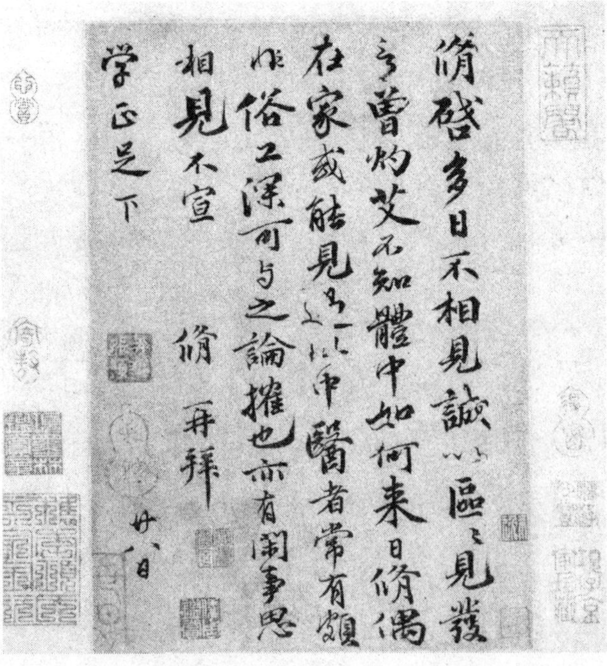

欧阳修灼艾帖

耗一些农民的赋税和劳役也就罢了，无奈这些兵徒有虚名，只是一些骄横懒惰、毫无用处的人。古时候，凡是高大健壮的人都在田地里耕种，农闲的时候，国家才教他们一些作战的本领。如今完全不同了，一遇到灾年荒年，州郡的官吏就拿尺子度量百姓中高大的人，并测试他们是否健壮，招募他们去当禁兵；次一等的，他们让个头不够尺寸而且稍显怯弱的人去做厢兵。官吏招募得多了还有奖赏，老百姓将要穷困的时候则争相报名投军。所以，一经灾年荒年，留在田地里务农的人都是老弱之人。官吏们说，这些人，不招募他们当兵，恐怕他们会去做强盗。唉，只知道他们一时没有成为强盗，却不知道终身骄横懒惰，等于偷吃国家的赋税呀。古时候，高大健壮的人在田里耕种，年老体弱的人闲散懒惰；如今高大健壮的人闲散懒惰，年老体弱的人倒在田里耕种。为什么差别这么大呢？诚然，老百姓在田里出力流汗，吃的可能还是猪狗之食；而一旦当了兵，就能终生安逸快乐，不愁吃穿了。这样一来，田里务农的人不得不每天减少了。所以说，有一种诱惑百姓的弊政，说的就是它。

又说：

古代善于用兵的人可以让这些兵赴汤蹈火，而对于如今的厢兵、禁兵，官吏不敢役使，逼不得已而暂时用他们一下，都要说借请，意思是说，请他们为自己做事。这些兵相互之间说话也说“某官员请我”，而且官府的文书也写着“请”字。奖赏是为了酬谢他们的辛劳。如今，因为国家要举行盛大庆典的缘故，没有辛劳也要奖赏，三年一次，要花费八九十万贯钱，官吏不敢耽误一天。士兵得到奖赏，不会因为没有功劳而心生愧疚，反而互相攀比，为多少而争执，稍有不如意的地方，就拿起武器，聚众闹事，要打皇上派来的朝廷命官。没有什么事的时候就是这样，可见这些兵是多么骄横。而这些兵为什么敢这么骄横呢？原因就在于没有很好的手段使用他们，法制也不够健全。过去的五代之乱可以说达到极限了，五十三年里，有五个姓〔分别是朱、李、石、刘、郭（柴）〕十二个君主（应为十三个君主——编注），其中亡国被杀的，最年长的不过十几岁，最小的甚至只有三四岁。这些君主难道都是很愚蠢的人吗？他们的心里都喜欢祸乱而不盼着有长治久安的办法吗？我看他们不能力挽狂澜的原因还是时代造成的。当时，五代统治者所据的中原四周被外族和割据势力包围着，东边有汾晋，即刘旻的北汉；西边有岐蜀，即王建的前蜀和孟知祥的后蜀；北边有强胡，即契丹；南边有江淮、闽广、吴越、荆潭，即所谓“十国”。天下被分为十三四份，四面环绕着中原地区。这样一个狭小的地区又被叛将强臣占地割据着，那些君临天下的人都是那种治理国家的日子很短，威严和德行都没有传播很远的人。以武力显示其强硬的君主，也只能守住自己这一代，不幸遇到不成才的子孙，不过传一两代又使天下陷入大乱的局面。因此，君主全力养兵就像小孩子喂养虎狼，只担心它们不听话，不能为我所用，哪还敢控制它们？这个国家就像一座破房子，修补它的内室，它的墙角又坏了，整修它的椽子，柱子又倾斜了，只是它们相互支撑扶持没有使房子倒塌罢了，哪里还有闲暇效法先王的规矩，制定新的制度？如今，大宋从建国到现在已经八十年了。对外平定了那些僭越本分的叛乱，没有了和大宋对抗的国家；对内消除了割据势力，没有了凭借武力搞叛乱的臣子。天下一统，四海安宁。建国不能说不长久了，天下也不能说不广大了。然而，军队却不能对外树立自己的威风，只敢对内骄横无理，制度不能被万世效法，却日益变得混乱和繁杂，一切事情都得过且过，和五代的时候没什么区别，这是很让人叹息的。

苏轼也有关于养兵之弊的论述：

兵没有事做的时候可以养着他们，但不能使他们聚集在一起；让他们聚集在一起，就不能让他们无事可做，只是给他们饭吃，这两件事相互制约，却不能并行不悖，这是形势造成的。如今，如果有百顷闲田，完全可以养四千匹马，花不了什么钱；如果把四千匹马聚集在一起，就要输送百顷土地生产的粮草供养它，它的花费要增加百倍，这个道理很容易弄明白。依照过去汉朝的制度，有拿了别人的钱替人服役的军卒，却没有在田地里耕种的士兵，虽然他们都来自农民，但只要当了兵，就不再需要知道农家的事。因此，郡县没有常备的军队，京城也不过部署一些卫戍部队和负责京城治安的部队，比如南北军、期门军和御林军等军队。边境有事，诸侯有变，都用虎符调发各个诸侯郡国的军队，等到事情平息，战争结束，危机消除时，又各自回到他们来的地方。这样做的结果就是，士兵平时并不聚集在一起，也不脱离田地，就不会造成国家的弊病。唐朝拥有天下之后，沿袭了隋朝的府兵制度，在京城长安设置十六卫府兵，作为禁卫军，又在全国设置军府八百余所，驻扎在关中地区的就有五百所，他们在没有战事的时候就耕种田地，储存粮食，不仅可以自给自足，而且还能扩大县里的储备。所以，虽然有这么多的军队聚集在京城周围，却并没有增加全国各地的负担，给国家带来危害，也就是没有不做事只吃闲饭。如今，聚集在京城周围的国家军队多达几十万，都不参加生产劳动，所有的给养都要靠官付供给。这样做的结果是，只得到了汉朝和唐朝的弊端，却没有得到汉朝和唐朝的好处，把二者的毛病集中在一起，兼而用之，因此危害更加严重。

天下的财富，近的来自江淮，远的来自吴楚，所有的车船运输、人力劳役没有不是为了将那里的财富运送到京城的。平安无事的时候，收取的赋税已经很重，甚至不能再增加了，而国家的支出仍然不够用。造成这种弊病的原因就在于大量军队聚集在京城周围而不从事生产，只能靠各地的赋税来养活。而且，不仅如此，驻防在各地的军队又要不断地互相调动。过去，在建国之初，国家存在着分裂的现象，有人拥兵自重，不服从中央，太祖、太宗二位皇帝亲自披甲上阵，经过严酷的战斗，终于取得胜利，使得他们的国君举手投降，又把他们的疆土收入我们的版图。不过，他们的故土上还生活着很多残余的民众，先皇预见到天下的融合还需要时间，恐怕他们再发生暴乱，在这种情况下，就派遣禁兵去那里防卫，大到州府，小到县城和乡镇，往往都有从京城派来的军队。由此看来，凡是天下的土地，一尺一寸都是皇帝自己在那里守护，这种情况能够长久不变吗？国家经费的开销没有比军费更大的了，而军费中的开销也没有能比出征的费用更大的了。如今，派遣禁兵到郡县去防守，远的要走数千里，除了供应他们每月的禄米和每年的俸禄之外，又要每天供应他们粮草。军队三年就要换防一次，路上来来往往，虽然不过几百个车队，但其结果和几十万大军出征没有什么不同。几十万大军三年出征一次，农民的财力怎么能不枯竭呢？运送粮食的士兵怎么能够不疲惫呢？

而且，如今天下不曾发生战争，在和平时期，那些武将军士用什么向上级邀功请赏呢？既然不能做个休养生息的无用之兵，那么现在这样就是为皇上去守卫地方了，也算是一种功劳吧。因此，他们享受着很好的待遇，穿着漂亮的衣服，吃着丰盛的食物，打开官府的仓库，用车子运送金帛，好像承担着多么重要的任务似的，有一点点不满足，就要聚众闹事。这是为什么呢？

天下属于一家一姓，已经沿袭了数千年。百姓对皇上拥戴，就是到了天涯海角和在京城附近也没有什么不一样的，所以没有必要怀疑地方上的军队而专信禁兵。过去，四川那个地方有过“均贼”，近来贝州（今河北清河）也发生过王泽兵变，这些都未必不是禁兵引起的。我认为，郡县的士兵通过训练可以渐渐地代替禁兵担负起保护地方的重任，禁兵渐渐地就可以被闲置而变得没有用处了。天下的勇武刚健之人难道有固定的所在吗？自然环境的陶冶，社会风气的熏染，各地的百姓都是一样的。过去战国时代常使用这些人，蜀人虽怯懦，吴人虽短小，都曾经抗衡过上国（秦国），现在为什么一定要用禁兵呢？

今天的士兵显得非常疲惫而又懦弱，一点儿都不振奋，其原因就在于他们见到郡县都有禁兵，而且待遇差别很大，就破罐破摔、自轻自贱，把自己等同于贱隶役夫。而且，他们也没有得到多少训练他们。如果禁兵能够渐渐地省去，那么将他们的军粮禄米资助郡县的士兵，郡县的士兵一定欢欣鼓舞，因为这是意料之外的事情，他们会特别感念皇上的恩德，就会特别卖力地做事，又怎能不如禁兵呢？士兵一天比一天多，禁兵一天比一天少，除了守卫京城之外，没有其他的事可做。这样一来，既少了聚集军队所需要的军费开支，又省了军队换防所需要的劳役、粮草，国家的开支也许可以省去一大半。

苏轼又说：

三代时的士兵不用选择也是非常精干的，这是什么原因呢？因为兵是从农民中选拔出来的，军队的数量是固定的，但士兵却是不固定的。国家有了危难，就要求一家出一名正式的士兵，这样也就罢了。所以，老人都可以得到很好的照顾，病人也能放心地休息，在官府服役的那些老百姓都是健壮的小伙子，没有战事的时候，他们照样在田里劳动，在山里打猎。所以不曾征用老弱的百姓，行军打仗，也不曾养过无用的士卒。如果这些人手脚轻快、动作敏捷，艰难险阻都不在话下，手持武器一点儿都不费力，他们的聪明就能使得他们按照旗鼓的节奏进攻，他们的强锐就能使他们敢于赴死而不贪生，一支有千乘战车的军队，每名士兵都可以独自为战。所以，那时的战争总是杀人很少就取得了胜利，费用不多但兵卒的作战能力却很强。到了后世，兵和民有了区别，当了兵就不能再当老百姓，于是军队中开始有了老弱的士兵。一个人既然已经被招募为士兵，他的妻儿和房屋也就被托管于军营之中，他的姓名也就登记在官府的户籍之中，既不能再去经商，也不能再去务农，只能靠官府养活，衰老了也不能回去，他的这条道只能一直走下去。所以，这些无用的士兵虽然待遇越来越差，但总能养老送终。凡是一个人的生命，从二十岁以上一直到衰老，不过四十余年，年轻气盛，勇武有力，敢于上战场和敌人拼杀的时间，也就二十余年。如今要养老送终，那么一个士兵大约将有二十年没有事做而仍然靠官府养活。

照此推论，如果养兵十万，就有五万人可以除去；如果屯兵十年，就有五年是没有效益的。如今天下招募的士兵非常多，当年陕西之战，把官府名册上的平民都征了兵。再加上明道（1032—1033）、宝元（1038—1040）年间国内发生了旱灾、蝗灾，还有最近几年青州、齐州的饥荒，以及河朔地区的水灾，百姓急于当兵的人一天比一天多。按照登记

明道、宝元均为宋仁宗年号。

的户口来看，近世以来，官府募兵之多，没有超过今天的，然而都是老弱和没有经过训练的人，打起仗来不能当古代的一半，而衣食的费用，却超过古代上百倍。这种情况长久得不到改变，是特别不应该的。凡是百姓中当了兵的，很少有良善之人。他们年轻力壮的时候往往赌钱、喝酒，不能安心在家里过日子，有时也会拼命。等到他们青春已逝，英雄气短的时候，大概也会感到后悔的，但已经追悔莫及了。

我认为，一个人到了五十岁以上，如果有人希望回家去做老百姓，应该听其自便。从今往后，百姓中愿意当兵的，只收三十岁以下的，并限制当兵的时间为十年，超过十年的，就请他们转业或复员。如果百姓三十岁开始当兵，十年之后复员，他们的精神力气仍然可以养活自己，并安排一生的规划。如果他们在应募当天就知道当兵的日子不会超过十年的话，他们大概不会因为被从簿籍中除去名字而抱怨。以无用之兵一辈子白吃白喝的费用招募新兵，响应的人一定很多。这样一来，国家无老弱之兵，老百姓中不能胜任作战的人也不至于无辜地丧失生命。他们都知道自己不超过十年就能复员成为平民百姓，就会爱惜自己的身体，对可能违犯法律的事非常慎重，不至于和游手好闲、刁滑强横的人呼为同类，自暴自弃为凶恶之人。如今天下的祸患在于老百姓不了解当兵是怎么回事，所以当兵的常常表现得骄横凶悍，老百姓都怕他们。但是，盗贼来了他们不能防御，外族侵犯他们也无力抗击。如今让老百姓替换着当兵，当兵的也能复员成为老百姓，天下人对当兵的有了更多的了解，盗贼和外族对他们也就有所畏惧了。

读了上面这些论述，我们看到，当时养兵的积弊就是有一万个理由，也不能不进行改革了。范镇、欧阳修和苏轼诸位的这些建议正是后来王安石所实行的。为什么要等王安石来做这件事呢？因为这件事说说容易，做起来就难了，天下大业终非坐而论道者能够完成的。宋仁宗是个优柔寡断的君主，不可以和他谈论改革的大计，至于宋神宗，却是个英明的君主，完全可以辅佐他实践自己的主张。然而，一旦皇帝决定要进行改革，实行新法，诸位大臣就一个接着一个变了脸色，没有谁敢负这个责任了。其中第一个阻挠新法的人就是司马光，他说：

如果兵卒淘汰得过多，就会导致人心惶惶，很多人都愁容满面，怨声载道。虽然国家太平，法律一向都能得到伸张，但群情汹汹，恐怕也没有什么办法。诏书一下，万一有些流言蜚语被乘机传播，把老百姓惊动了，朝廷就是想要省事，收回成命，也很难了。而且，朝廷的威信也将立刻丧失，以后再向他们发号施令就困难了。如果坚持推行新法，则会惹得众人怨气十足，就像后梁要分魏博的兵，结果导致了张彦之乱，这事是可以当作借鉴的。

司马光的这种论调大概可以作为当时反对派的代表言论。他的理由不过是顾虑到骄横的士卒不容易制约，一旦实行省兵（即裁军），就会刺激他们，演变为暴乱。这种观点不过是在姑息他们，培养“毒疮”而已。假如没有王安石，这个举措很可能就会因为缺少主见而泡汤了。有一天，皇帝与王安石议论裁军的事，皇帝说：“司马光认为一定会发生唐朝建中之变那样的乱子。”王安石回答：“皇上鞠躬尽瘁，勤勤恳恳地治理国家，上下之间互相信任，没有发生这种事的道理。建中年间发生的动乱是因为唐德宗任用卢杞这样的人而疏远陆贽这样的人，他没有亡国已是他的幸运。如今需要皇上当机立断，不再犹豫，详细地制定条例，逐步推行。”神宗终于下定决心。于是，熙宁元年（1068 年），诏令诸路监司（即中央政府派出的监察人员），核实各州的兵卒，不符合新法的，按照规定办理，不能胜任禁军的降为厢军，不能胜任厢军的，就免除为

建中是唐德宗的年号，为 780 至 783 年。建中二年，即 781 年，唐成德节度使李宝臣病死，他的儿子李惟岳谋求袭位，唐德宗不允许，于是李惟岳联合魏博节度使田悦等发起叛乱，引发了四年之久的河北藩镇之乱。

老百姓。不久，又下诏要求挑选诸路兵卒中的一半，即四十五岁以下能够穿起盔甲的人，作为最高限额，五十岁以上愿意回家做老百姓的，尊重他们的意愿。按照旧制，兵卒到了六十一岁的时候才能免去军职，即使这样，仍然不能马上批准。实行新法之后，免除军职做了老百姓的人越来越多，冗兵由此被大量减裁。熙宁二年（1069），神宗又下诏废除、合并各个军营，陕西马步军营三百二十七个，合并为二百七十个。马军的标准为三百人，步军四百五十人。其后陆续都进行了合并，马步军营五百四十五座，合并为三百五十五座。首都附近诸路和厢军都要汇总各营兵卒的数额，各自制定定额。熙宁至元丰年间（1068—1085），每年都对军队大量裁减，并且增加了武卫军，对他们进行严格的训练，不过数年都练成了精兵。

冗兵应当裁减，当时人人都懂得这个道理，然而有的人不敢做，就以害怕激起兵变作为借口。但是，王安石毅然决然地要做这件事，而且制度严明，并不惊扰百姓，他们所担心的兵变在哪里呢？不过是诸位有身份的人害怕做事，不肯负责任，不能任劳任怨，宁可坐视国家凋敝，也不肯用自己的名誉、地位赌一把，在成败未知的情况下做一点尝试。他们自以为自己的打算是好的，但不知国家要这样的大臣究竟有什么用处。治平年间（1064—1067）的兵卒，总共有一百一十六万两千，到了熙宁年间（1068—1077），裁减为五十六万八千六百八十八人。元丰年间（1078—1085）稍有增加，也只有六十一万二千二百四十三人，大概是从前的一半。

王安石最初执政能够裁减宫廷费用和其他冗费十分之四，执政十年，能够陆续裁减多余的兵卒达到二分之一，由此看来，他的魄力真是雄奇伟大、果敢坚毅，我们是很难超越的。他工作起来任劳任怨，艰苦卓绝，也是可以想见的。这两项工作，都是当时的批评家们每天摇唇鼓舌谈论的东西，说说可以，却不能实行，王安石实行了，却又处处诋毁他，这些人可以说是没人心的人。后代研究这段历史的人对于这种丰功伟绩竟熟视无睹，他们也可以说是有眼无珠的人。对王安石裁减的兵卒，《宋史·兵志》有详细的记载，如果有学者想将建隆（宋太祖年号，960—963）以来的制度和熙宁（宋神宗年号，1068—1077）以来的制度做一番比较，了解更详细的情况，可以去翻阅，这里就不再叙述了。

第二，置将法。

王安石裁减军队的做法不是一种退缩的政策，而是一种进取的政策。大宋的军队数量虽然很多，但却不能用于作战，其中有很多原因，而最重要的原因是将领与士兵互相不了解、不熟悉。宋太祖吸取了晚唐、五代时的教训，担心将领把军队当作自己的私家军队，于是开创了更戍法。分遣禁军，戍守边城，以使骄将悍将不能再飞扬跋扈。

这种办法不仅调动频繁，浪费了国家的钱财，也伤害了老百姓，而且造成兵不知将、将不识兵的局面。这样一来，有兵也就等于没有兵，虽然有利于防止将领专权，却削弱了军队的战斗力。王安石执政以后，开始在全国各地分置将领和士卒，总的隶属于禁军，目的是让士兵了解他的将领，将领也要训练自己的士兵，不仅平时有了严格训练，而且没有了轮流出戍的辛劳，等有了战事再派遣他们出征，这的确是北宋兵制的一大改革。考察当时军队的数量和配置的情况，列表如下：

（一）守护京城周围的军队共三十七将［熙宁七年（1074 年）置］	河北四路……自第一将以下共十七将
	府畿……自十八将以下共七将
	京东……自二十五将以下共九将
	京西……自三十四将以下共四将

（二）西北边防之兵共四十二将［熙宁八年（1075 年）置］	鄜延……九将
	泾源……十一将
	环庆……八将
	秦凤……五将
	熙河……九将

(三)分戍东南之兵共十三将[元丰四年(1081年)置]

- 淮南
  - 东路……第一将
  - 西路……第二将
- 两浙
  - 西路……第三将
  - 东路……第四将
- 江南
  - 东路……第五将
  - 西路……第六将
- 荆湖
  - 北路……第七将
  - 南路
    - 潭州……第八将
    - 全邵永州……第九将
- 福建路……第十将
- 广南
  - 东路……第十一将
  - 西路
    - 桂州……第十二将
    - 邕州……第十三将

“将”在这里的意思不是“将领”，而是部队的一种建制，相当于今天的“旅”。

天下总共设置了九十二将，还有马军十三指挥、忠果十指挥、土军两指挥，共有二十五指挥，与将并行，这是王安石所制定的关于常备军的编制。其中一将一指挥手下有多少兵，史书没有明确记载，如今已经很难考察，只知道忠果十指挥的名额是各五百人，而东南路诸将所管辖的士兵有三千人以下的，大概各自按照驻屯地区的情况有多有少，名额并不一样。

这里所说的“将”并非将帅的称呼，而是一个团体的名称，大概类似于今日新军编制的所谓的镇，或类似于日本军队编制的所谓的师团。他以“第一将”“第二将”作为这些军队的编号，也与今天的制度契合，但他能选择全国险要的地区，分派军队驻防，各得其宜，这又是今天治理军队的人不能望其项背的。其中第一项的三十七将是用来守卫京城，防止契丹入侵的。韩琦曾经请求撤去这些军队，以此来消除契丹的疑虑。其中第二项的四十二将是要图谋西夏。王安石对于这两个外族政权一直处心积虑地要征服他们，所以他在这两个地区集中了特别雄厚的兵力。其中第三项的十三将则以守护境内地方上的治安为主，所以安排也很靠后，而其兵力也只有全国的五分之一而已。这种新的军队编制办法与晚唐、五代的制度不一样的地方主要在于这些军队都是禁军，皇帝自任大元帅来统率他们，将官都由中央派遣，不能把军队视为私有，所以，不会有军权旁落的祸患。它与宋太祖以来的制度的区别则在于将官与士兵相互熟悉，又能进行切实的训练，而没有了更戍的烦恼。和当今之世的各国制度相比较，只有德国、日本的陆军编制法与他的办法最接近，而现今中国仍然要向王安石学习，还未能达到他的境界呢，荆公远远地超越了他的时代啊。

自从元祐（宋哲宗年号）以来，王安石的新政被推翻了，新的将兵之制虽然没有被完全废除，但却给予州县官员统辖军队的权力，与军队将领分权，使得军令不能由一个地方发出，士兵的懒惰也就日甚一日。逐渐地，女真人长驱直入，没有人可以防御，而宋朝也就从此南渡了，多么可悲啊！

第三，保甲法。

裁军，重新编制军队，都是王安石的权宜之计，借以聊救时弊罢了。如果说到他的根本政策，还不在这里。王安石大概是一个主张全民皆兵的人，要想达到这个目的，必须废除募兵制，改为征兵制，于是保甲法应时而出。

保甲的性质有两点：其一是地方自治体的警察制度，其二就是后备兵员的民兵制度。王安石创办保甲的用意本来是想改革兵制，但他却从建立警察制度开始下手，所以先要谈谈关于警察的保甲。熙宁三年（1070 年），开始颁布了保甲法，其内容如下：

（一）十家为一保，五十家为一大保，十大保为一都保。

其中同一保之内不够五家的，可以参加别的保。有从外面加入本保的，也可以收入同一保内，等到满十家后则设置一保。

（二）每保设置保长一人，每大保设置大保长一人，由主户中有能力的人充任。每个都保设置都保正一人，副保正一人，由众人所折服的人担任。凡是都保正和副保正都由选举产生。

（三）每户有两丁以上的，选择其中一人担任保丁。单丁、老幼、病患、女户等不论多少，都要求就近依附一保。家有两丁以上并有强壮余丁的户也依附保内。

（四）凡是不被禁止的兵器都允许保丁练习。

（五）每个大保夜间轮流安排五个人防守戒备强盗，凡是有所捕获的时候，都要对当事人有所奖赏。

（六）凡是同保中有人犯有强盗、杀人、放火、强奸、掠人（劫掠人口）、传播学习邪教、下毒伤害人畜等罪行，而同保之内知情不报的要加以惩罚，但如果不是法律所要进行纠正的，就不用告发。

（七）有人窝藏强盗三人以上超过三天的，邻保即使不知情，也要以失察治罪。

（八）这个法先在京城周围各县实行，以后陆续推广到诸路。

由此看来，保甲法最初的性质与当今世界的警察制度是很相似的。而所谓警察权，应该是委托给地方自治团体的一种权力。警察权应当集中于中央，还是分散到地方呢？应当任命官吏专任其职，还是选举人民兼任其职呢？这两种办法各有利弊，至今许多政治学者也没有一致的意见。然而，在幅员辽阔的大国，中央政府的力量不仅做不到宏观管理，也很难具体到细枝末节。至于委任官吏来做这件事，并不如让民众自我管理好。王安石的保甲法就是地方警察制度的性质。不过，王安石实行保甲法并不仅仅是为了组建警察制度而已，更重要的是想改革募兵制为征兵制，只是要借保甲法奠定一个比较好的基础。当时大宋有一种义勇兵，人数也不少，但是它的作用不大，和禁兵、厢兵差不多。王安石想用一种新的形式改变其精神，这才是保甲法的本意。刚开始讨论的时候，朝廷上没有谁认为这样做是对的，王安石与宋神宗以及各位大臣反复辩论，最终说服了他们，新法才得以实行。《宋史·兵志》记录了这场辩论。

皇帝说："府兵制与租庸法是不是应该相互配合、相互依存呢？"

王安石说："如今的义勇、土军轮流执勤服役，每月都有禄米供应给他们，那么无论贫富，他们都能入卫出戍（入可以保卫国家，出可以抵御外敌），虽然没有租庸调法，自以为也是可以做得到的。这些义勇兵都是良民，应当根据礼义给予鼓励和奖赏，但如今都颠倒过来了，在他们手背上刺字，花费很多钱粮去训练他们，让他们运送粮草，这三件事都是他们不喜欢的，如果驱使他们去上阵杀敌，更是他们所畏惧的。"

意思是说朝廷不能连这些义勇兵也要养起来。

冯京说："义勇兵中也有想以自己的力量讨好施恩于他的人啊。"

王安石说："想要表现自己的力量，但力量有所不足，就不想再进取了，这是因为朝廷施恩过滥，最初给予他们奖励，也不是鼓励他们在战场上英勇杀敌。如今想要利用这些义勇兵，就应该反其道而行之，使得危害在于不当义勇兵，而好处却在于当了义勇兵，这样才能改变社会风气，众人的武艺也就可以练成了。我希望从乡间豪杰中挑选一些人做将官，稍加奖励提拔，他们就会心悦诚服。况且，如今招募士兵来守卫京城，其中竟有慢慢升官至刺史，也就是州一级长官以上的，用这种办法对待义勇兵，也没有什么不可以的，何况不至于花费这么多俸禄，已经足以使得他们趋之若鹜了。皇上如果真能从身边的大臣中挑选一些很有做事才能的人，到了需要的时候，可以派遣他们去率领这样一支军队。如今招募的士兵有许多都是无赖之人，还可以领导禁军或厢军，皇帝身边的这些大臣难道还不及此辈吗？这也是先王现成的法度，国家的长远之计呀。”

皇帝说：“是这样。”

皇帝又谈到了如何节省国家财政的问题。

王安石说：“裁减军队是最急迫的。”

皇帝说：“和庆历（宋仁宗年号，1041—1048）时相比，已经减少很多了。”因此列举了河北、陕西两路的军队数量，担心招募的士兵太少了，又缺少认真的训练，一旦有了紧急军情，也许会耽误大事。

王安石说：“认真训练招募来的士兵，从而鼓励三路之民都学习军事，很多兵就可以省了。我曾屡次指出，河北过去一直是武人割据，对内抗拒朝廷，对外抵抗四邻，也曾经抵御奚人和契丹，兵员储备很充足，不用向外面求援。如今，河北人口滋生繁衍得很快，又有整个天下的财富来资助，好像还经常感到不足。让他们抵挡一面之敌，他们的设施还不如武人割据的时候。如果说三路的事情有需要谋划的，就在于如何利用老百姓而已。”

皇帝又说：“戍守边疆的士兵承担不了保卫边疆的任务，白白浪费许多粮草和衣服，然而边防的守备力量又不能削弱。”

王安石说：“今天一定要裁减军队的话，的确就少了应付危机的力量，而不裁减又不知会大量消耗国家财富到什么时候。我以为，如果不能稍微恢复一些古代的制度来治理军队，中国要成为一个富强的国家怕是很难的。”

皇帝说：“唐朝建都在长安，府兵比较多地驻扎在关中地区，目的就是要巩固国家的根本。如今本朝建都关东（开封），府兵如此强盛，为什么京城的军队反而不足以防备四方的动乱呢？”

王安石说：“府兵在他驻防的地区有所作为，又可以命令他到京城来守卫，也就不用担心国家的根本不稳固了。”

韩绛、吕公弼都认为让府兵担任京城的守卫很难。

文彦博说：“像曹州、濮州人，专门做盗贼，难道可以让他们来守卫京城吗？”

王安石说：“曹州、濮州的人就没有被招募的吗？那些都是狡猾无赖之徒，尚不足为虑。义勇兵都是良民百姓，又任命有一定财产的农户出一人担任将官，怎么反倒怀疑他们呢？”

陈升之想让义勇兵去戍守附近的州郡。

王安石说："皇上如果想要克服数百年来募兵制度的缺陷，就应该果断一点儿，详细地制定法律，把实施的细节也要制定好，不然就没有办法弥补了。"

皇帝说："制度能够实行在于有法律，应当把条例预先做好，之后再逐步推行。"

文彦博等人又认为士兵是很难使他们到千里之外出戍的。

王安石说："前代征讨琉球、讨伐党项，用的不是士兵吗？"

皇帝说："招募的军人专门用于作战，因此可以依赖。至于民兵，军事、农业各一半，可以靠他们去作战吗？"

王安石说："唐代以前没有在脸上刺字的兵一样可以作战。我认为，募兵与民兵没有什么区别，就看任用的将帅怎么样。将帅并不难求，就看皇上能不能发现他的才干，并善于驾驭他。如果皇上能发现他们的才干，又善于驾驭他们，那么人才自然会涌现出来并为皇上所用，也就不担心没有将帅了，而有了将帅也就不担心民兵不能作战了。"

宋代有"刺字为兵"的传统。

皇帝说："从国家的长远政策考虑，一定要使百姓纳入军队的基层建制，这样做既节省了养兵的费用，又能使兵卒的数量大量增加，而且能与招募来的兵卒相互为用。"

王安石说："为了使国家和民间的财富都不致匮乏，为国家的长远利益考虑，应当尽快变革募兵法。"

皇帝说："如果要变革募兵法，枢密院认为一定会发生唐朝的建中之变。"

王安石说："皇上鞠躬尽瘁、勤勤恳恳地治理国家，上下之间互相信任，没有发生这种事的道理。建中年间之所以发生动乱，是因为唐德宗任用卢杞这样的人而疏远陆贽这样的人，没有亡国已是他的幸运。"

当时有人散布谣言，说朝廷实行保甲法，训练乡民，是要送他们到边疆去打仗。乡民们都非常惊恐不安，有的父子抱在一起痛哭，有的自己把自己弄成伤残，只为了避免参加训练。韩维等人要求暂时停止实行保甲法，来安抚老百姓。

王安石说："就保甲来说，人人希望能轮流执勤，这是人之常情，没有什么可惊慌、疑虑的。而且，如今那些窝藏盗贼的人和做了盗贼的人一定不喜欢新的保甲法。皇上，请看长社县的情况，在这里捕获的盗贼正是由于有了保甲而被迫在外逃亡的人，这些人大约有三十个。他们既不能被容留在京城附近，又被附近的郡县所拘捕，无计可施，于是就去煽动不明真相的老百姓。听说为首的煽动者已经被捕，而且来到京城的人不过二十几个，以十七县十余万家之众，被煽动的只有二十几个人，应该不算多。自古以来，做事没有不靠权势来领导众人却能让上下一致的。如果放任自流，谁肯服从命令？如果靠法律驱使他们，又不是人们所希望的。作为一个掌管天下万民的人，如果只能顺应民意，听任其自由选择，又何必设立君主和官吏呢？如今，要实行保甲法，最好先派遣官吏传达皇上的旨意，然后再按照我们制定的方法去推行。

一天，皇帝对王安石说："曾孝宽告诉我，老百姓有砍断自己的手指来告保甲的。"

王安石说："这件事最初是从蔡驷那里得到的消息，赵子几派蔡驷去询问查验，不过是有个人因为砍木头误伤了手指，有几个人都可以做证。大概这个保甲法上自执政大臣，中间还有一大批翰林学士和中书舍人，下面则是盗贼和窝藏盗贼的人，他们都不希望它能够实行下去。然而，我曾召集乡人询问他们，都说很好。也许有砍断手指以躲避做保丁的人，但不都是这样。何况，保甲法不仅是为了防盗除盗，还有更重要的是要训练他们渐渐熟悉军事，成为真正的战士。如果这些人都能掌握一定的军事技能，又有旗鼓作为他们的联络方式，并且答应他们免去赋税，就可以使他们轮流执勤来取代巡检的士兵。另外，自保正以上的人如果能够捕捉强盗，还可用提升奖励他们。这样一来，人们就会争相劝勉，然后使他们与正规军队相互配合，不仅可以消除禁军的骄横之气，还可以节省国家的财政经费，这是国家的长久之计。”

皇帝于是将三路义勇兵按照京城周围所实行的保甲法进行改造。

冯京说：“义勇兵已经有了指挥使，指挥使大概就是这个乡里的豪杰人物，如今又要实行保甲，那么，让谁来担任大保长呢？”

王安石说：“古代民众居住在一起，这个地方就是乡，五家为一比，比有比长。等到用兵作战的时候，也就是五人为一伍，伍有伍司马。二十五家为闾，闾有闾胥。而到了作战的时候，二十五为两，两有两司马。两司马就是闾胥，伍司马就是比长。事情不同，名称不同，名称随着事情而变化，这是三代以来所实行的六乡六军的办法。这种办法在书上有记载，自从夏以来一直到周朝，就没有变过。秦国虽然分割阡陌，破坏了井田制，但军队的基层建制仍然仿照古代的制度，这是他们兵强马壮的原因，近代只有府兵和这种办法比较接近。如今我们抛弃了已有的好办法，反而固守五代以来造成天下大乱的办法，这样做不能使我们的国家安定和强大是没有疑问的。然而，人人活得都很安然，一副满不在乎的样子，不认为因循守旧是可以忧虑的，这是一种短浅的见识。”

有人说：“保甲不能代替正规军轮流执勤。”

王安石说：“等到他们训练成熟时，就可以轮流执勤了。而且，东兵的武艺也未必能比义勇保

宋朝守卫皇宫的执勤，分为东西各若干班，东班也称东兵。

甲兵更优秀，我看广勇、虎翼二军的士兵就是这样。如今被招募来的这些兵大多数都是社会上那些狡猾顽劣、投机取巧的人，不能振奋精神。而那些农民却很朴实用力，服从命令，国家有了危难，没有谁像民兵这样可用。”

冯京说：“太祖皇帝征伐天下，为什么不用民兵呢？”

王安石说：“太祖时，五代刚刚结束，各方面都很艰难，豪杰多以从军来获取财富或地位。如今老百姓安居乐业，在军队中不再有像过去那样提拔他为公侯这样的事了，豪杰也就不再服务于军队了，而应征来当兵的人只是一些投机取巧、不能振奋精神的人罢了。”

这是王安石舌战群儒啊，并不比诸葛孔明逊色，形象生动，仿佛一台话剧。

文彦博说：“用圣人的道理来辅佐君主的人不能靠炫耀武力来使天下臣服。”

王安石说：“靠武力使天下屈服不是圣人的道理，然而真正懂得圣人道理的人一定都是能柔能刚、能弱能强的人。只有能够刚强，才不至于太柔弱。炫耀六军固然是先王愿意做的，但也不能专门炫耀武力。”

皇帝说：“保甲义勇兵所需要的粮草应当预先做好计划。”

王安石说：“用减裁募兵的费用供应保甲义勇兵就可以了，保甲义勇兵所需的费用只是养兵费用的十分之一二。”

皇帝说：“京城周围的募兵和过去相比已经裁减不少，为了保证京城的安全，不能完全裁减掉吧？”

王安石说：“已经有了保甲代替他们服役，也就不需要再养募兵了。如今京城的募兵跑的跑，亡的亡，一个季度就没了好几千人，只要不再招募填补，自然就减少了。既然厢兵已经很少，禁兵也不多了，我希望能尽快训练民兵，民兵训练成了，募兵也就可以裁减了。如今的保甲法规定了武艺的八个等级，达到优秀就有奖励，人人都能自觉地练习，不必等到轮流执勤的时候再练。我希望通过数年的训练，他们的武艺不仅可以胜过义勇兵，一定还能胜过正规军。正规军的训练靠法令约束，不同于保甲人人都有上进心。”

以上就是最初实行保甲法时王安石在朝廷之上与众人辩论的表现。我不厌其烦地详细摘录这些对话，一是因为保甲法是王安石重要的精神寄托，应该大力传播；二是《宋史》所载王安石的政绩总是十分简略，没有办法考见他立法的精髓、意义，只有《宋史 · 兵志》在记录此事的时候稍微详细了一些，因此需要我们将它们发表出来，让更多的人看到。

啊，我读到这里不得不感叹荆公见识远大，忧国之心极诚恳，做事坚毅勇敢，旷古以来没有人能和他匹敌。对于一个国民来说，服兵役是我们对国家最大的义务，在天地之间是逃避不了的。所以，士农工商都可以成为士兵，绝不能在士农工商之外再人为制造一个所谓兵的阶级。如果在士农工商之外还有这样一个兵的阶级存在，那么这个阶级一定是这个社会藏污纳垢的地方，这些兵也没有可以用的地方。宋朝由于实行了募兵制，导致兵成为社会上的一个阶级，它所带来的弊病当年那些贤德之人已经说得很详细了。

难道一定要到宋朝去寻找证据吗？就以当今的旗兵、绿营和防勇来说，其腐败程度是我们每个人都看得到的。王安石希望能够清除这种弊病的根源，才发现了专门利用乡兵民兵的办法，曾国藩、胡林翼、江中源、罗泽南治理湘军大有成效，用的也是这个办法。“农民都很朴实用力，服从命令，听从指挥，在国家有了危难的时候，只有民兵是最靠得住的。”我们读曾国藩的信函，其中这样的论述是很多的，不可计数。如果不是认真做事而且很有经验的人，未必能够认识到这一点。他们所使用的方法首先是按照礼义的标准奖励和供养他们，然后又用荣誉去鼓励他们，使得他们既免除后顾之忧，又具有荣誉感，曾国藩、罗泽南诸位贤人都靠这个来建功立业。

日本人每天夸耀自己的民族的大和魂，他们在战场上屡次取得意外的胜利，让世界各国瞠目结舌、备感惊奇，也是凭借这个东西。而中国自秦汉以来两千年间所谓的士大夫何止千万，了解这一点的能有几人？了解它并能把它付诸实践的又有几人？

王安石在当时所推行的各种新法中在保甲法上倾注的心力最多，而他受到的诽谤、抱怨也最厉害。大概其他各种法律主要还是以便利百姓为主，所以批评他的人只有朝廷上那些意气用事的人，老百姓没有人应和。只有到了保甲法，因为和裁减军队相互为用，所以募兵怨声载道，这是其一。由于它的职责就像现代警察，负责维护社会治安，那些做了强盗和窝藏强盗的人自然也不喜欢，这是其二。但这还不是它最受指责的地方，作为一项法律，要让全国每个成年男子无论贫富，无论贵贱，都要习武练兵，还要用纪律来约束他们，那些不愿意做这件事的人也有抱怨，这是其三。

事实上，人之常情都是好逸恶劳的，喜欢放纵自己，而不喜欢被束缚。何况数千年来中国人民习惯了放任自流，尤其到了宋朝中叶，就更加严重，法度荡然无存，上下都习惯了投机取巧、怠惰偷安，已经成为一种本性。一旦把他们组织起来，向他们提出要求，劳其筋骨，并增加他们的负担，老百姓就会觉得对自己很严厉，一定要有所表现。所以，当时朝廷上的大臣听到的和看到的有砍断手指以逃避做保丁的，有父子抱在一起哭号的，这种情况是可以理解的，未必都是虚构的诬蔑之词。尽管如此，这些能够成为批评保甲法的理由吗？子产有“孰杀之歌”，孔子有“麛丧之谤”，任何一个政党在改革之初，大多数人都会感到十分痛苦，难道由于这个原因就放弃改革，不再实行新法了吗？那天下也就没有能够革除的弊端了。王安石曾说过：“自古以来，做事没有不靠权势来领导众人却能让上下一致的。”又说：“如果只能顺应民意，听任其自由选择，又何必设立君主呢？”这很像法家主张专制的言论，但政治学的原理其实就是这样。专制制度为人所厌恶，是因为它以个人利益危害国民、危害国家，如果所做的事情是有利于国家、造福于人民的，那么手握大权的执政者强制执行他的政策，有什么不好呢？要求国民必须尽到服兵役的义务，这正是国家必须做的，如果有人要抗拒，就是对国家的叛逆行为。但即使对这样的人，当时的王安石也没有简单惩罚一下了事，而是反复劝说，期待他们慢慢地觉悟，并用奖励劝勉的方式诱导他们。在这里，我看到了一颗充满仁慈的心，而非议他的人却以为他所实行的是“束湿之政”，这是一群有眼无珠的人所持的论调，真是不足以和他们讨论是非啊！

历史有训练保甲成为民兵的记载：

熙宁二年（1069）十一月开始建立《府界集教大保长法》，以王中正、狄谘兼任提举府界教保甲大保长，总共二十二个县，建教场十一所。大保长总共两千八百二十五人，每十个人训练一种事艺，配备教头一人。禁军配备教头二百七十人，都教头三十人，使臣十人。弓有八斗、九斗、一石，共为三等；弩有二石四斗、二石七斗、三石三等；马上射箭有九斗、八斗二等；才能超群的为头等。训练的时候，每月发给俸钱三千贯，每天供应食物，官府还发放武器、战袍，并以银碟、酒醪作为犒赏。

熙宁三年（1070），大保长学成武艺后便成立民团，教练阵法，以大保长为教头，训练保丁。每个都保按照远近编为五个团，在本团都、副保正的居住之地选择空地进行教练。学成武艺的大保长十人一组，轮流教练，五天轮换一周。保丁被分成五队，其中一队教练骑术，兼习马枪，两队教练弓箭，两队教练弩。在开封府界搞好了，再推广到三路，每一路各派文武官员一名任提举，河北路是狄谘、刘定，陕西路是张山甫，河东路是黄廉、王崇拯，支取封椿、养赡、义勇、保甲的钱粮用于民团训练的经费。这一年，皇帝将亲自检阅开封府界保甲民团练成武艺的士兵，录用那些练就武艺的人，剩下的则赏赐他们金帛。

熙宁四年（1071），将五路义勇兵改为保甲。这一年，开封府界、河北路、河东路、陕西路对保甲进行统计，都保共有三千二百六十六个，其中保正、保长、壮丁共有六十九万一千九百四十五人，每年节省养兵费用一百六十六万一千四百八十三贯，每年增加训练民兵费用三十一万三千一百六十六贯，而用于民团教练的赏钱，只有一百万贯多一点儿，这里就不多说了。

到熙宁九年（1076），据说，义勇兵、保甲和民兵共有七百一十八万二千二十八人。

安石啓：過從謂必得奉
見，承
書示，乃知
違豫，又不敢謁見，惟祈
將理，以副頃盼。又宣。安石上
通判比部 閣下

王安石致通判比部尺牍

这是保甲法在熙宁年间推行的大概情况。

王安石治理保甲，成绩卓著。保甲开始发挥其警察的功能，盗贼很快就被平息了。在这之前，开封周围有许多强盗，他们攻劫杀掠，每年大约有二百起，到现在却一起都没有了。仅长野一个县，在开封附近捕获的盗贼就有三十人，他们都是被保甲追捕无处藏身四处逃窜的人。然后又通过保甲训练民兵，训练刚开始时，议论纷纷，等到训练结束，武艺学成，超过正规军队。用于训练的经费以及日常消费、奖励和赏赐的钱都从封樁各库和禁军缺额所节省的经费中支出，没有用国家财政一文钱。负责农业的官员亲自主持这项工作，监督、检查都非常精细，县里官员如果有人强迫保甲置办军服，增加百姓负担，骚扰百姓，都要给予严厉处分，所以人们没有敢不遵守法令的。而且，奖励十分优厚，那些在外做官和有实力的家庭，他们的子弟都欣然前来报名参与。由此看来，王安石和宋神宗经营十余年的苦心，可以说没有被辜负啊。可是，宋神宗尸骨未寒，他们的良法美意就完全被破坏了。

元丰八年（1085），宋哲宗继承皇位，当时任陈州知府的司马光首先上疏要求停止实行保甲法，他写道：

（前略）自从唐朝开元年间（唐玄宗年号，713—741）以来，利用民兵的办法已经不成了，戍守攻战都靠招募的长于征战的士兵，民间哪有懂得打仗的人？我大宋建国已经一百多年，天下太平，四方无事，头发花白的老人都不认识兵器。一旦在田间务农的人都穿起军服拿起武器，在田野里奔跑驰骋，那些德高望重的老人都叹息不已，以为是不祥之兆。这件事从一开始调度就很混乱，挨家挨户地骚扰，一户都没有遗漏。朝廷又时常派遣督查的人到处巡视检阅，每到一个地方就滥发赏钱，浪费的钱财何止千百万。这些钱财都是很残忍地从老百姓手里一分一尺收敛来的，使用这些钱财的时候却视如粪土一般。那些乡民百姓只会觉得劳役很辛苦，不会因为给他奖赏就感恩戴德。农民这样辛劳，国家的花费又是如此之大，而这些民兵最终能发挥什么作用呢？如果让他们捕捉盗贼护卫乡里，则用不了这么多人。如果让他们戍守边境，从事征伐，则那些生活在边远地区的外族民众平时就靠骑马射箭为生，攻伐作战是他们的风俗，从小到大没有别的事情。而中原的老百姓大多数从事农业，在田间劳作，虽然把兵器发给他们，教他们武艺，在练兵场上按照阵法或进或退，看上去很整齐，很有章法，但如果派遣他们和敌军遭遇，刚一击鼓鸣镝交战，就可以预料到他们会溃败，这一点不用怀疑。（后略）

啊，司马光指责保甲法的那些理由也不过如此了！我今天就试着和他讨论一下。他说百姓不知道打仗是怎么回事已经有上百年了，所以不能恢复民兵是形势所迫。但是，人为万物之首，最为尊贵，其原因就在于人是善于学习的，就算以前没有见过或亲身经历过这样的事，如果国家用奖赏来鼓励他们学习，那么没有不能训练成功的，更何况百年之前的遗迹并没有完全湮没呀。如果按照司马光的说法，国家一切教育训练的事业都可以不做了，为什么只说保甲呢？他还说，那些德高望重的老人都不认识兵器了，见到身穿军服、手拿武器的人，会叹息并认为是不祥之兆。这些话就更加可笑了。大臣应该为国家谋划百年大计，但是他的政策却取决于边远乡村那些年事已高的老人，天下的事就可以想见了。正是由于人民不认识兵器、不熟悉战争了，执政的官员才主张振奋其精神，并认为这是一件迫不及待的事情。宋神宗和王安石以亲力亲为的精神，要在严格规定的限期内，看到对普通百姓进行军事训练的成果。如果像司马光说的那样做，举国讳言打仗，执冰以嬉，对于歌舞升平来说是很好了，但此后北方外族长驱直入，百座城池都望风披靡，我却不知道它祥在哪里呢。

他还说，保甲法刚开始实行的时候，调度很混乱，每家每户都受到骚扰。任何事情在开始实行的时候，由于缺少经验都会遇到一些问题，举措也会有失当之处，这是在所难免的，但要看它是否值得去做。如果值得做，即使遇到一些困难，发生一些问题，也应该坚持下去，不能戛然而止。何况司马光说这番话的时候距离熙宁初年开始实行保甲法已经过去十七年了，官吏已经熟悉了此法，而且法令也已经有了成效，这时却翻出老账，这公平吗？况且，过去因为百姓不熟悉军事才要兴办这样的民团进行教练，也许骚扰了百姓，但今天要把百姓已经熟悉的生活完全改变，难道不是另一种骚扰吗？以暴易暴，尚且是不可取的，何况以暴易仁呢？

他还说，用于奖励和赏赐的钱财浪费了国家财政，表面上好像是这样。但为什么不想一想，保甲的经费其实来自封椿各库和禁军缺额所节省的军费，并没有动用国家财政一文钱。他也不看看熙宁四年（1071 年）的统计数字，由于改行保甲的原因，每年节省军费一百六十余万贯，而保甲和犒赏所需只有一百三十余万贯，两者比较，还能节省不少于三十万贯钱。实际上，为了保持国家的实力，这些钱有时是不能省的。如今世界各国，不惜花费数以亿计的资金来发展海军，就是这个道理，何况它在前面已经节省很多了。司马光的这种说法不过是要迷惑皇帝罢了。

至于他最后的论调，以为中国人虽然加以军事技能的训练，也是毫无用处的。他这样说，即使判定他犯有侮辱国民之罪，也没有什么不可以的。按照他的说法，似乎外国人就永远适合充当征服者，而中国人就永远适合充当被征服者。既然中国人经过训练仍然不适合征战，那么那些招募来的士兵难道不是中国人中的一分子吗？以前的这些募兵是不能抵御外族来犯的，这种情况，五尺童子都能了解，难道司马光竟不知道吗？如今只是指责保甲制度不能应付战争，却不提出哪种办法可以应付战争，推测司马光的用意，是不是可以认为以臣民的身份对待北方外族是天经地义的，没有谁敢于挑战这个事实呢？唉，当时那些贤德之人对新法不满的理由大概也就是这些了。从保甲法这一件事来看，其他的就可以类推了。

自从元祐年间废除保甲法之后，元符二年（1099 年）虽然有人提议恢复，但终于没有实行。到了宋徽宗崇宁（1102—1106）年间，蔡京这个反复小人借口恢复神宗时实行的新法，再次提倡实行保甲法，但从精神到形式都不是王安石搞的那一套了。高安的陈汝锜说得好，他说："宋朝是个武力衰败而国力贫弱的国家，武将的权力在酒宴上被解除，地方的兵力就衰落了。守卫天子的禁军承担了戍守边境、征讨异族的任务，京城的守备也就衰弱了。招募游手好闲的人，给他们刺上字，以充当士卒，既妨碍了当地百姓的生活，又因为供养他们而使得百姓陷入困顿之中，其驻地防御也因此显得很薄弱。所以，金兵一出手，就攻陷了朔州和代州，接着又围困太原，拿下了燕和蓟，直捣汴梁开封，于是才有了南朝（即宋朝）无人之叹，而太后的手诏也有人们不懂军事的遗憾。如果保甲法不被废除，民兵按时进行训练，用兵谋略越来越熟悉，家家都配备了兵器，而且人人都能同仇敌忾，纵然是胡马向南方嘶鸣，又何至于金兵能像自由自在的旅行者那样行进了数千里，竟然没有一城一垒敢触犯它的锋芒！又何至于纷纷召集军队，心情沉痛地下勤王的诏书！

陈汝锜是明朝万历时人。

指南宋的创建者孟太后。

所以我认为，王安石实行保甲法，训练民兵，是已经预料到他日会有一场靖康之难啊。而靖康之难之所以像河决鱼烂一样，就是因为保甲法被破坏，只顶着它的名义，却抛弃了它的实质，国家财政的支出越来越多，而国家的锐气却越来越少，就像驱使有病的妇女和弱小的孩子赤手空拳去和豺狼搏斗，能不马上被利爪和锐齿撕碎吗？想到这些，还会有人诅咒和谩骂王安石吗？”啊，这些话可以说是深得我心啊！保甲法已经被废除，募兵的制度也已被破坏，宋朝即使不想南渡，能够做得到吗？然而使宋朝陷入灾难的是王安石呢，还是司马光呢？

第四，保马法。

保马法就是官府把马送给百姓，由百姓代替官府养马，并且奖励百姓自己养马，等到有了紧急情况的时候，则由官府按照马的价值收购。马是作战的重要力量，军事家是不能忽略它的，所以历代都把马政作为国家的大政之一，即使当今之世各国也是这样做的。宋代时马是稀缺的战略资源，在这之前特意设置了群牧监，常以中枢机构的大臣担任领导，以表示重视这项工作。然而，官府养马弊病很多，耗费的资金巨大，而且达不到繁衍生息的效果。于是到了王安石执政的时候，有了保马法。

熙宁五年（1072年）五月，皇帝下诏开封府界各县保甲愿意养马的人，仍然以陕西一带市场上卖的马选送给养马人。六年（1073年），又下诏司

保与社有所不同，可见保马法很讲政策。

农寺制定养马法，于是曾布等人递上了他们制定的条例，凡是五路义勇保甲愿意养马的人，每户限养一匹，家里富裕有能力的，愿意养两匹马，也听其自便，都由监牧挑选并提供马匹给他们，或者由官府出价让他们购买，但不要强迫。开封府界不要超过三千匹，五路不要超过五千匹。除了追逐盗贼之外，禁止骑马超过三百里。在开封府界，养马人免除征收粮草二百五十束，还要另外给他钱。在五路，养马人每年免除折抵应该缴纳的税金。三等以上的人家十户为一保，四等以下的人家十户为一社，以应对病死马的赔偿。保户马匹死亡，养马人独自赔偿；社户马匹死亡，社里的养马人赔偿一半。每年检查一次马的肥瘦，不允许私自扣留。保马法一共十四条，先从开封府界实行，五路委托监司、经略司和州县推广。

王安石所提出的各种新法中，最不合理的就是保马法了。马是生物，它的肥瘦生死往往不全由人力来决定，要求百姓饲养，有了损失还要让他们赔偿，这样做是为政不得要领。元祐初，很多批评王安石的人争相指出这项法令对百姓有害，从一般常理来看，他们说的并没有错，尽管当时王安石实行这项法令自有他的道理。大概王安石最看重的还是训练民兵，即保甲法的实行。但训练民兵不可以没有马匹，官府不提供就没马可用，而官府想要提供却没有马，所以把马贷给百姓，让他们饲养，以此与甲法相维系。然而，即使为了此事来谋划，也应该有具体的办法和措施。保马法是他在最不应该干涉的地方进行干涉，这是千虑一失啊。如今世界上的各个国家筹划马政的办法其实是很多的，但这无关大局，就不多说了。

第五，军器监法。

兵器不精良，犹如将士卒送给敌人。兵器的重要性自古以来就是这样。宋朝自仁宗以来，已经习惯了天下太平，兵器都已经腐朽得不能再用。熙宁五年（1072年），崇政殿说书王雱（王安石之子）上疏说：

汉宣帝号称贤明的中兴之主，史书上说，宣帝时的能工巧匠要比元帝和成帝的时候更技艺精良，这说明，虽然是政府某个部门的事，却也关系到朝廷的大政方针。如今，我们面临着对外防御边境的祸患和对内防范各地的盗贼两大任务，全国每年征收上来的弓弩、甲胄进入兵器库的有上千万件，其中竟没有一件锋利、结实、便利、实用的。我曾经到一些州府的兵器作坊去看过，制造兵器的工匠极为缺乏，竟到街上临时抓人来顶替，他们制造的兵器只能说是形似而已。兵器库的官吏也只是点清数量，收藏入库，是否能用就不管了。所以，保存的兵器虽多，大多数却是不合格的产品。平时做事如此，到了战争时想要取得胜利，把外族的军队挡在边境之外，国内也能平息盗贼，我觉得这是不可能的。或者想用放松军备来显示天下太平无事，但金、木、丝、麻、筋、胶、角、羽等材料可都是老百姓通过辛勤劳动生产出来的，没有任何理由让工匠毁坏它们，太可惜了。不如改变一下做法，集中几个州府的作坊到一个地方，就像如今监督钱币的铸造一样。选择懂得制造工艺的官员，使他专门负责这项工作，并且招募全国各地的优秀工匠，作为技师。朝廷之内设置管理工艺制造的官员总揽这项工作，检查产品是好是坏，分别给予奖励和惩罚。这样人人都能胜任自己的工作，不用特意责罚就能做得很好了。

皇上接受了他的建议。第二年，便设置了军器监，总管内外兵器制造的工作，设置判官一人、同判一人。最初，这项工作由三司直接负责，至此改由军器监负责。凡是对制造兵器内行的人都可以到军器监来介绍经验，于是官吏和民众中有很多人都到军器监来进献制造兵器的方法。

王雱是王安石的儿子，他的学问、才能都有超过一般人的地方，可惜他很早就去世了，没有机会展示。后来有人不遗余力地诋毁他，就是《宋史》对于这件事的记载，也以为他是在迎合皇上的意思，妄图改变过去的制度。旧制度既然已经如此破败，就是你不想改变它，也做不到呀。我们看他说的这番话，与当今东西各国的做法是完全一致的。大概这些国家要在军事上强大起来，没有不先改善其武器装备的。而既要改善武器装备，就一定要设置专门的官员来做这件事。如果像以前的制度那样，委托各州县的官吏按照惯例上缴，即使想要让它不腐朽，差不多还能凑合用，也是不可能的，还能进行改良有所创新吗？军器监的设立，即使在今日之中国也是当务之急呀，而执政者仍然糊里糊涂，看不到这一点。但王雱在千年之前就说出了这番话，他的见识不是很远大吗？按照《宋史·兵志》的记载，自军器监设置之后，所发明的新式兵器不一而足，工作效率也有很明显的改善。但是，到了元祐初年的时候，全部改弦更张，所有新法完全被废除，还是要求各路作坊继续按惯例上缴，这真是王雱说过的，把工人聚在一起毁坏天地间的有用之材啊！宋朝就是这样做的，虽然不想南渡，能做得到吗？

综合上述情况来看王安石的军事政治改革，大体上都是有道理的，与今日世界各国的军事政治比较接近，而他想要把募兵制改为民兵制，更是治理国家的谋略深远。今日中国仍然不能实行这种办法，但如果不能断然实行这种办法，就很难使中国变得强大起来。但是，他的保甲法完全仿照古人的做法，不仅使全民皆兵，还想使每个人每时每刻都是兵。全民皆兵，没有问题；每个人每时每刻都是兵，这在古代小国寡民的情况下或许还是可行的，却很难在秦以后的泱泱大国中实行这种办法。为什么呢？古代的部落把战争当作国家的第一件大事，而经济不过是为战争提供资金支持罢了。但在世界日益进步走向文明的时候，发展经济就成了国家的第一件大事，而战争不过是保护经济发展的工具罢了。每个人每时每刻都是兵，虽然也说是在农闲的时候习武，但妨碍生产的事情还真是不少，新法没能尽善尽美，这是一个方面。

而且，如果不是所有登记在册的人都成为兵，古代的小国寡民是很难抵御外来侵略的。后世中华大地成为一家，国民的人数从几千万增长到数亿，假使每个人每时每刻都是兵，一来国家用不了这么多兵，二来就是把全国的财富都集中起来，也养不起这么多兵啊。新法有不完善之处，这是第二个方面。

所以，唐朝的府兵变成了彍骑，除了管理国家的人无能，恐怕也是形势所迫，不得不如此吧？然而，王安石的全民皆兵就不能实行了吗？也不是这样。今天世界各国有常备军、预备兵、后备兵，用的就是这个方法。人人都有拿起武器保卫国家的义务，然而他们尽其义务，或一年，或二年，或三年，完成之后则继续做他的农民，除非有了大的变故，否则是不会征调他们的。这是各国都在实行的成法，即使将来有圣人问世，谅也不会有什么改变了。有人说："以王安石的学识，难道这他都看不出来吗？"回答说："王安石大概已经看到了。"又有人说："既然看到了，为什么没有实行呢？"回答："这应该看一看他所生活的时代。"在王安石执政的时候，国家已经有了招募来的士兵一百余万，这就相当于各国的常备军吧。按照王安石的计划，是想全部废除他们而让民兵取而代之。不过，自唐朝中叶以来积弊数百年，改革也不能太快，需要逐渐进行。于是，一方面减少募兵，另一方面用民兵补充它的缺额。这样就有了所谓上番，上番的民兵就是在尽常备军的义务；那些退番的民兵就是尽预备役、后备兵的义务。谁说王安石只是看到而没有实行呢？假如没有反对党的阻挠，且王安石在他的位子上做得更久一点儿，安知今天世界各国通行的军制不是我国在千年以前就创造出来，作为世界模范的呢？

教育和选举
——王安石的政治主张和施政纲领（四）

民政、财政、军政，这三个方面差不多已将王安石的新法全部包括在其中了。此外还有一两项，这里做一下简单论述。

第一，教育。

教育方面的事务是王安石平时最重视的，也是他在《上仁宗皇帝言事书》中谈得最恳切的。等到他执政以后，首先注意到学校。熙宁元年（1068年），增加太学的学生。熙宁四年（1071年），以锡庆院、朝集院作为大学的校舍，把学生调整为三等，初入学的学生为外舍，外舍升入内舍，内舍升入上舍。上舍学生一百人，内舍学生二百人，外舍学生人数不限。后来，内舍学生增加到三百人，外舍学生限制在两千人以内。这一年，还创办了京东、京西、河东、河北、陕西五路的学校，以陆佃等人为各州的学官。其后，各路州府都创办了学校，学官达到五十三人。著有《文献通考》的马端临说，当时大兴办学校，而教官只有这些人，大概是重视作为教育者的官职，不肯轻授滥设的缘故。

有人说，位于意大利博洛尼亚市的博洛尼亚大学是世界上现存最古老的大学，创办于1088年。殊不知，王安石创办的大学要早它二十年。但博洛尼亚大学至今还是意大利的学术中心，有学生十万人，王安石的大学却没能坚持下来，这是我们应该认真思考的。历史有太多的偶然性，但也有其必然性。

学校所教授的内容以经学为主，每人专门学习一经。到了熙宁八年（1075年），王安石把他撰写的《三经新义》一书发给各位学官，

《书经》即《尚书》。

要求在学校里讲授，三经就包括了《周礼》《诗经》《书经》。

《三经新义》也是当时及后世许多攻击王安石的人的一个借口。据历史记载，苏嘉在太学读书，老师颜复曾经以王莽变法和后周宇文氏变法为题考这些学生，苏嘉在文章中极力表示对变法不赞成。他的文章被老师列为优等，激怒了王安石，把各位学官都赶走了，让李定、常秩同判监事，重新选用学官，不是执政者喜欢的人一概不要，此后就颁发了《三经新义》一书。考察王安石平日的言论，他总是把一种学术当作端正人心的根本。那么，历史中的记载应该不是对他的诬蔑，这实在是王安石为政纲领中最丑陋的部分。大概社会要不断进化，确保其思想自由是第一位的。所以，当今之世谈论政治的人在各个方面都要求整齐划一，把这当作惯例，只有在学术上则完全相反，主张百家争鸣，信仰则尊重每个人自己的选择。真理总是越辩越明，人的心灵只要疏通，就不会枯竭。用强制的手段要求大家信奉一种思想，这只能使思想被禁锢。自从汉武帝罢黜百家以来，中国学术史上再也没有光芒四射的局面，就像王安石这样一个优秀的人，在这方面也重蹈覆辙，真是可悲啊！

不过，王安石当时并非在《三经新义》之外完全排斥其他思想，只不过要求大学以此作为教材罢了。既然设立大学，必定要有教育者，而且教育者必定有他所主张的学说。大学既然作为一个国家学术的生产部门，它的思想一定会在社会上作为主导而存在，这也是势所必然，是不能回避的。就像今日的日本，其帝国大学有两三位老辈学者的学说颇为一些年轻学者所反对，受到他们的抨击，但全国大多数学者还是要学习他们的学说，这也是没有办法的事。既然如此，也就不能过多地责备王安石了。如果因王安石排斥其他思想，就认为他破坏思想自由的话，那么他其实并没有禁止其他思想的传播，不过是提倡自己一家的主张罢了。学者有了他所主张的学说，一定想使其发扬光大并因此而改变世界，这不仅不违背常理，而且是负责任的表现，王安石有什么错呢？如果一个学者没有自己的主张，只是揣摩执政者的喜好，以此来换取高官厚禄，这才是学者在犯罪，而倡导新的学说的人并没有犯罪。

自从元祐年间将《三经新义》废除以后，南宋时的学者更是不遗余力地攻击《三经新义》，从那时开始，数百年来很多学者都羞于提它。《三经新义》中的《诗义》《书义》出自王安石的儿子王雱和学生之手，如今已经不在了。只有《周官新义》一书为王安石亲自撰写，清朝乾隆年间编修《四库全书》，还从《永乐大典》中找了出来，加以重新编辑，现在还可以见得到。我曾经找来读过，其中精要之处是很多的，实在是为我国经学研究开辟了一条新路，从汉代到今天，没有能够超过它的。这一点我会在“王安石的学术成就”一章中专门讨论，这里就不啰唆了。

但学者不认真思考，就随声附和，大肆诋毁、排斥、抵制王安石的思想，这就是韩愈说过的“蚍蜉撼大树，可笑不自量”吧？王安石不曾禁止别人学习他之外的学说，倒是反对王安石的人禁止别人学习王安石的学说。既然如此，那么束缚思想自由、言论自由的人是王安石呢，还是王安石的反对者呢？这又是不能不认真考察的。宋哲宗元祐元年（1086 年），国子司业黄隐焚烧《三经新义》的书版，禁止学生们诵读他的书。大学的许多学生听说王安石去世了，想要设立灵堂进行祭奠，也遭到禁止。第二年，皇帝下诏禁止科举考试使用王安石的《三经新义》和《字说》。宋钦宗靖康年间（1126—1127），一个叫杨时的人上奏朝廷，竟把王安石的著作斥责为邪说，认为它污染了学者的耳目，请求朝廷追夺他的王爵，使歪理邪说不再迷惑学者。宋高宗绍兴六年（1136 年），张浚为宰相，又一次重申禁止王安石学说的传播。由此看来，以王安石对比诸位贤德的学者，他怎么样呢？当时，看到杨时诋毁王安石的学说，御史中丞王过当即在朝廷之上弹劾他：

五经的意义很精深，因而各家的学说常有不同，这是很难避免的。把自己可以接受的视为正，把自己不能接受的视为邪，这是一种很大的失误和偏颇。前不久有人斥责苏轼的学问为邪说，并加以禁止，如今已经解禁了，允许采用他的长处，这实在是一种通达的见解。祭酒杨时矫枉太过，又来诋毁王安石的学说，把它视为邪说，这也是不对的。学生们习惯了引用王安石的学说，现在杨时提出要禁毁王安石的书，不允许学生们阅读，他们便聚集起来去找他理论。杨时竟闭门不敢出来，不得已，学生们才散去，这也足以证明杨时的做法是不能服众的。

这番话可以说是正确的观点。杨时是什么人呢？他是程颐的学生，曾依附于蔡京，谋得个一官半职，学者都尊称他为“龟山先生”，他在孔庙中享受“从祀”的规格，至今没有被废止。而这些儒家学者之所以尊敬他，大概是因为他在排斥王安石学说的时候贡献最大。当时程颐的学生们自以为他们的学说是孔子的正统，凡是和自己不同的，都加以排斥。他们著书讲学，排斥别人的学说以宣扬自己的学说，这固然是学者的本分，应该这样做的。但是，为什么要借助皇帝的力量来封天下人的口呢？宋代的党争在此之前不过是政见不同罢了。等到程颐的门徒得了势，开始是禁锢苏氏的蜀学，不久又提出禁锢王学，从此以后，学界的党争也日益激烈起来，而政界更加水火不相容，以至到了宋朝末年，追究起是谁造成的这种祸端，正派的人不能不对杨时这些人深恶痛绝。

此后，庆元年间（宋宁宗年号，1195—1200），韩侂胄和胡纮指斥朱熹的道学为伪学，并将朱熹一派及其同情者定为“逆党”，史称“庆元党禁”，读史的人都很反感这种现象。韩侂胄的禁伪学确实做得不对，然而是否想过那始作俑者是谁？韩侂胄的做法不过是请君入瓮而已。程朱理学虽然不是我所愿意学的，但我仍然敬仰它，怎么敢狂妄地诋毁它呢？然而对于诸位君子的妄自尊大，排斥异己，非但不敢附和，而且认为中国最近这数百年来学术的不发达就是程朱这些人极力束缚人们的思想造成的，他们是逃避不了这个责任的。本来没必要谈到他们，因为说到王安石的经义，才涉及此事。

熙宁五年（1072年），又建武学堂于武成王庙，选择文官、武官中懂得军事的担任教授，讲解各家的兵法，编撰历代用兵成败的经验和教训，以及前世忠义之士的气节操守，对足以成为典范的进行讲解，学生的名额限制在一百人以内。

熙宁六年（1073年），又在大学设置律学教授四人，凡是在职的官员和学生都可以根据自己的情况入学。同年，皇帝又下诏要求各科进士和被选入官的官员子孙都要加试断案和律令的要旨。

后来，又在大学设置了医学教授，挑选翰林医官以下的官员、上等学生以及社会上的良医来担任，学生通常经过春试来选取，以三百人为限额，设有方脉科、针灸科、疡（创伤）科，考察、提升、补缺的办法大概和其他各学科相同。考试合格的最高可以做到尚药局医师以下的职务，其余的按照等级补官，去做本学博士正录或外州医学教授等。

这是王安石教育施政的大概情况。我们看他的规划实施，基本上还是注重京城的大学，各个州县的学校规模似乎都不大完备。不知道是史书没有记载，还是当时的力量尚有不能达到的地方。至于他的大学，和今日欧美各国相比，虽不能说完备，但看它有律学、医学等学科，与经学并重，就可以说分科大学的制度是从这里开始的。它的起源比起英国的阿士弗大学（疑为牛津大学——编注）更加古老，如果不是中途被废弃，他的事业能继续到今天，难道不足以为之自豪吗？然而，即使像这样仅仅昙花一现，它也已足以成为我国学术史上的荣耀了。

当王安石最初设置律科的时候，司马光上奏说："律令敕式都是做官的人必须掌握的，何必设置一科呢？假如让学生预先学习它，那么不合乎礼教的行为正是刑罚要制裁的，作为一个读书人，如果能深明大义，自然也能遵守法律，如果他不懂得道义，那么学习法律只能使他成为一个刻薄的人，为政的时候怎能奉公守法呢？这样做也不能培养人才、敦厚风俗。"啊，在今天法制思想盛行的时候，稍有见识的人都知道司马光的这种论调是错的，不用深入地和他讨论。果然像他说的那样，则当今之世各个文明国家，不是曾经学过法律的不能担任官吏，那么他们那里还会有奉公守法的人吗？我一直不理解，司马光对于王安石的每个举措，无论大小，一定不遗余力地进行反对，他到底是怎样的一种居心呢？我也不理解后世那些读史的人，他们对于当时的每个举措，无论大小，一定袒护司马光而贬低王安石，他们又是怎样的一种用心呢？

第二，选举。

科举取士不是王安石想要做的，他的《上仁宗皇帝言事书》论述这件事的弊病是非常详尽的。等到他执政以后，却仍然没有改革，这是为什么呢？其中的理由，他自己曾经讲过。他在《乞改科条制札子》中说道："如今想要恢复古代的制度，以改变今天的弊端，但担心没有头绪。首先应当废除对偶声病一类的文章，即不再进行诗赋一类的考试，让学生们专心研究如何阐发经典的意义。等到朝廷兴建了学校，再到那里修习、研究三代教育、选举官吏的办法，并且施行于天下。"由此看来，废除对偶声病一类的文章，而主要考查对经典意义的阐发，不过是王安石的权宜之计，而并非他的目的，但当时攻击他的人却已经风起云涌了。

熙宁二年（1069 年），讨论如何改革贡举法，欲停止诗赋明经各科的考试，以经义策论作为进士考试的内容。直史馆的苏轼上疏谈到他的意见，他大致是这样说的：

得到人才的途径，在于知人；了解一个人的方式，在于考察他的实际水平。如果君主和宰相对每个人都能明察秋毫，朝廷也有切实考察一个人工作能力的办法，那么衙门里的小官吏和差役中未必就没有人才，何必要到学校里去选拔呢？即使用现在这个办法，我认为已经绰绰有余。如果君主和宰相不能对每个人明察秋毫，朝廷也没有切实可行的考察一个人工作能力的办法，那么，即使在公卿和皇帝身边的这些人中，也常常会觉得没有人才，何况从学校中选拔的那些人呢？如果是这样的话，即使恢复了古代的制度，我认为也是非常不够的。每个时代有每个时代该做的或不该做的，事物也时有兴起和废除，即使三代的圣人在今天复生，他们选拔人才也要通过一定的途径，何必非要通过学校呢？而且，庆历年间已经办过学校，所有的人都以为可以期待天下太平到来了，然而至今却只留下一个空名。如今皇上一定要寻求道德高尚又有很大学问的人，责成他去实现九年大成的事业，就要改变当今的制度，使社会习俗发生变化，还要征发民工来修建房屋校舍，聚敛民间的财富，供养这些前来就读的学生。同时，设置官吏，安排教师，并将那些不听话的人挑选出来，贬到偏远的地方去，这只会在社会上造成纷扰，和庆历年间做的有什么区别呢？至于科举考试，有人说，乡试应该以道德为重，不要太看重文章写得如何；有人说，应该专考策论，诗赋就不必考了；也有人希望采用唐朝用过的办法，兼顾一个人的声望，不必把考卷上的姓名、籍贯都封上；还有人主张改变学生们研读儒学经典的办法，不用死记硬背，只考经书的内涵和意义。这些都是只知其一不知其二。怎样才能提高人们的道德品行呢？这就需要统治者通过穷究事物的道理来提高自身修养，并通过为世人做出表率来标明你的好恶。如果认为设立个科目、提出个名目就可以得到人才，就是教天下的人一起弄虚作假。皇上用孝的名义选拔人才，有勇气的人就会割股，胆怯的人就去看守坟墓；皇上用廉洁的名义选拔人才，有人就会驾驶残破的车子，骑瘦弱的病马，穿劣质的衣服，吃粗劣的食物。凡是可以讨好皇上的，都可以拿来一用，讲求道德、品行的弊病，甚至到了这种程度。就文章而言，策论是有用的，诗赋是无益的；但就实际的政事而言，则诗赋、文章都是无用的了。不过，即使是无用的，自祖宗以来也没有人能够废除它们。人们认为，要按照一定的方式选

苏轼的议论有些奇怪，使人想到今天某些学者的言论，貌似有理，其实是不能深究的。

当权者先要做表率，正人先正己，身教重于言教。

拔人才，能做的不过如此罢了。近世文章写得很华丽的，没有人能超过杨亿，如果杨亿还在，那么他就是忠诚、清廉、耿直、公正的人吗？通晓经典，学习古制，没有人比得上孙复、石介，如果孙复、石介还在，那么他们就是不切实际而又荒诞虚妄的人吗？况且，自唐朝到现在，因诗赋写得好而成为名臣的不可胜数，哪些地方有负于天下，而一定要废除它呢？

此文见于苏轼《议学校贡举状》。

皇上读了苏轼的上疏，于是向王安石询问。王安石说："如果说通过诗赋考试也曾得到很多人才，那是因为人们要做官没有其他的路可走，只能参加诗赋考试，这中间不会没有贤德之人，但因此说这种考试制度很好却未必。今天看来，一个人在年轻的时候，还是应该寻求治理天下的道理，如果只是闭门读书，学作诗赋，等到做了官，社会上的事情全不知道，这就是科举在败坏人才，还不如古代呢。"皇上于是下定决心，要废除明经及各科进士的考试，废除诗赋的考试，学生从"五经"（即《诗经》《尚书》《周易》《春秋》《礼记》），中任选一经，专心研读，并且兼顾《论语》和《孟子》。每次考四场，第一场考专门研读的经书；第二场考孔孟的书，以书中的要旨为主，共十道题；第三场考试，写论述一篇；第四场考试，写策问三题。礼部考试增加两题，中书省的考试则增加撰写公文或诏令一题。这些就是当时科举制度的大致情况，它沿袭了数百年，一直存留到今天。啊，王安石的良法美意并不只是这一项啊，但都被废除绝迹了，没有一项留下来，只有这项权宜之计，不得已而为之，是王安石想要废除而未能废除的，却沿袭了数百年，毒害天下多少人才，真是令人伤心啊！

如果能完全废除科举制度，用学校来代替科举的功能，那是善举中的善举。但是，当学校尚未建立起来，而国家又不能不选拔人才的时候，科举制度也就不能一下子废除。既然不能一下子废除，那么与其考诗赋，则不如考经义。这么做的好处也是显而易见的。而苏轼说的那一番话，其一是说即使三代圣人再生于今天，他们选拔人才也不会通过学校；其二是说诗赋虽然无用，但寻找一种新办法来选拔人才，也不过如此；其三是说诗赋何曾有负于天下，并痛斥诋毁开办学校是劳民伤财，纷扰天下。这真是所谓用恶劣的言论来扰乱政治啊，王安石斥责这些人是流俗真是太合适了。如今，科举考试已经被废除，稍微有点儿常识的人都知道苏轼的说法是错的，是不值得深辩的。我在这里讲到他，是想让大家看一看，当时反对新法的人的言论都不能持之有故，也不能言之成理，大概都是这样。通过以上三章，大家对于王安石当时创立的新法大致都有所了解了。还有一些细枝末节，与一个朝代的兴亡大计关系不大，这里就省略了。

（考异七）

世传王安石主持国家大政的时候，曾经设置“宫观祠禄”的官职，以此来处置异己，很多人口口相传，却没有人知道这种说法来自何方。王渔洋的《池北偶谈》进一步确指是在熙宁二年（1069年）增设的，并非祖宗原来就有的，并且引用了邱文庄的《世史正纲》作为证据，而《御批通鉴辑览》也沿用了这种说法。我不知道邱氏是从哪本书里看来的，但从《宋史·职官志》中考证，宫观祠禄这种官职是为了照顾退休、离任或年老不能继续工作的老人，使他们安度晚年而设置的一种闲职，最初人数比较少，熙宁以后有所增加。又说：“按照过去的规定，京城的宫观由宰相执政担任，前任宰相留在京城的，往往授予宫观以示优待和礼遇。”然而，这种制度不是王安石创立的，这一点非常清楚。《宋史》各传中记载前大臣不再执政后接受这个职位的人多得不可胜数，就拿见于《临川先生文集》的人来说，王德用以同中书门下平章事被授予会灵观使，是在庆历八年（1048年）。贾文元以检校太师任景灵宫使，是在嘉祐二年（1057 年），这些都远在熙宁以前。熙宁初年，朝廷讨论废除宫观使、副都监，王安石说："宫观设置使、提举、都监的确是有些多余，然而现在这种设置都是兼职，有特别安置的，朝廷按照礼仪应该表示尊重，不能以在职来要求。无论废除还是继续设置，关系都不大。如果讨论多余的费用，那么宫观之类自然可讨论，那就不只是宫使、提举、都监可以裁减了。"根据这些来看，在王安石执政期间，哪有增加宫观致使人数增加这样的事？《世史正纲》大概也是根据诽谤者的言论加以采用而已，而邱文庄和王渔洋这样的人对于各种书籍记载的由来都没看全，有什么资格来谈论历史事实？因为讨论王安石的新法，把我的辩词也附在这里。

王安石打了哪些仗

迂腐的儒生诋毁王安石最厉害的是两大“罪状”，其一是聚敛，其二是黩武。王安石的理财绝不是聚敛，我已经说了很多。王安石的用兵能说是黩武吗？这又是不能不辨别清楚的。

如今的外国人动不动就讽刺我们是没有武力的国家。我们轻视武力，不积极发展武装力量，并非自古以来就是这样，完全是宋代以后程朱理学误导的结果。宋朝人把含羞忍辱作为美德已经很久了，自从澶渊议和之后，举国都把免除兵戈视为幸运，由此开始，增加岁币，被要求割地，好像小小的诸侯国伺候大国，只要别人提出要求，没有敢不遵从的。就像西夏这样一个蕞尔小国，自李继迁、李德明以来，忽而反叛，忽而降服，虽然韩琦、范仲淹相继担任安抚经略使，有人主张战，有人主张守，但环庆路、鄜延路所辖各州仍然是连年死伤不断，百姓更得不到赡养，何尝听说有人为改变这种状况贡献出一计一策。孙子说：“不要指望敌人不来，还是要靠我们自己有所防备。”但在此之前的宋朝君臣确实不去谋

五次和议的岁币数量			
和议名称	银（万两）	绢（万匹）	茶叶（万斤）
宋辽澶渊之盟（1004年）	十	二十	零
宋夏庆历和议（1044年）	七点二	十五点三	三
宋金绍兴和议（1141年）	二十五	二十五	零
宋金隆兴和议（1164年）	二十	二十	零
宋金嘉定和议（1208年）	三十	三十	零

五次和议的岁币数量

宋朝一直受外患困扰，然而宋朝皇帝大多采取消极被动的防守政策。为了换取短暂的苟安，宋朝先后与辽、西夏、金签订了五次比较重要的合约，每年向对方支付大量的岁币，这无疑极大加重了宋朝百姓的经济负担。

划怎么防备敌人，只是侥幸敌人不来。还有西南地区的土蛮，几次蠢蠢欲动，成为宋朝的心腹之患，西南边境也很不安定。处于两大敌人之间，已经一天也得不到安宁，何况还有一些小丑在后面悄悄地窥视。王安石的政策就是先肃清小丑，并借此机会来增加军事方面的经验，然后再对付大敌。而他对付两个大敌的策略就是，如果他们联合起来对付大宋，那么大宋将用一种使他们懈怠的方式拖住他们，先对付那个比较容易对付的，然后再对付难对付的那个。收复河湟是为了控制西夏，控制西夏是为了削弱契丹，这是王安石一生的抱负，他在执政时就开始一步一步地实施了。如今说一说当时的战绩，展示给世界上阅读历史的人，以此来证明用黩武来诽谤他是多么不合适。

第一，河湟之战。

河湟是哪里呢？就是今天甘肃巩昌以西，岷州、洮州一带，沿洮河那一片地方。秦朝筑长城，就从临洮开始，汉朝置武威、张掖、酒泉、敦煌等五郡，声称是为了断匈奴的右臂。自古以来，与西北部异族争强弱，没有不注重这个地方的。而且由于它接近陕西、甘肃的缘故，如果被敌人夺取，中原地区将不再有安宁的日子。蜀汉末年，姜维数次出夷狄之道骚扰陇西，但因为魏国人在此建有重镇，姜维一直不能得志。特别西晋衰落，黄河以西大乱，大概取道这里就足以侵犯陇西，这里丢失了，黄河以西就有唇亡齿寒之忧，所以，北魏兼有秦、凉之后，就把狄道当作咽喉之地，在那里设置郡县，作为屏障。唐朝为了抗拒吐蕃，也把临州作为咽喉要道，等到临州失守，陇右也就成了蛮荒之地。这是古往今来关于此地得失的一个汇总。

自从唐朝中叶以来，此地被吐蕃占有，中间经过五代时期，最后宋朝得了天下，至此也已经百年了，但从未有人提出收复这个地区。熙宁元年（1068 年）前建昌军司理参军王韶来到朝廷，上了三篇《平戎策》，他在其中写道：

国家想要取得西夏，应当首先收复河湟。收复了河湟，西夏人就有了腹背受敌的忧虑。西夏人近年来攻打青唐（今西宁），一直没有攻克，一旦攻克了，就会合兵向南，在秦、渭之间大肆劫掠，在兰州、会州一带牧马，切断古渭地区，把南山的生羌全部收服，在西边修筑武胜城，时时派兵劫掠洮州（甘肃临潭）、河州，就连陇、蜀各州都会受到惊扰，瞎征兄弟又怎么能够自保呢？如今的唃氏子孙只有董毡马马虎虎可以自立，瞎征、欺巴温这些人，他们的文书法令所能通行的地方各自不过一二百里，难道可以和西夏人对抗吗？武威之南一直到洮河兰鄯这些地方都是汉代设置的郡县，土地肥沃，适宜种植五谷。这里的土地可以耕种并养活这一方百姓，这里的百姓也可以服役，并被驱使，幸亏如今的诸羌部落瓜分了这块地方，没有人使他们统一，现在正是可以夺取此地并招抚他们的时候。皇上如果能选拔那些有才能的、聪明机敏并了解当地情况的人，让他们往来出入于这些人之间，通过为人忠诚、讲信用来招抚他们，就能使他们一心向往我大宋，兴高采烈地表现出归顺的意向。只要能争取到大族首领五七人，其余的小部落都可以迫使他们为我所用。这些部落都归顺了，唃氏怎敢不归顺呢？如果唃氏归顺了，那么西夏也就在我们的掌握之中了。快的可以荡平他们的巢穴，慢的也可以挟制他们的心腹，这就是所谓在那里用力而在这里收获吧。

王韶把他的奏疏呈给神宗之后，神宗很为他的这一番话感到惊奇，王安石也极力地称赞他。于是，神宗任命王韶为管干秦凤司经略机宜文字。熙宁三年（1070 年），王韶请求修筑渭州、泾州两座城堡，屯兵以招抚吐蕃各部，但遭到秦凤路经略使李师中的反对，认为不应该这样做。为此，李师中被宋神宗贬职。王韶说，从渭水平原至秦州，沿河五六百里，无人耕种的良田有上万顷，只要开发千顷，每年就可以收获三十万斛粮食。他又请求在这里设置市易司，由官方垄断边境贸易，所得利润用来开垦荒地。这也得到了宋神宗、王安石的支持，让王韶主持市易司的工作。李师中却多次与王韶过不去，他说，王韶所说的闲置土地不过是驻守边境的弓箭手的田地，设置市易司，它的收入抵不上它的花费。王安石极力支持王韶的建议，为此罢免了李师中的职务，让窦舜卿代替他。后来继任帅事的郭逵上奏弹劾王韶私自拿市易钱放贷，王安石认为这是莫须有的罪名，即使真有此事，也不足以说他有罪，于是把郭逵派到泾源去了。熙宁四年（1071 年），北宋设置洮河安抚司，任命王韶主持工作。熙宁五年（1072年），神宗将古渭寨改为安远军，任命王韶为知军事，行教阅法。王韶首先招降了青唐部大首领，神宗在召见他的时候，赐给他姓名叫“包顺”。同年八月，王韶进攻吐蕃，取得很大胜利，收复了武胜。武胜是唐朝时的临州，如今是兰州府的狄道。王韶就在这里筑城，建镇洮军。随后，王韶又寻机在贡令城打败了木征。王安石的文集中有《与王子醇第一书》，就是这时写的。书中写道：

一说通远军，在甘肃陇西。

洮河东西两边，吐蕃与汉人依附聚集，因此一定要把武胜作为帅府，今日筑城，恐怕不能太小。如果认为目前事情太多，难以完成，而且城建得很大也难以防守，那么为了这一切着想，则不宜拆毁旧城。你要看清地势，以等待时机进行扩建。该城建成之后，我想应当建立集市贸易，为蕃巡检建一座大一点儿的官舍。还要招募汉人中有能力的人，给他一些官府的资本，并在城里设置街市，开办商铺，使得蕃人和汉人、官府和私人都能有利可图。这样，防守起来就容易了，人们会很快依附聚集到这里来。

这年十月，升镇洮军为熙州镇洮军节度，设置熙河路，任命王韶为经略安抚使。十一月，河州首领瞎药等人前来投降。十二月，筑熙州南、北关和各堡寨，王安石又写了《与王子醇第二书》，他说：

听说已经建好了武胜城，又征讨平定了生羌，非常好。听说郢成珂等几位首领都聚集了自己的部族来帮助防守，恩泽和威势共同作用产生的效果在这里就可以看到了。然而，让他们长久地风餐露宿，能不消耗他们的体力和精力吗？时间长了恐怕不能使众人心悦诚服。一定要让他们见到归附我大宋的好处，我想应当告诉郢成珂等人，让他们尽量把众人遣散，然后率领精壮人马帮助守城，随时可以根据情况犒赏他们，使他们常怀感激之情。城筑好后，再加以更丰厚的赏赐。人少了，赏赐就花不了很多钱，赏赐丰厚了，众人就愿意听你调遣，不知道是否真是这样，请你仔细斟酌。要扫除强悍的敌人，一定要有谷物可以收获以供应军队粮草，一定要有土地可以招募新人来做弓箭手。只是担心刚招募的兵用起来未必得力，如果招募秦凤、泾原两路的老兵，允许他们投换，那么这些素有训练的老兵，完全可以震慑那些刚来归附的新兵。事情很难预料得很远，心里这样想着，就说出来了。

熙宁六年（1073 年）二月，王韶攻克了河州，俘获了吐蕃首领木征的妻子和孩子。河州就是北魏时的抱罕，今天兰州府河州的治所。这时，王安石写了《与王子醇第三书》，他写道：

现在熙河前线急需解决的问题在于加强守备，严令各部将官不要轻举妄动。军人总是希望通过多杀敌人来换取功名，如果这里不加以禁止，那么我们的忧虑就会没有终止了。我认为你应该用优厚的待遇和诚恳的态度安抚那些归顺的羌族部落，考察其中有才能的人，收为己用。如今要用很多钱粮供养戍守边境的士卒，也仅仅可以防备归附的羌族发生变乱，还不够对付秉常和董毡的。如果真的能使归附的羌人为我所用，那么我们不仅没有了内患，还能靠他们的力量来抵御外敌呢。自古以来，由于滥杀无辜而导致发生叛乱，由于实行安抚政策而使降敌为我所用，这样的例子很多，都是你所知道的。而且，王者的军队以仁义为根本，怎么能够多杀人，以致招来怨恨呢？你说到青唐一族已经与其他部族结下仇怨，以后也没有重新和好的道理，这是当然。那么，对于靠近董毡所辖地区的各个部族，在事定之后就可以派兵去威慑他们，同时赦免他们的过错，让他们在讨伐西夏的时候立功赎罪，随后再加以厚赏，这样也能使他们为我所用，不再和敌人联合在一起。这样做与采取讨伐并驱逐他们的方针，使他们死心塌地地依附于敌人，成为我们的祸患相比，利害得失是完全不同的。又听说归属我们的羌人经过征讨，已经没有了积蓄，又荒废了耕地，以后的生活没有了保障，在这种情况下，他们怎么能不合伙做强盗呢？如果能招募他们，让他们做一些力所能及的事，给他们一条生活的出路，也许可以解决这个问题，希望你能留意周济他们。边境的事情很难在遥远的京城谋划，想你心中自然有数，我只是就自己想到的问题试着说一说。

木征与木令征不是一个人。

这一年的九月，归附北宋的羌人又有叛乱的，王韶回师攻打他们。木征乘机又占了河州，王韶经力战把他赶跑了。岷州首领木令征率一城之人投降，王韶进入岷州城，于是宕州、洮州、叠州的羌人首领都打开城门投降了宋军。王韶的军队行进五十四天，跋涉一千八百里，收复五个州，斩首数千级，缴获的牛、羊、马数以万计。岷州、宕州、洮州、叠州都是今天甘肃巩昌府的属地。

捷报传来，皇帝亲自到紫宸殿接受群臣的祝贺，他解下身上所佩的玉带赐给王安石，奖励他运筹帷幄的功劳。自从王韶做了安抚使，不过两年，开辟土地两千余里，招抚大小蕃族三十余万人，将二百多年来沦陷的故土一举收复，也可以说是震撼古今的伟大功勋了。然而，如果没有王安石对人的深刻认识，毫不动摇地支持他的行动，及时地指挥调派军队和粮草，怎么能取得这样大的战果呢？元厚之的《平戎庆捷》诗写道：“何人更得通天带，谋合君心只晋公。”大概在这之前，整个朝廷都进行阻挠，比元和（唐宪宗年号，806—820）年间讨伐蔡州时遇到的阻力严重多了，而宋神宗得到王安石胜过了唐宪宗得到裴度。宋神宗对王安石宠信，把自己所佩的玉带赐给他，王安石无愧于此。第二年的四月，王安石又给王韶写了第四封信，信中说：

木征归顺了大宋，熙河一带已经没有可以担心的了，只是要节省不必要的开支，好好地管理当地的财赋和粮食生产，做长久在这里驻扎的准备。皇上是个心胸开阔的人，他认为您的功劳和信用都非常显著，把守边征战的重任交给您，没有任何奇谈怪论可以动摇他的决心。您应该施展您的抱负，来报答皇上对您的信任，其余的可以不必在意。

看了王韶的谋划，以及王安石写给王韶的几封书信，就知道熙河的收复真的是不得已啊！王安石是慈祥的，有恻隐之心，不想看到老百姓生灵涂炭，这种心情也是可以想见的。但是，那些反对他的人仍然闹嚷嚷地以轻易挑起边境事端为由指责王韶，并且以此来指责王安石。什么叫挑起事端？如果敌人没有挑衅而是先由我方引起争端，可以说我方挑起事端。但是想一想，西夏的李继迁、李德明、李元昊在六七十年之间不停地用兵，当时执掌国家命运的人，是谁挑起了事端呢？可见，事端是敌人挑起来的，我们就是想不应战都是不可能的。景祐元年（1034 年），李元昊攻打环州、庆州、卫州，第二年攻打唃厮罗，夺取了瓜、肃、沙三州之地，李元昊要向南侵扰，担心唃厮罗牵制他的后方，又举兵攻打兰州羌人的各个部落。那个时候，好像甲和乙遭遇了，在路上发生争斗，甲知道打不过乙，赶快逃跑，躲开他，锁上门守在那里，而情绪激动的打人者还等在门口呢。李德明、李元昊多次攻打唃厮罗，他们的势力已经到达我们的秦、陇地区，这与甲乙打架甲闭门不出有什么区别呢？然而，要想抵御西夏，必须占领熙河；而要想占领熙河，就要收服这些羌人，这样才能杜绝西夏人向南侵扰。当时可能有许多事情，但没有比这件事更迫切的了。奇怪的是，这些人不去计较西夏人向南侵扰成为中原的大患，反而责备王韶、王安石挑起事端，那么是不是一定要大开国门把强盗都放进来才能受到他们的赞扬呢？尤其让人难以理解的是，元祐初年，司马光执政，王安石的新法几乎都被废止不用了，甚至还想将整个熙河都废弃不要了。当时有个叫孙路的人拿着地图上奏说：“如果这样做的话，陵西一道就危险了。”司马光这才没有这样做。历史上，东汉灵帝时，西羌谋反，韩遂在陇右作乱，司徒崔烈认为应该放弃凉州。傅燮说：“司徒崔烈应该斩首！凉州是天下的要冲、国家的屏障，汉高祖刚兴起的时候，就让郦商另外驻扎在陇右；汉武帝开拓疆土，在这里设置四郡，用它来斩断匈奴的右臂。如今一州作乱，就想放弃这一方万里疆土，如果让那些北方的蛮族占据了这片土地，那些士兵强悍、甲胄坚固的人就会在此作乱，这是国家的大患、社稷的忧虑啊。”由此说来，河西是西夏人的必争之地，他们是不会轻易放弃的，这一点很明显。司马光是写过《资治通鉴》的，他怎会不记得傅燮的这些话，而他偏要放弃这个地方，我真不理解他究竟是何居心。何况崔烈说那番话的时候不过就是一个人作乱，傅燮尚且认为应该斩首，而熙河的收复已经十几年了。王安石为了那个地方的善后而出谋划策，即使是赵充国关于屯田的建议，也无法超过他，这从他写给王韶的那些书信中就可以看到。羌人的各个部落归附中原，渐渐地已经被同化了，他们在那些地方耕种、放牧，收入足以供给他们守护那个地方，没有再麻烦朝廷为西部担忧，何必要嫌弃他们，怀疑他们，并且一定要废弃这个地方呢？我推测司马光的意思不过是说，“凡是王安石做过的，我一定要将它废除，然后才感到高兴！”啊，这是把国家大计当作自己泄私愤和复仇的工具了，古代

党争，就是以党派划线，没有是非标准，这种传统在中国可谓长久。司马光还算是个历史学家，他从历史上获得的真知灼见都用到什么地方去了呢？

赵充国，西汉宣帝时人，曾率兵平定河西，并提出了著名的《屯田策》，这些都见于司马光的《资治通鉴》。

大臣中和他相似的人，我还真没听说过。啊，从这一件事就可以看出，元祐时的那些人像狗叫一样对新法进行攻击，是如何误国，如何使百姓受到伤害的啊。

第二，西南夷之役。

中国古代的历史就是汉族和苗族互相争斗的历史。自女娲、黄帝直到大禹，仗打了数百年，汉族的地位才开始确定下来。苗族一天天衰落下去，迁徙到江淮以南。以后，苗族又辗转流落到溪峒一带，从此不再敢与中原抗衡。然而，一个国家让语言不通、风俗不同的两大民族错落相处在一起，终究不是长治久安的办法，所以安抚苗族人的部落，使他们逐渐同化，实在是中国最重要的基本国策之一，至今尚未完成这项伟大的事业。自秦代以后，最能实行这项政策的，前面有汉武帝对西南夷的开发，后面则有清朝两度改土归流，中间就是王安石经略湖川一带的蛮夷。

王安石经略蛮夷分为两路，一路在今天的湖南，一路在今天的四川。湖南那一路的主帅是章惇，四川那一路的主帅是熊本。现在分别论述：

（甲）湖南路

自春秋时起，湖南溪峒各个蛮族是楚国的一部分。战国时期，秦国的白起曾攻占这个地方，设置了黔中郡，汉朝改为武陵郡，后汉时期他们到处劫掠，马援将他们打败了。以后又经历了晋、宋、齐、梁、陈，他们或反叛，或臣服。隋朝设置了辰州，唐朝设置了锦州、溪州、巫州、叙州，基本上以笼络、不使他们绝望为主。唐朝末年，天下大乱，蛮族首领也在当地搞割据，自任为刺史。马希范在湖南的时候，瑶族依山沿江聚众守卫，有十几万人。到了后周之时，周行逢作乱，几次进犯边境，逼近辰州、永州，杀害百姓，劫掠牲畜，几乎没有一年安宁。到了宋朝拥有天下时，北宋兵威不能振奋，力量达不到较远的地方，这些蛮族首领就割地据守，自己给自己任命官职，朝廷也就顺水推舟，承认他们，所以这些人越来越骄横放纵。其中势力比较强大的有北江的彭氏，南江的舒氏、田氏、向氏，梅山的苏氏，诚州的杨氏等。北江的彭氏世代占据溪州，将州分为三个部分，分别是上、中、下三溪。他还占据了龙赐、天赐、忠顺、保静、感化、永顺六个州，以及懿、安、新、远、给、富、来、宁、南、顺、高十一个州，总共是二十个州。南江的各个蛮族，从辰州到长沙，每个部落都有自己的溪峒，叫作叙、峡、中胜、元的几个地方，是舒氏的领地；叫作奖、锦、懿、晃的几个地方，是田氏的领地；叫作富、鹤、保顺、天赐、古的几个地方，是向氏的领地。他们都刻薄地盘剥自己的民众，而且互相残杀，涂炭生灵，没有一点儿规矩。他们还屡次侵犯宋朝边境，老百姓为此而感到痛苦异常。到了熙宁（宋神宗年号，1068—1077）初年，湖北提点刑狱赵鼎上疏说道，峡州蛮族的首领对待老百姓非常刻薄，剥削残酷，蛮族百姓都愿意归附宋朝。辰州百姓张翘也上疏朝廷，言说南江、北江的利害。当时宋神宗和王安石正想着要以武力震慑四方夷族，于是熙宁五年（1072年）七月，派遣章惇任察访荆湖北路，解决蛮族的问题。

这一年的十一月，章惇招降了梅山的溪峒蛮族首领苏氏。梅山过去与中原不相通，其地东边与潭州相接，南边与邵州相接，西边与辰州相接，北边与鼎州、澧州相接。章惇把他们招降后，登记当地的百姓，共有一万四千八百余户，田地二十六万四百余亩，都为他们制定了税额，每年缴纳一次，并修筑武阳、开峡二城，设置安化县，就是今天的长沙府安化县和宝庆府新化县。

熙宁六年（1073年）十月，南江的蛮族向永晤、舒光银二人各自献出他们的土地，向章惇投降。只有田氏仗着他有几个勇猛的人，表现得非常桀骜不驯。章惇发兵攻打懿州，南江各州的溪峒陆续加以平定，于是在这里设置了沅州，以懿州新城作为沅州的治所。后来又有诚州、徽州的蛮族首领杨光富率领他的族姓二十三州溪峒归附宋朝，于是设置了诚州。沅州就是今天的沅州府，诚州就是今天的靖州，而徽州就是今天靖州所属的绥宁县。

熙宁九年（1076年）正月，章惇又招降了下溪的蛮族彭师晏。最初，彭氏世代统辖五溪，自己册封为刺史，已经过去好几代了，朝廷没有人敢于过问。章惇平定南江之后，彭师晏感到很恐惧，章惇就与湖北提刑李平招降了他。他所辖二十个州都归入宋朝版图，就是今天的辰州府。于是，宋神宗下诏在这里建筑下溪城，赐名“会溪”，派兵在那里驻守，隶属于辰州，要求他们和那里的汉人一样缴纳租赋。

章惇经营治理蛮族之事，三年多的时间，招降的蛮族大首领有几十人，土地有四十余州，相当于今天的四个州府。他还从广西融州开辟道路，到达诚州府，在浔江等地增设了城堡。融州就是今天的柳州府融县。元祐初年，傅尧俞、王岩叟二人请求全部废弃熙宁年间设置的新州郡，只是因为考虑到蛮族民众归附已久，已经习惯了这种生活，才没有完全废弃，于是废弃了诚州，而保留了沅州。章惇所开辟的道路、所建的城堡全部被拆毁，从此以后，五溪一带的郡县再也没有人过问了。

王夫之曾对此加以评论，他说："章惇经制湖北的蛮族，探到神宗有用兵的想法，希望能因此而邀功请赏，似乎应该受到所有人的指责。但是，澧、沅、辰、靖之间，蛮族不再骚扰内地，而安化、靖州等州县至今仍是有文教礼乐治理的地方，并与湖北、湖南的其他郡县唇齿相依，他的功绩难道是可以埋没的吗？章惇的事业没有最终完成，在麻阳以西，沅溆以南的广大地区，苗民仍然作乱，至今仍然是当地的祸患。住地接近蛮族的百姓，他们的性命和妻子儿女，以及牲畜粮食，都没有办法得到保护。这样看来，章惇是有功还是有罪，已经非常明显了，为什么喜欢议论别人的过错，自己却不反思呢？如果用国家大义来衡量，那么他的功劳还不仅这一点呢！虽然说'王者不治理夷狄'，但这里说的恐怕是九州以外吧。（节略）如果是在九州以内，被高山险阻、沟壑隔绝的民族，它的中间是华夏，它的外面就是夷狄，它的外面是华夏，它的中间就是夷狄，相互连接，却又相互隔绝，就像胸、腋、肘、臂，互相庇护却又互不了解。这些地方不是不可治理，也不是不应当治理，然而却没有得到治理。那么，所谓君天下又有什么可以称道的呢！君天下，就是行仁义于天下；行仁义于天下，最重要的就是使被别人当作禽兽的人认识到自己生命的尊贵。那些苗民部落的首领在自己管辖的土地上作威作福，用粗暴乖戾的手段对付他的百姓，使他们像禽兽一样生活，而且搜刮剥削、诛杀屠戮，没有亲与疏的区别。仁人一定不忍心看到这一切，于是就要诛杀他们的首领，平定这些地方，让他们向国家缴纳固定的赋税，洗去他们身上的污秽，让他们穿上衣服，逐渐使他们得到改变，使得诗书礼义也能在那里产生影响、发挥作用。在这种条件下，忠孝、廉节、文章、政事等方面的人才也就在这种气氛中生长出来了。这难道不是以仁治天下的人最大的心愿吗？只有这样，夺取蛮族的土地，在那里设置郡县，他的功劳才是博大的，恰恰可以施展你的仁政啊。

他的品德才是端正的，他的仁政也才能行于天下。（中略）况且，辰、沅、澧、靖的高山峡谷地势险要，可以阻挡军队，这难道不是汉唐时期政治教化推广实施的好地方吗？就好像出于污泥，而一步登天，虽然有所杀戮，仁人也是不避讳的。军队很辛苦，粮草也消耗很多，但这都是为了保境安民，使得生活在边境地区的妇女儿童不受伤害，一劳永逸，即使有怨言和诽谤，也可以不必搭理他，这是君天下者应该履行的天职。章惇的心思是想逢迎君主去做事，并以此邀功，本来达不到这种境界。但他把事做成了，也就有他的功劳。既然有功劳，那么最终就不该加罪于他。直到今天，他所建的那些州县，还有保存下来的。沿袭下来的设施，就像城步、天柱这些堡寨，星罗棋布，可以看得见。而没有被他平定的是苗民的那些部落，他们就凭借这些地方侵扰我们的郡县，这也是有目共睹的。哪个安，哪个危，哪个治，哪个乱，哪个得，哪个失，考察一下这些事实，扪心自问，怎么可以掩盖呢？大概对小人来说，功也是罪，是也是非，还自以为是清明的议论，是不能改变的。尽管如此，还是有不相信这一套的人存在。”王夫之平日的论述并不偏袒王安石，只有在谈论这件事的时候，可以说能从大处着眼。只怪元祐年间的那些所谓的贤人，他们对于别人已经取得的功绩，务必要将它毁灭才心里痛快。说什么骚扰生事，但事情毕竟已经过去，以后只是因袭并修整它罢了，国家花费并不多，而且蛮族民众也已经习惯了这种生活，他们一定要废弃这些建制的理由到底在哪里呢？从这里可以看出，当时那些在朝廷内外大吵大闹的人都是出于意气和私心，没有一件事是为国家百年大计考虑的。

（乙）四川路

自汉朝以来，巴蜀之外的夷人有夜郎、滇、邛都、巂、昆明、徙、莋都、冉駹、白马氐等，他们或离或合，或叛或服，没有一定之规。熙宁初年，泸州乌蛮有两个部落首领，一个叫晏子，一个叫斧望个恕，他们逐渐强大起来，擅自挟持了晏州山外六姓和纳溪二十四姓的夷人，谋划着要从淯井这个地方入侵。熙宁六年（1073 年），皇上命令熊本察访梓夔，授权他在治理夷人的事情上可以见机行事。熊本认为，夷人能够骚扰边境的原因，是借助了一些村里的豪强作为向导，就用计策抓捕了百余人，把他们都杀了，在泸州城斩首示众，其他的人都害怕了，愿效死命以立功赎罪纷前来投降。熊本请示朝廷，给他们重赏，他们全都踊跃听从命令，只有柯阴一个部落的首领不来，熊本就集合了晏州十九姓的人，派遣黔南义军的强弩部队将其击溃了。于是，淯井、长宁、乌蛮罗氏鬼王诸夷都归附投降了，愿意世世代代为宋代的官奴。提点刑狱范百禄撰写了一篇誓文：

蠢兹夷丑，淯溪之浒。为虺为豺，凭负固圉。
杀人于货，头颅草莽。莫惨燔炙，莫悲奴虏。
狃唬熟慝，胡可悉数。疆吏苟玩，噤不敢语。
奋若之岁，曾是疆御。踯躅啸聚，三壕罗募。
偾我将佐，戕我士伍。西南绎骚，帝赫斯怒。
帝怒伊何？神圣文武。民所安乐，惟曰慈抚。
民所疾苦，惟曰砭去。乃用其良，应变是许。
粥熊裔孙，爰驭貔虎。歼其渠酋，判其党与。
既夺之心，复断右股。摄提孟陬，徂征有叙。
背孤击虚，深入厥阻。兵从天下，铁首其举。
纷纭腾沓，莫敢婴牾。火其巢穴，及其囷贮。
暨其赀畜，墟其林鏶。杀伤系缧，以百千数。
泾滩望风，悉力比附。丁为帝民，地曰王土。

这篇誓文仍保留了韵文的形式，因为将韵文译成白话，很难保存它的意蕴。这篇誓文的意思无非就是宣扬大宋朝的威严，警告地处边远蛮荒之地的夷蛮民众，要珍惜已经拥有的安宁的生活，不要试图造反。如果不听劝告，仍想以身试法，宋朝强大的军队就对你们不客气了。

投其器械，籍入官府。百死一赎，莫保铜鼓。
歃盟神天，视此狗鼠。敢忘诛绝，以干罪罟。
乃称上恩，俾复故处。残丑崩角，泣血诉语。
天子之德，雨旸覆护。三五噍类，请比泾仵。
大邦有令，其警戒汝。天既汝贷，汝勿予侮。
惟十九姓，往安汝堵。吏治汝责，汝力汝布。
吏时汝耕，汝稻汝黍。惩创于今，无忕往古。
小有堡障，大有城戍。汝或不听，汝击汝捕。
尚有虓将，突骑强旅。傅此黔军，毒矢劲弩。
天不汝容，暴汝居所。不汝遗育，悔于何取！

文章撰写好了，在武宁寨立下石碑，誓文就刻在石碑之上。熊本得胜还朝，宋神宗慰问他说："卿不浪费国家的资财，也不伤害百姓，一下子就除去了国家百年的祸患。"于是，提拔他担任集贤殿修撰，赏赐三品服。从此以后，边境地区的诸夷相继归附宋朝。淯井在今天的长宁县以北，长宁今天成为县治，隶属于叙州府。乌蛮居住在姚州，就是今天的泸州。

熙宁八年（1075年），渝州南川的獠木斗反叛，宋神宗下诏，让熊本去安抚。熊本进兵铜佛坝，击破了这一伙乌合之众，木斗也没了勇气，率领秦州一带五百里土地上的民众前来归附，设置了四寨九堡，建铜佛坝为平南军。渝州和秦州就是今天的重庆府。

第三，交趾之役。

熙宁八年（1075年）冬天，安南国的国王李乾德侵犯大宋，攻陷了钦州、廉州。第二年春天，又攻陷了邕州（今天的广西南宁府——梁启超自注）。朝廷任命郭逵为安南招讨使，赵卨为副使，发兵征讨。王安石亲自撰写了晓谕军民的文告：

皇帝告知交州管辖境内各个溪峒的军民官吏人等，安南世代接受王爵的封号，从先朝开始，对这里的安抚赐予就非常丰厚。但你们并不满足，总是挑起事端，朝廷一直容忍你们的罪过，已经忍耐到了现在。你们竟发展到攻城略地，杀伤官吏和百姓，挑战国家的纲纪和法律，这是刑律所不能赦免的。我们秉承上天的意愿，对你们进行讨伐，是师出有名。如今，我们顺应天时，发兵征讨，水陆并进，上天要显示对我们的眷顾，已经有了取得胜利的征兆。人们知道亡国的屈辱，都怀有同仇敌忾的决心。然而，王师所到之处，你们不仅不迎接王师，反而四散奔逃。我要正告你们这些人，你们一直生活在水深火热之中，如果能劝告你们的国王前来归附，率领众人主动投降，给他的爵禄赏赐将比平时还要丰厚，过去的罪恶也不再追究。李乾德是个幼稚的人，政令都不是他自己发出的。如果他能归附朝廷，到那个时候，待遇还会和过去一样。我说话算话，大家听了不要怀疑，听说那里的百姓因为战争已经非常穷困，我已宣布不再征用那里的百姓，横征暴敛的赋税到时也会免除。希望我们这个国家永远是一片乐土。

熙宁八年（1075年）春天，郭逵到达长沙。他先派遣将领收复了邕州、廉州，然后自己率领大军西征。来到富良江以后，蛮族用精兵乘船迎

时间有误，疑为熙宁九年春。

战，官军难以抵挡。赵卨分派一部分兵将，伐木制造攻击战船的武器，将石块打到战船上去，一时间，飞石如雨，蛮兵驾驶的战船都被打坏。又在岸上埋伏下军队，攻打他们，杀了数千人，将他们的伪太子洪真也杀死了。李乾德害怕了，派遣使者举着投降的表章，到军营门前请降。富良江离安南国已经不远，但官兵只有八万人，冒着酷暑进入有瘴气的地区，官兵也许会死去一半，所以决定不再渡江，获取他们的广源州、门州、思浪州、苏茂州和桄榔县后，就收兵回国了。郭逵等回到京城，群臣都来祝贺。宋神宗下诏将广源改为顺州，赦免了李乾德的罪状，归还他的封号。从此以后，一直到宋朝灭亡，安南再也没有侵犯过边境，而且每年的供奉也没有断过。

（考异八）

《续资治通鉴》说："自王安石执政以来，锐意以武力开拓疆土。知邕州的萧注喜欢谈论军事，他羡慕王韶等人获得的高官厚禄，就上疏说，交趾虽然奉献朝贡，实际上他们包藏祸心已经很久了，现在不夺取这个地方，将来一定会成为祸患。皇上下诏让他做桂州知州，经略这个地方。萧注入朝，皇上向他询问攻取交趾的策略，他又这事有些难办，于是让沈起代替了萧注。沈起迎合王安石，便一再地对交趾发起进攻，交趾才开始有了二心。"又根据《宋史》的记载："探子得到了交趾的文告，说是中原实行了青苗法、助役法，老百姓的生活陷入贫困之中，现在要出兵去拯救他们。王安石得到这个文告后大怒，亲自起草了讨伐他们的檄文诋毁他们。"《续资治通鉴》也有记载："张方平说，'将西北的壮士健马丢弃到南方炎热偏远的蛮荒之地，它所带来的祸患是说不完的。如果部队待久了，资财用尽了，无功而返，这也许还是社稷的福气呢'。后来发生的事情果然像他说的一样。"今天来看这些说法，就是要把丑化、诋毁王安石当作唯一的目的，甚至认为，交趾的入侵完全是由王安石引起的，而他安定边境的功劳却全部略去，只字不提。这是宋代以来史家的惯用伎俩，我已经司空见惯，不再为此而感到惊讶了。然而，他们的这一套说法支离破碎，诬陷诽谤，实在有讨论的必要。

考察《宋史·萧注传》，书中记载他上疏请求图谋交趾这件事，却没有注明上疏的具体时间是哪一年。又说，熙宁初年，任命萧注为桂州知州，曾问他攻取交趾的对策。他回答："过去我是说过这样的话，但如今交趾人在这里生活聚集、接受教育已经十五年了，不能再轻易谈论这件事。"又说："萧注到达桂林后，考察当地的环境究竟如何，以及百姓的生活是否安定，得到百姓的拥护，他的一举一动李乾德都了如指掌。"萧注做桂州知州不知是在哪一年。然而，沈起取代他是在熙宁六年（1073年），那么，萧注治理桂州就应该在熙宁四五年（1071—1072）间。既然是入朝觐见皇帝之后才上任，那么他入朝觐见的时间应当更靠前。而他在回答神宗的时候说，上疏是十五年前的事，现在形势已经大不同了。可见，萧注上疏建议夺取安南，应该是在嘉祐元年和二年（1056—1057）之间，当时的王安石只是个群牧判官，尚未参与朝政，更不可能有王韶什么事了。将相隔遥远、毫不相关的事情牵连到一起，并以此来定一个人的罪状，就是周兴、来俊臣来断案，也做不到这种程度啊。

《续资治通鉴》说的那些话是从《宋史·沈起传》来的，《沈起传》和《萧注传》同在一卷，前后相隔只有数页，竟然互相矛盾到这种程度，学者们还能把《宋史》当作可以信赖的历史吗？交趾自从李公蕴篡夺了黎氏的政权自立，一直怀有异志。他的儿子李德政及孙子李日尊都是非常勇猛的武士，景祐（宋仁宗年号，1034—1038）中，该郡的百姓陈公永等六百余人归附朝廷，李德政派遣军队千余人到边境追捕他们。景祐三年（1036年），他们又入侵邕州的思陵州、西平州、石西洲以及各峒，劫掠人口和马牛，焚烧房屋而去。庆历三年（1043年），他们又灭了占城，俘虏了占城王。皇祐二年（1050年），侬智高反叛朝廷，李德政率兵两万，声称要入境去帮助他。等到李日尊执政，嘉祐四年（1059年），入侵钦州；五年（1060年），入侵邕州，还又上表索要温闷峒等地。他们祖孙三代虽然都受到中原皇帝的册封，实际上，他们是自己做皇帝，到了李日尊竟然自封为法天应运崇仁至道庆成龙祥英武睿文尊德圣神皇帝，国号"大越"，改元宝象。由此看来，交趾早就应该被征讨了。他们多次侵犯边境，自真宗、仁宗、英宗三朝没有断绝过，怎么能说是王安石喜欢用兵，私自在边境上向他们挑衅呢？这和青苗、助役等新法的实行又有什么关系呢？中国实行新法数年，只听说大臣、同僚在朝廷上进行攻击，没听说老百姓在田野之间揭竿而起。即使外面的夷人想要找借口挑起战争，又何至于利用这样的借口呢？史家说这些话的目的，就是要把天下的所有罪恶都归到王安石一个人身上。再看王安石所写的檄文，真是王者之师，说的都是仁者之言，与传说中的大怒并诋毁对方也太不像了吧。其实，当时的交趾包藏祸心，是人人都看得到的。如果宋朝能稍微振作一点儿，早就应该惩罚它了。只不过当时满朝文武都是一副松懈、拖沓的样子，害怕谈论打仗，使得夷人变得越发骄纵，夜郎自大，竟在两个月之间接连攻陷我三个州。这时正是王安石当国执政，他怎么能坐视不管呢？然而，这时的王安石正在锐意改革，国内的力量尚未彰显出来，他不想马上把精力转向外面。而且，辽、夏两个大敌就在眼前，更不应该显露出自我消耗，从而给敌人以可乘之机，所以只是略为讨伐之事，通过征剿达到招抚的目的。我们读檄文就可以看到这层意思。史家赞美张方平说的那番话，说他有先见之明，我不知张方平所说的军队驻了很久，钱财花费很多，结果无功而返，是不是真的应验了。赵卨等人是熙宁八年（1075年）春天出征的，当年冬天就在富良江打了大胜仗，不能说是军队驻了很久；伪太子洪真被杀，李乾德乞求投降，夺取他们好几个州，并设置了郡县，也不能说是没有功劳。如果没有剿灭他们的国家，没有掳获他们的国王也是罪过的话，那么实际上，在用兵之初就没把这一项放在计划之内。大概是要培养他，作为一种可以依靠的力量。事实上，从此以后，直到宋朝终结，交趾人一直不敢再进犯宋朝的边界。可见，这一仗确实让他们得到了教训。我不知道张方平的话在哪些方面应验了，如果按照当时朝廷上一些大臣的意见，虽然敌人大兵压境，但我们仍然不能考虑如何应对，应对就说你喜欢惹事，喜欢打仗，那么钦州、廉州、邕州这些州郡恐怕也要沦为燕云十六州了，不发展到每年用金银财物去讨好李乾德是不会停止的。

综合这些战役来看就会明白，王安石在当时用兵都是出于不得已，绝不是诽谤他的人所说的穷兵黩武，喜欢打仗。而他所提拔任用的人，像王韶、熊本、章惇、赵卨，都是文臣，确有军事方面的谋略和才能，他们的每次行动都取得了很大功劳，王安石的知人善任也是可以看得到的。啊，数千年中国历史中，像王安石这样的人能有几个呀！

罢官之后的王安石

“齐有倜傥生，鲁连特高妙。明月出海底，一朝开光曜。却秦振英声，后世仰末照。意轻千金赠，顾向平原笑。吾亦澹荡人，拂衣可同调。”这是李白的一首咏史诗（见《古风》第九首），我在王安石的身上看到了李白所赞美的鲁仲连的高尚人格。

王安石年轻的时候也曾作诗说：“天下苍生待霖雨，不知龙向此中蟠。”还说：“谁似浮云知进退，才成霖雨便归山。”他的抱负之伟大，他的性情之恬退，在这两首诗里都能看到。从历史中去寻找，则有范蠡在帮助越王勾践获得成功之后泛舟五湖，还有张良在协助刘邦打下天下之后跟随赤松子出游，他们的事迹与王安石颇有些相似。但他们都是看到了主人不能共安乐这一特点，是保全自己的一种策略，目的不过是避免灾祸，这是老子式的智慧。王安石不是这样。他是可以出去做官就出去做官，可以不做就不做，他在一进一退之间都忠实于自己的追求，从古至今，没有能超过他的人。

王安石在熙宁二年（1069年）二月任参知政事，相当于副宰相。熙宁四年（1071年）升任同中书门下平章事，相当于宰相的职位。熙宁七年（1074年）六月，罢相知江宁府。熙宁八年（1075年）二月，又恢复了宰相的职位。熙宁九年（1076年）十月，再次罢相。他在个人进退方面所表现出来的节操，天下的人都是看得很清楚的。如今从他的文集中选录几篇文章编排在这里。他在熙宁七年（1074年）写了六篇《乞解机务札子》，也就是辞职信，交给皇上，这里摘录其中的两篇：

其一

我孤单地寄居在外地，承蒙皇上收留，待罪在宰相府，到现在已经四年了。正当皇上想要实行变法的时候，朝廷内外到处议论纷纷，我确实任凭他们指责，也要把变法坚持下去。如果不是皇上信赖，能够辨明是非真相，我早就应该被诛杀了。对我来说，这是应该报答皇上的，怎么敢再有二心呢？不过，今年以来，我的病情一直在加重，不能承担繁重的工作了。过去我也曾向皇上说过我的身体情况，皇上没有答应我的请求，所以继续努力工作到现在，而感到痛苦的是，病情却一天天地更加严重了。正当皇上励精图治，每一件事都需要尽快处理的时候，我却这样困倦疲惫，并且长久地占据着宰相的位子，虽然皇上善待我，但我还是觉得自己的罪行在一天天地滋长，以至于不能再被容忍，最终还会因为我连累皇上的知人之明，绝不只是有损于我个人的一点儿品德，我这才冒昧地在今天提出辞职的请求。但听到皇上的谕旨并没有对我表示怜悯和同情，这使我感到十分惶恐不安，不知所措。然而我的请求却是经过深思熟虑之后才敢于说出口的，我觉得，与其因为擅离职守而被杀，宁可违抗您的命令而遭到谴责。而且，大臣或出或入，为的是均衡劳逸，这也是祖宗留下的规矩。大概有关国事政见最集中的地方也是容易产生矛盾、怨恨的地方，自古以来，独揽大权的人很少有不获罪并遭到降职或罢免的。不过，祖宗并不随便处置大臣，都是有说法的。我在这个位子上已经很久了，幸亏有您的保全救护，才免除了谴责呵斥，真诚地希望皇上能深深地顾念祖宗处置大臣的办法，使我获得一点儿安宁、方便。今后皇上再有需要我的时候，我绝不敢推辞。

其二（第六篇）

我恭敬地接受皇上的恩典，您专门派来了使者，让我入宫觐见供职。我的心思大概已经冒昧地说过了。皇上听到的议论都是十分高远的，我没能得到皇上的认同，就再次陈述一遍，这一次希望皇上能听到我的意见。回想当年，我是个孤单而又卑贱的人，被众人鄙弃，皇上收留并提拔了我，排除天下的不同意见，将朝廷大事交给我办，到现在已经八年了。正当皇上开始创立功业的时候，群臣都不明白皇上想干什么，我在那个时候只是想顺势而行，却不知道很多事情如果自以为高明，强行去做，是很可怕的。然而，皇上考虑得非常远大，不是我所能达到的。做这些事以来，犯了很多错误。虽然日日夜夜地操劳，也不能报答皇上哪怕万分之一的恩德。如今因为长久地占有皇上的宠信，人们的疑惑和怨恨都汇集到这里，有罪的指责，是无法避免的。老天又将疾病给了我，使得我精神萎靡，身体也感到疲惫，虽然想勉强支持一阵，但是已经不可能了，所以才敢冒犯皇上的威严，乞求解除我的职务。我认为，皇上是天地间的父母，应该对我有所怜悯。说起来，我没有什么功劳，也许应该杀头；但我还算是有些志向，或许又可以赦免。皇上始终保护着我，使我没有后顾之忧。然而，我没有得到皇上的顾念哀怜，却仍然想着能勉强担当重任，如果我通过努力还能对皇上有所帮助，那么即使毁灭了自身和宗族，我也不会躲避和害怕，只是想到自己最终也许将一事无成，还要使朝廷蒙受危险和耻辱，这是我不敢贸然去做的原因。皇上像日月一样明亮，没有照不到的地方，希望您能赐给我一线缝隙，让光亮能稍微照耀进来，就会知道我的恳切之意，是不敢随便地冒犯皇上的。我请求暂且在相府等候皇上的旨意，希望皇上能开恩，早日裁决处理我的请求。

又有《答手诏留居京师札子》，其中写道：

我很恭敬地收下皇上的手诏："我希望你能留在京城做一名论道官，你应该体谅我的用意，请你尽快答复是否同意我的安排。"我的才能浅薄，过去受到皇上的提拔，在这个职位上做了这么久，其实是个误会，我也没有可以报答的。再加上我的精力衰弱亏损得很厉害，而我的罪过日积月累，已经很多，因此冒昧地请求辞去我的职务。非常幸运，皇上答应了我的请求，但接着又派遣吕惠卿来传递圣旨，想让我留在京城作为顾问。我不能忘记皇上的知遇之恩，也不忍心离开皇上，然而又仔细一想，让我做论道官，恐怕不是很合适，还是将我安置在一个闲散的地方比较好。皇上托付的事情已经有人去做，只要以诚相待，就足以帮助皇上达到天下大治的目的，我是难以留在京城继续听任官场的诽谤了。如果皇上安排我去个方便的州郡，我是不敢不勉力去做的。至于将来，再有用到我的时候，我曾当面答应过您，一定不敢推辞。

我们看王安石的《乞解机务札子》，也就是他的辞职报告，一共递交过六次，言辞哀怨悱恻，皇帝才终于答应他的请求，同时又亲自写了诏书，挽留他住在京城，以备向他征询意见。皇帝对一个臣子能有这样深厚的感情，实在是无与伦比的。但是，王安石仍然执意要辞去官职，离开京城，他前后递交了六次辞职报告，应该说的都是实情。在王安石主持国家工作的数年间，文事武备，内政外交，百废俱兴，即使我们今天读史，仍然感到应接不暇。王安石以其一个人的力量独自承担起这么繁重的工作，他的精力被严重耗损，也是在意料之中的。而且，他还处在众人的怀疑、诽谤之中，想用引退来堵住那些叫嚷者的口，也是不得已而为之。然而，王安石为什么不在前几年提出辞职，偏偏要在此时提出辞职呢？在这之前，一切新政都刚刚开始，如果那时他要离开，还会担心这些新政根基不稳，容易动摇，一定要亲自负责到底，才能有希望最后获得成功。到这个时候，大的方面都已经确定下来，又有神宗这样英明的皇帝在上面主持，继任者也能按照既定的方针去做，因此这样一项伟大的工程是不会功亏一篑的，这是他可以放心离开这里的原因。有人说他是以辞职要挟皇帝，这是以小人之心度君子之腹了。王安石有什么要求是皇帝不能满足他的，而一定要用这种办法要挟皇帝呢？神宗对王安石可以说是言听计从，他根本不用靠要挟皇帝来达到自己的目的，他也没有靠要挟皇帝来达到自己的目的。

（考异九）

据《宋史·王安石传》记载，郑侠上疏，将流民扶老携幼困顿苦痛的样子绘了一幅图画，献给皇上，并且说："天下大旱是王安石导致的，罢免了王安石，老天爷肯定下雨。"慈圣、宣仁两位太后也流着眼泪对皇上说："王安石扰乱天下。"皇帝也对他产生了疑问，于是罢免了他的宰相职位，让他做了观文殿大学士知江陵府。今天我们通过他写的这些辞职报告可以证明，事实与《宋史》的记载是完全相反的。他的辞职报告连续递交了六次，虽然被皇帝接受了，但仍然想把他留在京城。皇帝如果真的怀疑王安石，能这样做吗？而且，接替王安石担任宰相的韩绛、吕惠卿都是王安石推荐的，皇帝如果是听信了郑侠和太后的话才罢免王安石，为什么还要用他推荐的人呢？

从这里也可以看出，《宋史》没有一处不是在胡说八道。

王安石自从获得了这个闲散职位，就把他剩余的精力都用来著书立说了，完成了《三经新义》这部巨著。不到一年，他又被召回，做了宰相。显然，当时神宗曾与他有过约定，说是再召他回京的话，他不能推辞，才放他回去的，所以他在辞职信里一再说“将来再有用我的时候，我不敢推辞”这样的话，这时他就不得不应召前去了。然而，再次为相一年有余，退隐江湖的意愿就越来越阻挡不住了，他终于再次引退。他多次上奏，皇上都不允许，最后甚至告诉他，不要再提引退的事了。王安石没有办法，只好请王珪出面为他说话。他的文集中有《与参政王禹玉书》两封信，他在第一封信中写道：

我在宰相的位置上已经很久了，每次想到这一点，就觉得不能敷衍了事。近来我在为工作操心之余，病又加重了。对于自己的身体，我可以不去管它，但以此来谋划国家大事，怎么能没有荒疏和耽误，又怎能对得起皇上任用我的心意呢？何况，自从春天以来，我请求辞去宰相职务，已经上疏四五次了。如今，我的病一天比一天严重，已经没有再继续做下去的道理了。所以，特别要仰仗你的帮助，看在老朋友的面上，委婉地为我说说话，也好早一点儿遂了我的心愿，不应该再被皇上留下，从而加重我怠慢的罪过。

他的第二封信是这样写的：

承蒙您能亲临我家，传达皇上的旨意，我感到非常局促不安，手足无措。我独自一人在外做官，常有无助之感。恰好遇到神宗皇帝，他不顾众人的批评指责，把宰相的工作托付给我，如果有利于国家，哪怕牺牲了我的生命，也在所不辞。但我自己觉得，我的行为既不能取悦于众人，而皇亲国戚、朝中大臣又对我十分不满，怨声载道。我的才智不足以做到了解一个人的真实面貌，而阴险邪恶之人又常在往来亲密的朋友之中。而且，我占据了这么重要的位置，时间又这么久，难免有到达极限的担忧。我的意气也已衰退，精力更显疲惫，也担心影响工作。我看前世那些大臣，到了这种时候还不请求辞官回家，而且最终没有使国家受到损害的，大概从未有过。由于这个原因，我宁肯接受故意逃避责任的指责，想在过失没有积累太多的时候能够急流勇退，回归乡里，做一个圣明时代知道适可而止，不做非分之想的大臣。希望天下后世之人对皇上选拔任命的官员没有什么讥讽议论的地方。您是一个我所尊敬的人，正值您主持朝中大政，从大处说，为了朝廷的事业，从小处说，顾及我们的友谊，您应该多少考虑一下我的情况，替我向皇上陈述一下我的意愿，既然皇上没有准许我上奏表章，我只能把希望寄托在您的一番话上。我心中对您的感激之情是书信难以传达的，只有请您对我多加同情和体察。

王安石这个时候大概病得更厉害了，已经不能担任繁重的工作，所以熙宁八年（1075年）二月再次担任宰相之后，第二年春天就提出辞职多达四五次。皇帝很久没有召见他，于是他又请求同僚给予帮助。他说得很诚恳，主要是担心自己在职位上耽误了工作，以至于拖累了国家，怕给皇帝带来不能知人善任的负面影响。到了这个时候，神宗也知道王安石是非走不可，不可挽回了，于是给了他一个检校太傅依前尚书左仆射同中书门下平章事，使持节都督洪州诸军事充镇南节度管内观察处置使判江宁府的职位，增加食邑一千户，实际享用的封户四百户，并且赐给他“推诚保德崇仁翊戴功臣”的称号。大概让宰相居住在京城之外，这是宋代以礼优待有功之臣的特例了。王安石多次请求辞去这些封号和赏赐，都没有得到允许。又过了一年，皇上拜他为集禧观使，封舒国公。元丰二年（1079年），皇上又拜他为左仆射观文殿大学士换特进，改封荆公。他在江宁（今南京）居住了十年，神宗的赏赐、问候一直不间断，直到神宗去世，实行王安石的政策也没有多少变化。

（考异十）

据《宋史·王安石传》记载：“王安石与吕惠卿互相排挤，皇上非常厌恶王安石的所作所为。到了他的儿子王雱死的时候，他特别悲伤，坚决要求辞去他的职务，皇上更加讨厌他，罢免了他的职务，让他到江宁府去，一直到神宗去世都没有再召见他。”国家的史官说：“嘿，《宋史》竟敢这样诬蔑王安石，甚至诬蔑宋神宗，也太过分了！”王安石辞谢职务的本意在前面抄录的几篇文章中都有表达，就是小心翼翼地提醒自己不要自满自足，担心工作受到影响，恐怕连累了皇上，给人留下不能知人善任的话柄，他在处理一个大臣的进退方面可以说是没有遗憾的。王安石已经离去，皇上还以宰相的身份尊崇他，封他为荆公、舒国公、左仆射、特进，没有一年不派人慰问，并赏赐汤药，他的谢表收录在文集中的就有数十篇。神宗对这个辞职引退的臣子也可以说是仁至义尽了。况且，当他第二次辞职的时候，从春天到冬天，上了好几次表章，神宗都没有同意他的请求，直到不许他再上表章陈说此事，不得已他才拜托同僚为他求情。试想王安石去志已决，已经到了这种程度，想要再起用他，这怎么可能呢？曾公亮曾经说过：“皇上与王安石就像一个人。”神宗自己也说过：“自古以来的君臣，像我与王安石这样相互了解的极少。”正因为他们君臣之间相互了解得很深，所以皇上才能不仅了解他的才干，了解他的德行，而且了解他的志向。王安石第一次辞去官职的时候曾说，以后皇上再有需要他的时候，他不敢推辞，所以一听到神宗召唤他，马上应召前往，履行他的诺言。等到第二次辞去职务以后，他能够报答君主的事已经做完了，皇上也就不能再挽留了，神宗非常了解这一点，因此只有用恩赐和慰问来酬谢他的功劳，不再强迫他担负任何责任，这就是皇上十年没有召见他的原因。如果按照《宋史》的说法，一会儿说皇上讨厌他，一会儿说皇上更讨厌他了，一会儿又说皇太后曾在宫中流泪。我试着问一句，假如王安石做宰相时皇帝讨厌他，皇上直接罢免了他，把他赶走，不就完了吗？难道王安石拥兵自重，皇帝担心投鼠忌器吗？如果不是这样，而是说皇上以礼优待大臣，给他留有面子，那么在他提出辞职的时候答应他也是可以的呀，为什么每次辞职都要再三恳求，仍然得不到允许，甚至不许他再提辞职的请求呢？而且，皇上既然讨厌他，那么王安石已经走了，新法应该很快得到纠正啊，皇上可以安慰太后的心并保全他孝顺的名声，自己也可以稍微宽解一下厌恶他的心情，为什么新法在元丰（宋神宗年号，1078—1085）年间实行，十年如一日，没有改变呢？吕惠卿开创的手实法、鬻祠法，他一离开就罢而不用了，而对于王安石的新法，整个神宗朝没有废除一项。由此可见，曾公亮说“皇上与王安石如同一人”，并没有错。我曾私下里谈论自古以来的君臣关系，真的是很难说啊。萧何与汉高祖一起做过小吏，后来萧何辅佐汉高祖夺取天下，功臣里位居第一。其后也有许多封赏，买了田地房屋，但君对臣子不信任，臣子对君也有所怀疑。唐太宗说到魏徵，甚至有“箴规过失，不可一日离左右”的说法，魏徵死后，唐太宗还亲自撰写碑文，又答应把公主嫁给魏徵的儿子。但没过几个月，唐太宗就命人推倒了石碑，撕毁了婚约。但是像宋神宗和王安石，都有始终如一的品德，二十年如一日，自古以来不曾有过。大概是君与臣心里都只有国家，只有百姓，而没有个人的私心杂念，并且他们在谋划事情时的见识、做事时的勇气，都足以相辅相成，所以才能肝胆相照，始终亲密无间啊。宋代儒生中的小人对王安石恨之入骨，所以他们诋毁王安石的时候无所不用其极，他们对待宋神宗大概也是如此。但他们毕竟不敢直接诋毁宋神宗，而实际上，诋毁王安石就等于诋毁宋神宗啊，于是不得不造谣说皇上厌恶王安石，皇上更厌恶王安石了。殊不知，皇上对待王安石的态度，人们是有目共睹，看得很清楚的；皇上在王安石之后仍然想着完成王安石开创的事业，人们也都有目共睹，看得很清楚的。欺骗谁呢？欺骗上天吗？神宗如果有知，我相信他一定不能瞑目于九泉的。假使王安石真如苏洵所说，是王衍、卢杞二人的合二为一，那么神宗一定也如杨用修所说，是把周赧王、秦二世、汉桓帝、汉灵帝合为一体的人物，大概他们君臣二人已经融为一体，有功则都有功，有罪则都有罪，贤明就都贤明，不肖就都不肖。如今既想把王安石说成是共工或鲧，又不得不把神宗说成是尧、舜，进退失去依据，才制造出这样相互矛盾的言论，不是太可悲了吗？而且还把它写进正史，以一手而遮掩天下的耳目，竟然瞒了一千年。可见，肮脏的历史毒害天下，比洪水猛兽还要厉害啊！

魏泰的《临汉隐居诗话》中有一段记载：

熙宁庚戌年（熙宁三年，1070 年）的冬天，王安石自参知政事拜为宰相，登门祝贺的人接连不断。王安石因为还没有谢恩，就谁都不见，只和我坐在西廊下的小阁中，交谈之间，忽然提笔在窗户上写道："霜筠雪竹钟山寺，投老归欤寄此生。"放下笔，给我鞠了个躬，就回屋去了。

大概王安石平生进退的大关节他都能自己安排，其原因就在于他在很早的时候就想清楚了。他品德高尚，神态像云间的仙鹤一样，人世间的富贵在他看来就像身边的浮云，从来都不把它放在心上，而他又始终秉持知命不忧的大义，即使是道的兴废，他也相信是不能强求的。所以，他在当政之初就已怀有归隐田园的志向，以后只是一一验证他说过的那些话，这不就是所谓"出淤泥而不染"吗？黄山谷题王安石画像时说："我曾经仔细观察他的风度，真的是视富贵如浮云，不沉溺在财利酒色之中，真是一代伟人啊。"陆象山则形容他："英俊豪迈，超逸非凡，对于社会上流行的纵情淫乐的生活、追名逐利的习气，都绝不认可和接受，一副耿介有骨气的样子，庸俗的东西一丝一毫都不能浸染他的内心世界，洁白的操守像冰霜一样凛然，这就是他的品质。"又说："王安石是盖世的英才，具有超绝世俗的操守，犹如山川的神灵一样精神焕发，不是哪个时代都能产生的。"我辈生在千年之后，读了他的书，想到他的为人，仍然有一种肃穆之感，就像《诗经》里说的，高山仰止，景行行止。虽不能至，心向往之。意思就是说，王安石像高山一样令人仰慕，像行动的准则一样给我们做出了榜样，虽然不能达到这种程度，可我们心里却一直向往着。然而，按照污秽的历史所记述的，王安石就是一个热衷于利禄的人，他的升官是因为诡诈，他的辞职是因为皇上疏远他，而他还想着千方百计向皇上献媚以图再起。如果是这样，黄山谷、陆象山的话不就都成了梦话吗？我对于诋毁新法的人顶多可怜他们没有见识，还是可以饶恕的，可是对于诋毁王安石人格的那些人，我每次一读到这里都怒发冲冠！

（考异十一）

各种杂史笔记类似《邵氏闻见录》这样的，往往都记录了王安石罢官后谋求再做宰相这样的事，如今已不屑于和他们辩驳，也不屑于在这里讲述了。

王安石从很小的时候就寓居江宁，所以他很喜欢江宁，他的《忆昨诗示

诸外弟》写道："想见江南多翠微，归心动荡不可抑。"看来，他少年时代就有这种想法了。神宗了解他的意愿，所以让他以使相的身份判江宁，于是他就终老在这里了。辞职后他每天在这里徜徉，借山水名胜自娱自乐，无拘无束，就像个山间野人。读他的诗词，几乎看不出来他曾经是个开创了千古以来不曾有过的惊天动地伟大事业的人。啊！欧阳修所说的用在哪里都很得当，至此更加让人坚信了。王安石晚年著《字说》一书，精心创作，而且很醉心于佛家和道家，对道的理解也更加深刻了。

元祐元年（1086年）四月，王安石在江宁去世。司马光在《与吕晦叔简》中说：

王安石的文章和节操过人之处很多，但他不大明白事理，又喜欢掩饰错误，结果导致了老实正直的人疏远他，谗邪奸佞的人却靠近他，败坏了许多规矩、法度，以至于弄到这个地步。如今正要开始纠正他的过失，革除他的弊端，不幸他却去世了，那些投机的小人一定会百般地诋毁他。我认为，朝廷应该特别用优厚的礼仪来对待他，来打击这种轻薄浮躁的风气，先想到了这些，马上就告诉您，不知晦叔以为如何？您也不必回信，朝廷上的努力申说就全靠您了。

于是，皇帝发表敕令，赠他"太傅"的称号，敕文是这么写的：

我仔细观察古代的文物，清楚地看到上天的意图，就在一个不寻常的大事件将要发生的时候，上天一定会造就稀世的人才出来，要让他的名声超过当时所有的人，他的学问贯通古今，才智足以使他抵达理想，言谈足以将他的思想传达给别人，瑰丽雄奇的文辞足以描述各种事物，卓越超绝的品行足以鼓动四面八方的人，如果用他来治理国家，在短短的一年之间就能风靡天下，使天下的习俗得到改变。由此来看，观文殿大学士守司空集禧观使王安石，年轻时读孔子、孟子的书，晚年以瞿昙、老聃为师，汇集了"六艺"的古代遗文，用自己的思想去评判；把历代各家对经典的解释视为糟粕，自己对经典自有新的解释。恰逢神宗想有一番作为，第一个就任用了他这个群贤中最突出的人。神宗对他深信不疑，这种君臣之间的感情古今都没有过。正需要他建功立业的时候，他却突然想要归隐山林。哪里有什么富贵如浮云啊，辞官就像丢掉鞋子一样，一点儿也不可惜。常和渔夫、樵夫争座位，却不使麋鹿惊慌失措。做官和退隐，都能从容不迫，儒雅可观。我刚刚开始掌管这个国家，先皇的去世仍让我哀痛悲伤。怀念您这样的三朝元老，您却远在长江以南。认真观察揣摩您的治国方略，仿佛看到您当年的风采。哪知道您去世的消息竟出现在我居丧期间。为什么没有长命百岁呢？我不禁为您落泪。啊，生与死，用与舍，谁能违背天意？赠您谥号，发布哀悼褒奖的文告，难道不应该由我承担吗？把师臣的爵位赐给您，来表示我对您的宠信，也给儒者增光。也许您在天有灵，希望能接受我的诏命，特别将“太傅”赠予您。

这篇敕文见于《东坡集》，大概是苏东坡起草的。这确实是苏东坡的心里话，也是王安石最后的光荣。盖棺定论能有这样的文章，说明公论也许还没有完全泯灭。当时，熙宁（宋神宗年号，1068—1077）时期的新政，已经

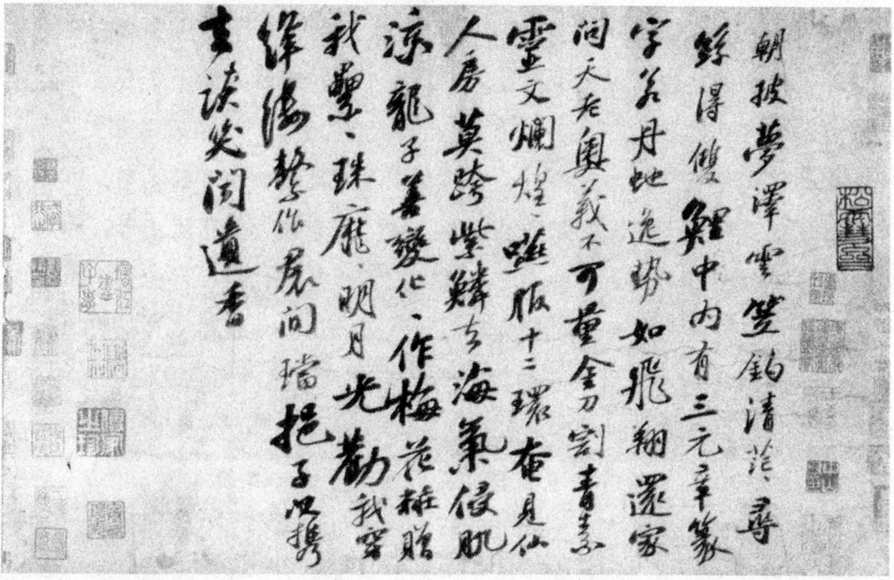

李白仙诗帖

北宋苏轼书。蜡笺纸本，宽 54 厘米，长 111．1 厘米。现藏于日本大阪市立美术馆。该帖为宋神宗元祐八年苏轼 58 岁时书。

更改得差不多了，司马光、苏东坡又都是当时排挤王安石最卖力的人，但司马光称赞他节义过人，极力请求给他应有的优待和抚恤。苏东坡撰写敕文，对于他的政绩虽然不置可否，但称颂他的德行赞不绝口。虽然王安石平时的操行在朋友中是没有人怀疑的，但司马光、苏东坡都给予王安石公正的评价，他们的贤明也有常人不可及之处。

从此，这位绝世伟人告别了这个世界，只留下他的事业和言论，让后世史家来评说。

（考异十二）

与王安石同时期的贤人，除了吕诲（吕诲不是个正直的人，下一章再讨论他）一个人之外，从未有人诋毁王安石的个人品德，所争论的只是对新法的不同看法。大约王安石的操行还是与当时的时人相一致的。但自从杨时、邵伯温、范冲、魏泰这些人出来以后，才开始有了对王安石的诬蔑，几乎无所不至，而且还把他们说的这些话都假托前人，目的是使人相信。于是就有了苏洵的《辨奸论》，就有了苏东坡的《谢张太保撰先人墓碣书》一文，又有了司马光的《日录》和《涑水纪闻》等书，这些书都描写了王安石的丑态，读了这些书，会觉得数千年穷凶极恶的小人没有谁能像王安石这样。假使这样的文字果然出自苏洵、苏东坡、司马光之手，那么在王安石的晚年，苏东坡屡次和他交游，向往备至，这些都在《东坡集》中可以见到，难道苏东坡甘愿和这样一个人在一起吗？这个人被他父亲诋毁为阴险狠毒，和别人的兴趣不一样，是不近人情的大奸大恶之人，而苏东坡是稀世的人才，学问贯通古今，卓越超绝的品行足以鼓动四面八方的人，他这样明目张胆地和他父亲为难，难道他不懂做人子的规矩吗？至于司马光的《致吕晦叔书》，已经谈到王安石的节义超过常人之处很多，而且还担心那些投机的小人会百般诋毁他。那么，后来的这些事司马光是预见到了。如果真像《日录》《涑水纪闻》中记载的那样，那么王安石的为人就连猪狗都不如了，还有什么节义可说呢？那么他所说的投机的小人、百般诋毁王安石的人，不就是他自已这样的人吗？蔡上翔力辩这些文章和著作，都是南宋以后儒生中投机的不肖之徒所伪造，可以说是独特见解。不仅为王安石昭雪了冤案，也为司马光、苏东坡等人昭雪了冤案。只恨这些谬误的说法到处流传，人们习惯了错误的说法，却忽略了正确的说法，元代那些粗陋的儒生把这些谬误采入正史，于是就成了铁案，没有人敢怀疑它，以至于把稷、契这样的人视为同类而共欢，却将伯夷、叔齐说成是盗跖，公论消亡了，人道也几乎没有了。我难道好辩论吗？我只是不得已啊！

王安石新政的成绩

王安石的新政是成功了还是失败了呢？不能说都成功了，这一点就不用说了。为什么呢？因为它的效果往往不像他预期的那样好。尽管如此，说它失败了也不应该。为什么呢？因为施行起来难免有相沿而成的弊端。然而，从挽救当时的形势考虑，利还是大于弊的。熙宁五年（1072 年），王安石曾有一篇《上五事札子》：

皇上即位已经五年了，需要改革的事情有几百几千件，其中已经写成条例、确立法令，而且对国家有利的，真是多得很。在这些法令中，最重要、见效最慢而议论又最多的有五件事：一是“和戎”，二是“青苗”，三是“免役”，四是“保甲”，五是“市易”。如今青唐、洮河一带，方圆三千余里，整个戎羌族的百姓大约二十万人，献出他们的土地，归附朝廷，成了我们的“熟户”，可见，和戎政策已经有成效了。过去，贫困的百姓向豪强人家借债付息；今天，贫困的百姓已经向官府借债付息了。官府把利息定得很低，解决了老百姓的困难，看来，青苗法也开始见效了。只有免役法、保甲法、市易法这三项法令，其实际效果这里还不能确定。如果得到可靠的人去推行，就可能取得很好的效果；如果推行的人有问题，也许会带来很糟糕的效果。逐步推行，可能会收到好的效果；急于求成，就可能带来祸患。《尚书》里说：“办事如果不效法古人，却能长久地办下去，我还没有听说过。”像这三项法令可以说是效法古代了。然而，要懂得古代治国的道理，才能实行古代的法令，这就是我所说的尚不能确定的重要因素。免役法来自《周礼》对府、吏、胥、徒四种差役的设置，也就是《礼记·王制》篇中所说的“在官府里当差的平民”。然而，全国的老百姓贫富不均，风俗不同，地位有高有低，这些都不能作为实行免役法的依据。现在一旦要改变这种状况，把免役法推行到各家各户，每个人都有平等的权利，国家的所有劳役都能出钱请人代替，把全国所有的农民都从劳役里解放出来，回到田间从事生产劳动。但如果没有可靠的人去推行，那么5个等级的划分就不会很公平，而募役的费用也就不能按照财产的多少公平合理地负担了。保甲法起源于夏、商、周三代的“丘甲”制度，管仲在齐国实行过，子产在郑国实行过，商鞅在秦国实行过，仲长统在东汉时也谈论过，并不是今天一定要标新立异。不过，天下的人像野鸭和大雁一样散居四方，没有人管，已经有几千几百年了。现在一旦要改变这种状况，把他们按照保甲法的规定组织起来，邻里相接，互相监督，既清查了坏人，又保护了百姓，平时养兵于民，战时可以打仗。但是，如果没有可靠的人去推行，那么他们就会用追逼、叱责的手段来骚扰百姓，用强征调派的办法来吓唬百姓，这样，民心就动摇了。市易法来自周朝的司市和汉朝的平准法。如今，官府拿出百万贯钱拨给市易务，作为收购货物的资金，来平衡物价，又借贷给做生意的人，让他们去经商。同时，商户每年要向官府缴纳几万贯钱的利息。但我深知国内的货物、钱币尚未流通起来，特别担心那些急于邀功请赏的人想在一年半载内就迅速地见到成效，这样的话，新法就被毁坏了。所以我说，这三项法令。如果能有可靠的人来逐步推行，就会获得成功；如果没有可靠的人，又急于求成，就有可能失败。实际上，免役法如果能成功地实行，就不会耽误农时。同时，百姓负担的劳役也就公平合理了。保甲法能够实行，内忧外患就会平息，国家就会强大起来。市易法能够实行，货物和钱币就会在全国流通，国家的经费也就充裕了。

孔子说：“欲速则不达。”又说：“这个人还在，他的政令就能够实行；这个人不在了，他的政令也就废止了。”所有的事情都是这样，难道只有这三件事吗？然而，王安石单独举出这三件事来很郑重地谈论它们，是因为这三件事最繁重，而官吏们在文字上做手脚也比较容易一些。不过，正当各种法令经过草创将要就绪的时候，王安石忽然上了这个札子，难道他看到了宋神宗在实施新法的时候有急于求成、用人太滥的毛病吗？看他的《论馆职札子》，说皇上自即位以来提拔使用的那些人有许多只是有一点儿小才，而品行却很成问题，就知道他考虑这个问题已经很久了。根据王安石的这个札子，我们知道，“和戎”“青苗”这两件事是他认为已经有了成效的。“和戎”这件事，它的功劳整个天下都看得见，不必说了。青苗法立意虽然很好，但从道理上讲，不能只有利而没有弊。也许这个法在最初推行的时候找到了十分

养蚕业和丝织业的兴盛

丝绸和瓷器一样，都是中国特有的物产。在宋代的富人阶层中，崇尚穿着华丽而舒适的丝绸衣服，由此带来了养蚕和丝织行业的兴盛。这是绘于宋高宗时期的《蚕织图》，图中详尽地解说了由种桑养蚕到织成丝绸贩卖的全过程，上面还有宋高宗妻子吴皇后的亲笔题字。国家大力支持能带来巨额税收的养蚕和丝织行业发展，希望好的经验和技术能很快推广到全国各个地区。

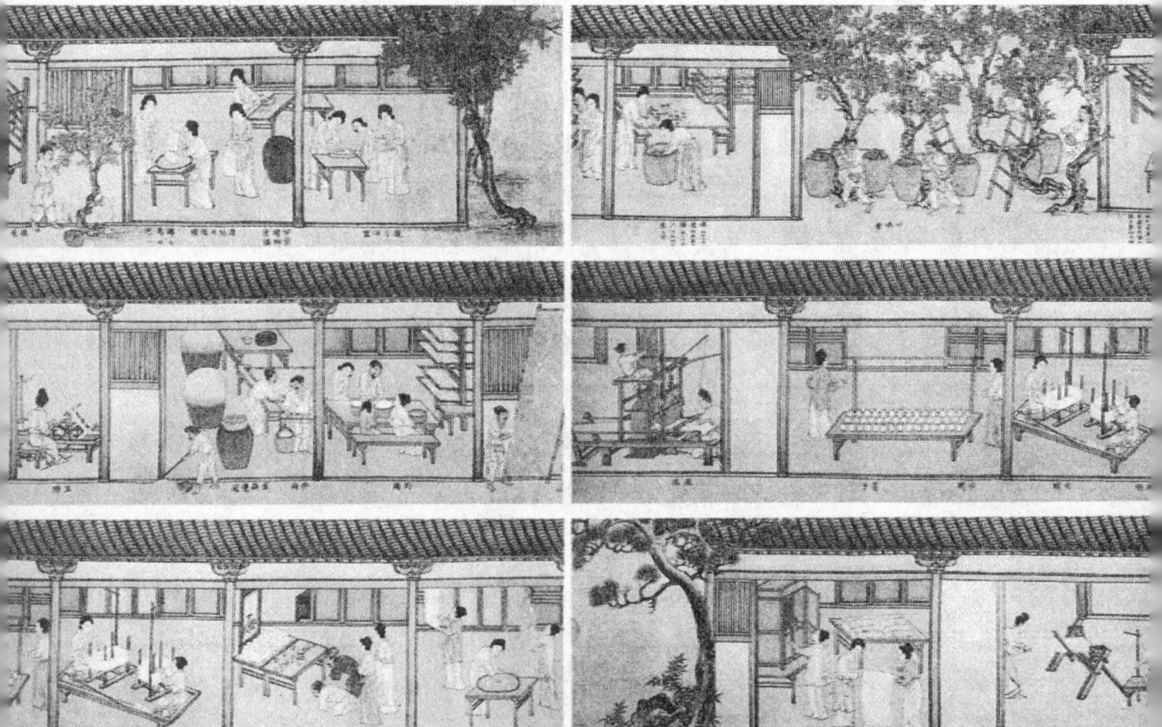

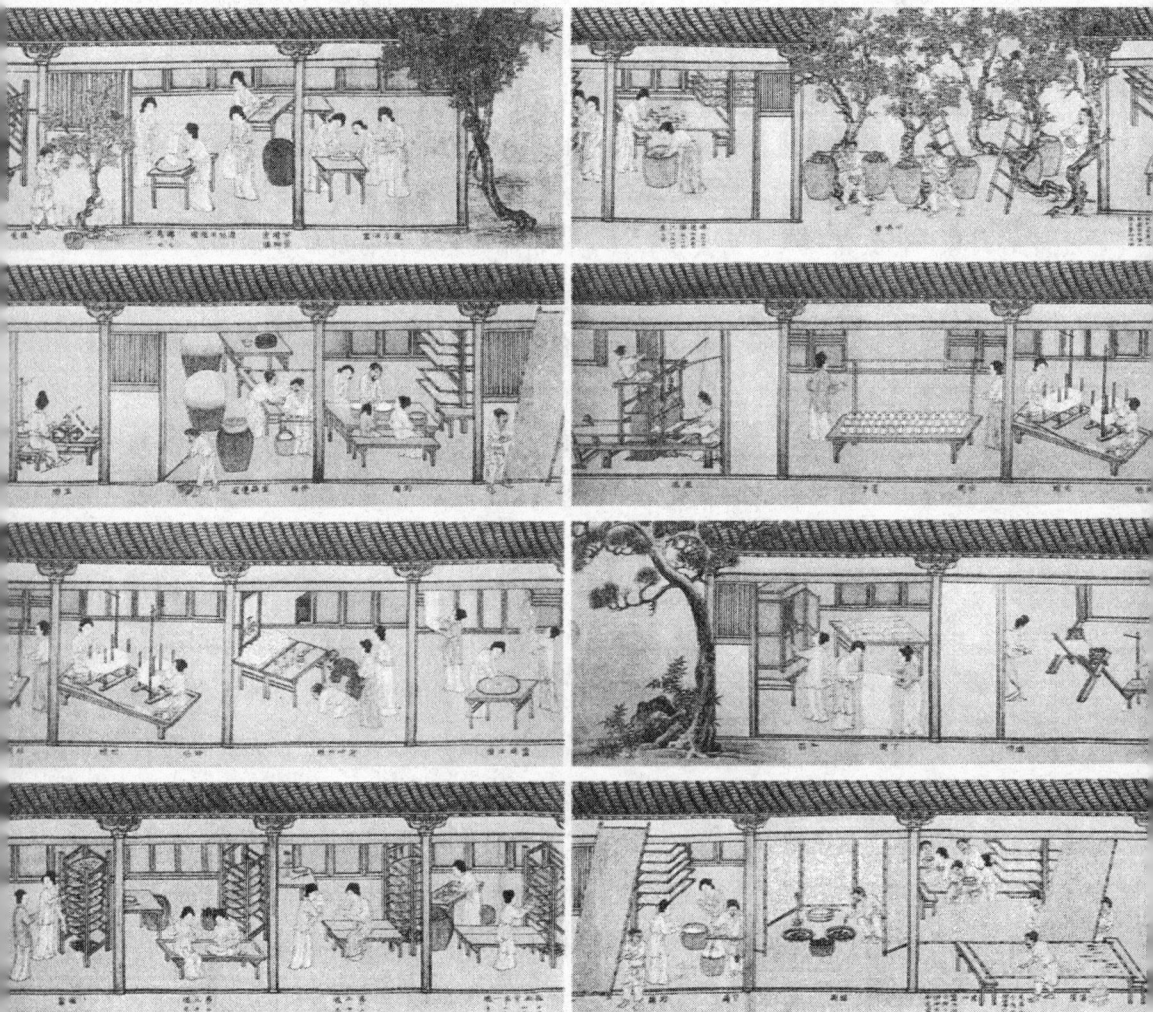

可靠的人，所以才能见到比较多的成效，而问题暴露出来的很少。或者王安石的聪明仍然有被遮蔽的地方，没有能够发现。不过，看到反对派当时对青苗法的诋毁，都说它有弊无利，似乎又是不可能的。再看此后元祐（宋哲宗年号，1086—1094）年间想要废除青苗法时，主张不要废除它的人反而很多，这也可以说明问题。免役法改变了数千年来的苛政，为中国历史开辟了一个新纪元。改革刚开始的时候，一部分人难免会感到有些痛苦，但这些基本都是有钱有势的人。而小小老百姓没有不得到它的好处的，这可以说是只有利而没有害处的。保甲法内容丰富，思虑精当，是王安石一生最用力的事业，它的警示作用可以说是有利而无害的，它的成效人们也看得很清楚了。而它的寓兵于农的作用则由于当时募兵制度还没有完全废除，常备军和后备军的区分还不明确，对百姓生活有些影响，也是意料中的事。但为了使衰弱的宋朝能振作起来，又不能不这样做。

只有市易法，它的用意不能说不好，但万万不能在专制政体的国家中实行，万万不能在标榜以自由竞争为根本观念的经济社会中实行，即使奉行者是非常可靠的人，仍然担心国家有可能成了兼并垄断的头子；如果奉行者不是很可靠的人，那么将为官吏打开以权谋私的大门，小老百姓的生活就会一天比一天过得惨淡。王安石的失策大约没有比这个更厉害的了，而当时见不到什么成效的，就数这个最厉害。当时阻挠新法的人都说因为实行新法的缘故导致了百姓颠簸困苦，而又无处控诉。他们的这些言论被记载在史书中，数也数不清。然而，考察远古的历史，那些执政者十分残暴的政权没有不招致动乱造成国家颠覆、个人身亡的。像秦始皇、隋炀帝这样的人就不说了，又如王莽，固然也托言于《周礼》，进行所谓的变革，但是他所实行的政策没有一项是效法先王意志的，自始至终就没想过要给老百姓带来好处，因而搞得人们怨声载道，没有几年就天下大乱，四海沸腾了。后世评说王安石，有人甚至将他比作王莽。但是，王安石创立新法，没有一个不是以国家得到利益、百姓得到幸福为前提，他的做法与王莽不可同日而语，这是不用分辩的。那些学问浅薄、不求根本的人也许看不到这一点，但为什么不将他们的结果做一番比较呢？假如王安石的新法果然有害于百姓，那么当老百姓不堪忍受，叫天天不应，叫地地不灵的时候，是一定会铤而走险的，即使王安石有超强的统治能力，难道能够禁止吗？宋朝自真宗、仁宗以来，虽然号称天下太平，但发生在民间的叛乱仍然此起彼伏，从未间断，杀人抢劫的案件在乡间更是到处都有。在这之前，固然已经招募强悍之人到军队中服役了，但国内仍然不能确保安定的秩序。那么，到了熙宁元丰（宋神宗年号，1068—1085）这二十年间，一切都在变革之中，又因为实行保甲的缘故，不禁止民间携带弓弩，如果政府的改革措施果然违背了百姓的意愿，那么一人振臂高呼，万千民众响应，于是酿成大乱是很可能的，但我们却没有听说有这样的事。即使是江湖上的草寇，也比以前有所减少，整个国家和睦和谐，其乐融融，好像忘记了还有皇帝的威严。读当时这些人的诗文集，那种气象是可以想象的。王安石有一首《元丰行示德逢》：

四山翛翛映赤日，田背坼如龟兆出。
湖阴先生坐草室，看踏沟车望秋实。
雷蟠电掣云滔滔，夜半载雨输亭皋。
旱禾秀发埋牛尻，豆死更苏肥荚毛。
倒持龙骨挂屋敖，买酒浇客追前劳。
三年五谷贱如水，今见西成复如此。
元丰圣人与天通，千秋万岁与此同。
先生在野故不穷，击壤至老歌元丰。

又《后元丰行》（一首）云：

歌元丰，十日五日一风雨。麦行千里不见土，连山没云皆种黍，水秧绵绵复多稌，龙骨长干挂梁梠。鲥鱼出网蔽洲渚，荻笋肥甘胜牛乳，百钱可得酒斗许。虽非社日长闻鼓，吴儿踏歌女起舞，但道快乐无所苦。老翁堑水西南流，杨柳中间杙小舟，乘兴敧眠过白下，逢人欢笑得无愁。

又《歌元丰五首》云：

水满陂塘谷满篝，漫移蔬果亦多收。
神林处处传箫鼓，共赛元丰第二秋。

露积成山百种收，渔梁亦自富虾鳝。
无羊说梦非真事，岂见元丰第二秋。

湖海元丰岁又登，稆生犹足暗沟塍。
家家露积如山垅，黄发咨嗟见未曾。

放歌扶杖出前林，遥和丰年击壤音。
曾侍玉阶知帝力，曲中时有誉尧心。

豚栅鸡埘晻霭间，暮林摇落献南山。
丰年处处人家好，随意飘然得往还。

杜甫（杜工部）的《忆昔》追咏唐朝开元（713—741）年间全盛的时候，其中写道："稻米流脂粟米白，公私仓廪俱丰实。九州道路无豺虎，远行不劳吉日出。齐纨鲁缟车班班，男耕女桑不相失。"读杜甫的这几句诗，气象仿佛和王安石描写的元丰（1078—1085）年间是非常相似的。不是非常太平年代，怎么会有这样的诗呢？这时，新法已经实行十余年了，而王安石也已经归隐乡间退休了。以此对比司马光曾经讲过的英宗时民间的景况，说是不敢多种一棵桑树，多置一头牛，不敢储存两年的粮食，不敢收藏十匹帛，这种情景和元丰年间的情景相比，相差得太远了！前后不过二十年的时间，为什么人民生活的富足和困顿竟有天壤之别呢？难道不是因为最残害人民的差役法已经废除，又有青苗钱已经注入民间，来帮助百姓发展生产吗？而保甲制度已经实行，盗贼都洗手不干了，所以路不拾遗、夜不闭户的盛世也就不期而至了。如果可以这样说，那么新政的效果也就可以看出来了。

苏东坡有《与滕达道书》（此书不知作于何年，大概写于元丰年间），其中写道：

我想与您见面谈一谈，我们在刚刚施行新法的时候，大概是抱有偏见的，以至于有了关于同意或不同意的争论，虽说动机是好的，都是忧国忧民，但说得并不对，很少有合情合理的。如今，皇上的德政每天都有新的变化，社会大众的教化也取得了很大成就，回过头来再看以往我们所坚持的意见，更觉得是有疏漏的。如果要我改变自己的志向和操守以求进取，我还不敢这样做，如果还像以前一样吵吵嚷嚷，我也会陷入更深的忧虑之中。您此行是要表示一种归隐田园的意愿吧，作为一名年纪已大、疾病缠身的旧臣，您也要表达一点儿心意，想要再见皇上一面，这样，恐怕就要有一番对话。您的来意没有超出这些吧？

苏轼是以往诋毁新法最用力的人，他的《上神宗皇帝书》被诋毁新法的人视为圣经贤传，说它像悬在天上的太阳、月亮一样，是不能更改的。但他到了晚年谈论此事的时候却是这种态度，深深感叹于皇上德政的更新和民众教化的有成。那么，熙宁元丰（宋神宗年号，1068—1085）的治理一定有超越前人，能使大家心悦诚服的地方。新法果然有什么对不起天下人的地方吗？元祐（1086—1094）时的那些人闹闹嚷嚷，到底是为了什么呢？

王安石新政受到的阻挠和破坏（上）

我读西方的历史，感叹政党对于国家有造就的功劳，是那样伟大。我读本国的历史到宋、明两朝，又感叹党争对国家的毒害是那样猛烈。本国历史上的党争都属于“私党”，不同于西方国家“公党”式的政党。对于这些“私党”，看他们的品性，也不一定就是小人，其中也有很多是君子。他们的目的也不一定是追求高官厚禄，其中因此而辞去官职俸禄的也大有人在。他们争论的也不一定就是政治问题，但无论从哪个问题引起，最终都将牵扯到政治上来。这些“私党”也不是有意地结合在一起的，然而随便遇到一件事，都可能兴风作浪。有一个吠影于前的倡导，就会有百吠于后的追随。总而言之一句话，不过是意气用事而已。意气超越国家利益之上，意气之争可以让他们将国家利益放在一边，不闻不问。这种风气兴起于王安石执政之前，形成规模是在王安石执政的时候，而它的高潮是在王安石辞官罢政之后。宋朝因此而亡国，它的流毒到了另一个朝代也没有根除。考察它的性质，当时新法遭到阻挠和破坏的原因也就显现出来了，我们也就看得更清楚了。

王安石刚刚执政的时候，第一个弹劾他的其实是吕诲，这件事发生在熙宁二年（1069 年）。现在将吕诲的上疏录写在这里，并加以分析：

我认为，大奸之人装得像忠良一样，诡诈的人装出很诚实的样子，他这样的人一定是把个人的进退和时机的吉祥凶险联系在一起。就像少正卯这样的人才，说的是谎话但很善辩，行为不端但能够坚持，顺从错误的言行而且善于掩饰，记忆力很好，学问又很渊博，不是孔子圣明，谁能除掉他呢？唐朝的卢杞，天下人都说他是奸邪之人，只有唐德宗一个人不相信，结果终于酿成大祸。所以说，真正了解一个人是很难的，尧、舜在这方面都有很多教训。皇上即位之初起用王安石知江宁府，不久又招为学士，那些朝中官员都庆贺皇上英明，认为是提拔有文才的人做他适合做的事。后来又提拔他做了副宰相，所有的人都不赞成。恰如把一件东西放在秤上，它的轻重是骗不了人的。古人说“庙堂之上，不是草茅之臣说话的地方”，说的就是这个意思。我认真地观察参知政事王安石，他外表给人纯朴的感觉，心里却藏着机巧和狡诈，他对皇上倨傲无礼，为人阴险狠毒，这是大家都知道的。我简单地说十件事，都是有目共睹的事实，希望皇上能从被蒙蔽中醒悟过来。我说的如果有一句是假话，是诬蔑他，死一万次我都不后悔。

王安石在嘉祐年间曾经在京纠察刑狱，因为开封府判了“争鹌鹑”这个案子，他认为不妥，指责办案人员有错判之罪。开封府官员不服，双方争执不下，一直告到审刑院和大理寺，都支持开封府的意见，要论王安石之罪。后来，朝廷下诏，免予追究，王安石却不认错，也不谢恩，御史台因此又弹劾他。不久，仁宗皇帝去世，王安石也因母亲病逝而丁忧，这件事就不了了之了。王安石丧服丁忧已满，仍然托病不起，多次诏令他，他都找借口不来京城，整个英宗一朝他都不出来做官。就算他有病，皇上即位，他也应该来朝廷拜见一下吧，算是稍存一些作为人臣的礼节。等到被任命除江宁府，因为对他自己很方便，他才接受任命，对皇上态度轻慢，倨傲无礼，这是第一件事。王安石担任小官，每次调他去做别的工作，他都一再推辞，不能痛快地服从命令。在知江宁府的时候被授予翰林学士，却没有听到他坚决辞谢。先帝临朝，他坚持在山林中隐居的想法；皇上即位，他才有了在金銮殿上侍奉皇上的兴致。为什么他之前那样怠慢，后面又那样恭敬呢？难道不是见利忘义的心思支配他这样做吗？追逐名利，千方百计要往上爬，这是第二件事。皇上引见赐对研究经学有成就的学者，请他们讲解先王之道，特别设置了侍讲、侍读这样的职位，他们手执经书站在皇帝面前，是为了向皇帝讲述经书的大义，并不是为了传播自己的道理。王安石在这个职位上居然坐着讲述，使得皇帝屈万乘之尊，他却摆出老师的架子，莫非他真的不了解上下尊卑的礼仪和君臣的名分吗？其实他应该明白，他要做的是使道德能够彰显，并以此来辅佐聪明的帝王。但他只是要挟君王获取名声而已，这是第三件事。王安石自从执政以来，事无大小，都与同僚看法不同。有时因为奏对去见皇上，单独留下来向皇上汇报，多次求得皇上的批示，私自下发，来堵塞同僚的议论。正确的都揽在自己身上，错误的则把怨恨引到皇帝身上，感情用事不公道，这是第四件事。王安石在京城纠察刑狱时，驳回别人的判决多数不合情理，和法官争论刑名不统一的问题，常常是怀着怨愤。昨天，许遵误断了一个谋杀的案子，王安石却竭力支持许遵。妻子谋杀丈夫这样一个案件，他们却要用“按问欲举自首”的条例减轻妻子的罪行。这是挟持感情来破坏法律，并以此来报私怨。翰林学士和中书舍人都决定的事情，仍然听到朋党附和的声音，中书省和枢密院研究过的事情，也都害怕他插手。徇私报怨，这是第五件事。王安石刚入翰林院的时候，没有听说他举荐赞赏过一个人，翰林同事之间，他最称赞弟弟王安国的才华。朝廷给王安国和状元一样的待遇，他仍然嫌太薄了。主持考试的官员不给王安国的文卷评优，这个人就遭到他的中伤。他这个人一点儿小恩小惠都要报答，一点点私仇都要报复。他在朝廷执政以后，只有半年时间就作威作福，达到了极致。从此以后，害怕他的人都勉强自己服从他，依附他的人则出卖自己，希望能够做更大的官，奔走在他的门下，唯恐落在别人后面，他的死党现在已经很多了。借着自己的权势来招徕私党，这是第六件事。王安石做了宰相没有几天，任免官职就自己做主，大臣中被放逐到外地做官的都是不肯依附于他的人，他却胡说这是皇上的意思。如果是这样，就不应该是王安石怨恨要报复的人。丞相不写敕令，这是本朝的惯例，从未听说有谁这样做过，他的用意是要显示自己的威风，在朝廷之上引起震动。然而现在同掌朝政的这些人都依顺于他，朝廷重臣也都回避他，于是他就可以专横地做任何事了。树立个人的权威，危害国家的大政，这是第七件事。在皇上面前奏对的时候，王安石总是放肆地强词夺理。他曾与唐介争论有关谋杀的罪名，竟然大声喧哗起来，众人都认为王安石做得不对，而肯定唐介的做法。唐介是个忠诚刚直的人，识大体，顾大局，不能在口舌之争中占上风，每次辩论后都非常恼怒，竟气得背上长了疽疮，不幸病故了。从此同僚都非常害怕同他争论，即便是宰相也不敢上前和他较真。任性地评判是非，欺凌同朝官员，这是第八件事。皇上正要效法唐尧，向九族表示亲善，并且奉养亲人友爱兄弟，以此影响天下的风尚，这时，小人章辟光却上疏建议让岐王迁到皇宫外面居住。这是犯了离间之罪，一定是不能宽赦的。皇上曾有旨意送交中书省，想要判他的罪，但王安石拒不服从，还危言耸听地迷惑皇上。他就是想在皇上兄弟之间制造矛盾，还真让他得逞了。他交结朋党的目的已经很明显了，这是第九件事。如今，国家经费预算都由三司衙门负责，王安石作为执政者，与知枢密院的人同掌制置三司条例司，兵权和财权都由他掌管，他在这个国家的分量也就可想而知了。又举荐了三个人为他做事，派遣八个人巡行各路，虽然说是商讨财政方面的情况，实际上是要动摇天下。我没有见到它的好处，却看到了它的害处，这是第十件事。

我指出王安石所做的这些猥琐之事，也许污染了皇上的耳目，但我是担心皇上欣赏他的才能，一直依赖，重用他，真假、正邪都分辨不清，使得奸邪之人道路通畅，而贤明的人却渐渐离去，动乱也就由此而产生了。我追究王安石的行为轨迹，他并没有远大的战略，只是务求改革，标新立异，文过饰非，欺上瞒下，我很为此担忧。误导天下苍生的，一定是这个人！我真诚地希望皇上对于如何治理天下，还是要和众人商量。现在天灾多次出现，人与人之间也有很多矛盾，应该让事情变得透明，而不应该把水搅浑。像王安石这样的人在朝廷上执掌大权这么久，天下没有安定和谐的道理。我坦率诚恳地说出这些话，甚至不考虑可能飞来的横祸，就是希望能感动皇上，让皇上能辨别真伪。何况皇上的志向就

这真是一篇奇文，难得，难得！所谓“奇文共欣赏，疑义相与析”，下面要看梁启超如何来“析”了。但这个吕诲确实了不得，真是罗织罪名的一大高手，无中生有，牵强附会，捕风捉影，造谣诬蔑，无所不用其极，目的只是想整倒自己的政治对手，其心机真让人不寒而栗。我们只能庆幸王安石遇到的是宋神宗，否则，后果不堪设想。

是要刚毅果决，对于尚处在隐伏阶段的事情也能有所察觉。您也可以和其他人的说法对质，之后就知道我所说的是不是中肯。不过，攻击诋毁大臣的罪过，我也不敢逃避。我在孤立危险的情况下写了这些意见，是因为自己担任这个职位，有一份责任在这里，不说出来心里会不安的。当您公开奏章内容的时候，希望能避开和我有夙怨的人。

吕诲是什么人呢？就是治平（宋英宗年号，1064—1067）年间因濮议事件弹劾韩琦、欧阳修，请求杀欧阳修以谢祖宗的那个人。欧阳修在他所著的《濮议》一文中，将他的语言、状貌和心术都刻画得一览无余。欧阳修曾经说过，宣扬皇帝的缺点来显示自己的正确，是不可以的，更何况以恶名诬陷皇帝来邀买虚名呢？当时的言官大概都是这样的，吕诲是他们的代表。现在我就根据他弹劾王安石的话做一番辩解。

吕诲在一开始就把王安石比作卢杞，然后才说到他要弹劾王安石的十件事，是因为不得已才这样说的。第一件事就是"争鹌鹑"这个案子。当时王安石判得是否合适，如今在史籍中已经见不到关于整个案件的记载，我们也无法考辨，但即使有不合适的地方，也就是法官解释法律条文的错误，这是很小的一件事，而且事情发生在嘉祐末年（宋仁宗年号，1056—1063），到这时已经过去六七年了，难道还不能画句号吗？他所说的第一件事和第二件事都在指责王安石沽名钓誉，心里边所想不过是谋取官职，这本来属于一件事，他非要一分为二，以便凑足十件事这个数，已经很可笑了，再把他所弹劾的问题拿来和事实对照一下，就会发现，治平二年（1065年）七月，王安石服丧期满，宋英宗下诏，要求他赴阙，也就是到京城做官，诏书接连下了三次，王安石也连续三次向朝廷递交了《辞赴阙状》，这些都在他的文集中，现在仍可以见到。他在其中诉说自己抱病日久，不能走太远的路，等到稍能支持，再出去为官府做事。而且，他还请求做一名小官吏，能在江宁府居住，方便打理，他的三篇《辞赴阙状》内容相同，何尝有赖在病床上不起来的事呢？根据这件事就证明他轻慢无礼，难道吕诲不许别人生病不成？治平四年（1067年）正月，宋英宗去世，宋神宗即位，这年的三月任命王安石知江宁府，仍然有《辞知江宁府状》收在王安石的文集中，理由还是病未痊愈，哪里有不屑于为英宗做事，只想为神宗做事这样的意思呢？王安石自二十岁开始到中年都是因为贫穷而做官，所以他并不认为小官就卑贱。那种隐居山林的思想，他在晚年的时候确实是有的，但此前却不曾有过，即使是在平生交游往来的书信中都不曾流露过，更何况对皇上呢？他在此前还有《辞试馆职》（应为《乞免就试状》——编注）《辞集贤校理》《辞同修起居注》等，都是有原因的，这些都收在他的文集中，是清清楚楚，可以考证的。

到了治平四年（1067 年）九月授予他翰林学士，从此不再听到他辞谢的声音，那是因为他没有必须辞谢的理由了。在这之前，嘉祐六年（1061 年），任命他知制诰，他也没有辞谢，而是接受下来。知制诰与翰林学士，相差多少呢？因此就说他前面轻慢，后面谦恭，是见利忘义，为什么这样深文周纳地编派他呢？

他所说的第三件事，是根据王安石主张坐着给皇上讲经，就说他要挟君王而自取名声。古代的三公，都是坐而论道，从汉朝到唐朝都没有废除过。自从宋太祖篡夺了周的天下，范质因为是前朝留用的官员，曾做过前朝的宰相，在宋太祖面前就很谦恭，怕有嫌疑，不敢就座，从此相沿成了习惯。皇上面前，不再有大臣的座位，大臣们开始以奴才自居，而忘了他们与皇帝是共同担负天职的。王安石请求恢复坐讲，不只是要效法古代，而且是合乎道理的。像这样就说是要挟君王博取名声，那么唐代以前就没有一个纯粹的大臣了。叶梦得的《石林燕语》说，熙宁初年，侍讲官中建议恢复坐着讲道的，有吕申公、王荆公、吴冲卿，同时，韩持国、刁景纯、胡宇夫都赞成吕申公他们的意见，而苏子容、龚鼎臣、周孟阳、王汾、刘攽、韩忠彦则认为，讲读官既然叫“侍”，意思就是侍奉天子，并不是以“道”为老师。于是，这个建议就被搁置了。在这件事中，主张坐讲的并非一个人，为什么只有王安石一个人被弹劾呢？而且，这件事已经被搁置，为什么仍然揪住他不放呢？在这之后的元祐（宋哲宗年号，1086—1094）初年，程颐为崇政殿说书，上疏极力要求在殿上坐讲，当时给事中顾临以为不可，于是，程颐又写信给太皇太后，批评顾临说的不对，甚至写了一千五百多字，这与王安石前后如出一辙，既然王安石是要挟君王博取名声，难道程颐就不是要挟君王博取名声吗？后来《通鉴纲目》只记载了程颐的《经筵讲读疏》，说是培养君王的德行，却不提坐讲一事，难道是因为当时吕诲攻击王安石太过分了，现在不得不为程颐遮掩一下吗？而且，从此以后，那些讲学的人再也没有人以坐讲来议论王安石了，难道是因为要替程颐遮掩，就连王安石也跟在他的后面减去罪名了吗？宋朝人对待是非太没有原则了。

他说的第四件事，是指他把正确的都揽在自己身上，错误的则引到君王身上。但自从新法施行以来，整个朝廷都把过错归到王安石身上，只有恶名没有美名，只有错误没有正确，如果说他掠美，不知这时有些什么美可掠，吕诲能指出王安石掠了哪些美吗？如果说他把怨恨都引到皇帝身上，那么众人所攻击的是新法，所怨恨的是王安石，不知有什么过错可以使人们怨恨皇帝，吕诲能指出具体的事来吗？

他说的第五件事是登州阿芸的案件。议论是从许遵开始的，王安石是主持此事的人。即使其中有一些过失，根据这一点也可以看出他的仁厚，吕海反而不怀好意地说他徇私报怨，试问这个案子中的人，哪个是王安石的私人关系，谁又是王安石所怨恨的呢？而且，这件事本来是很琐碎的一件事，却叫嚷不停，怎么不怕厌烦呢？

第六件事是把王安国的及第作为王安石的罪责。考察王氏家族的人登上进士榜的，宋真宗咸平三年（1000 年）有王贯之，是王安石的从祖。祥符八年（1015 年）有王益，是王安石的父亲。宋仁宗庆历二年（1042 年）是王安石，六年（1046 年）是王沆，是王安石的表弟。皇祐二年（1050 年）有王安仁，是王安石的兄长。嘉祐六年（1061 年）有王安礼，是王安石的弟弟。宋英宗治平四年（1067 年）有王雱，是王安石的儿子。六十年中，王家祖孙父子兄弟中共有七个进士，可见，从科举取得功名是他们家固有的传统，区区此事，难道还需要有人暗中帮助才能得到吗？王安石兄弟在当时名气都很大，王安国与王安石是齐名的。在这之前曾有吴孝宗的《上张江东书》称道王安国的贤德，说想要举荐他的人很多。嘉祐五年（1060 年）欧阳修有《送王平甫下第》诗，其中写道：“自惭知子不能荐，白首胡为侍从官。”王安国的贤德可想而知了。熙宁元年（1068 年），王安国由韩绛、邵亢推荐，召试赐进士及第，这和王安石有什么关系呢？却因此被人诬蔑。幸亏王安石的儿子王雱提前一年已经中了进士，否则又为吕诲的弹劾增加一份资料了。

他说的第七件事是王安石专权，如果真像他说的那样，似乎有可以讨论的地方，然而考察《宋史》，说到当时中书省授予官职的文书，数目都决定不下来，皇上就问王安石，然而这是出自神宗的意思，不能说王安石专权。

第八件事说到唐介的忧愤而死，考证《宋史·唐介传》，说是唐介多次与王安石争论，王安石强词夺理，皇上也支持他，唐介非常生气，竟然背上长了疽疮，死了，死时只有六十岁。吕诲说，王安石曾与唐介争论如何判一个案子，说的就是阿芸杀人那件事。人死于病疽，是很平常的事，唐介六十岁而死，尤其平常。唐介曾与文彦博在皇帝面前为了“灯笼锦”一事发生争吵，由此遭到放逐，都没有死，为了一个妇人重罪轻判的事有所争论，却死了，如果确实是这样，真可以说是轻如鸿毛。因为同僚中死了一个人，王安石就被认为有罪，那么谁是无罪之人呢？

第九件事是说章辟光请求让岐王搬到外面去住。自古以来，专制国家因为兄弟争夺皇位而导致天下大乱的史不绝书。所以，后世诸王分封之后，一定要让他们搬到外面去住。因为互相挨得很近双方会觉得有一种压力，不如离得远一些反而可以常保无事。岐王和嘉王都是宋神宗的同母兄弟，没有比他们更亲密的了。熙宁（1068—1077）初年，著作郎章辟光请求他们迁居到外面去，这与阴邪小人私下里的挑拨离间是不一样的。神宗想加罪于章辟光，应该也是亲情使他这样做的。只有王安石违背众人的看法，不主张给章辟光加重罪，最重要的是，他是作为大臣在为国家的前途着想。况且，岐王、嘉王都是有贤德的王爷，熙宁（1068—1077）以来，岐王多次请求搬到外面居住，但表章呈上就被推却，这是岐王以礼要求自己。元丰八年（1085年），神宗患病，开始时二王每天都来问候，等到降制立延安郡王赵傭为太子时，就不让二王随便进入了。凭着宣仁太后母子的亲情，与神宗二十年来的兄弟友爱会有什么嫌疑呢？然而就是这样，这正是宣仁太后以礼来维护二王的地方。元祐（1086—1094）初年，哲宗赐颢亲贤坊与弟弟对门居住，并且下发文告，说：“先皇帝以仁厚之心对待兄弟友情，恩德超过了礼义，所以不让二王搬到外面居住，如同武王对待周公的用意。太皇太后严肃朝廷礼义，用礼义来约束恩德，才答应他们的请求，搬到外面居住，这是孔子说的‘远其子'的用意。他们的做法或有不同，但道理是相同的。”由此看来，章辟光的建议完全符合上述道理。很显然，是不能以离间这样的重罪来处理他的，而王安石就更没有罪了。

他所说的第十件事是攻击三司条例司，到这里才开始说到新法。当时的财政不可不整顿，而整顿财政必须有一个机关负责此事，那么三司条例司就不能不成立，这一点前面已经说得很详细了。至于派遣使者巡行各路，是先行调查，然后才能立法，这正是遵守办事的次序。他所派遣的八个人中，有像刘彝、谢卿材、侯叔献、程颢这样的人，当时他们都号称是贤人，当初的用意难道是任用小人来败坏天下大事吗？当时，均输法、保甲法、青苗法、免役法等各项法令还没有施行，王安石的抱负还没有得到尝试，吕诲根据什么说看到他是耽误天下苍生的人呢？

考证《宋史 · 吕诲传》：章辟光上疏建议岐王颢应该搬到外面居住，皇太后大怒，皇帝下令治他的离间之罪，王安石说他无罪。吕诲请求把章辟光交给监狱的狱卒，没有得逞，于是上疏弹劾王安石。然而，吕诲实际上只是因为章辟光这件事没有按照他的意见办，出于意气用事，不惜对王安石进行大肆诬蔑。这与此前因为濮议之争他没有达到目的，就不惜诬告韩琦和欧阳修是一样的，两件事如出一辙。像这样的人，就算是宽容地对待他，也不免要像孔子那样指出他的毛病是直率但不知礼义，如果严格地要求他们，那么就要像帝尧曾经说过的那样，他们的谗言毁坏了许多美好的东西，让我们都感到震惊啊。据史书记载，吕诲将要上朝回答皇上的问话，司马光在朝房遇到了他，悄悄问他：“今天要说的是什么事？”吕诲说：“袖中弹劾的文章是新写的。”司马光惊讶地说：“大家都很高兴得到一个人才，为什么你要参他呢？”从这里也可以看到，当时朝廷上的人没有一个不信服王安石的为人的。对王安石进行私人攻击的只有吕诲一个人，这与蒋之奇、彭思永以男女之事诬陷欧阳修没有什么区别。后人没有人为他申辩，我因此不怕多费笔墨，做了如上的辩解。（以上所辩，一半采用蔡上翔的说法，其间又掺杂了我的想法，因此不再注明，把蔡上翔的名字附在这里。）

（考异十三）

《宋史·吕诲传》还记载，章辟光的这个奏章是受到王安石、吕惠卿诱导的结果。章辟光扬言："朝廷如果给我很重的罪名，我一定不会放过他们二人。"就此来说，王安石、吕惠卿其实是这个案子的罪魁祸首，而且章辟光又对外说了出来，吕诲肯定已经听说了，他要根据情况指出实情并不难，为什么他在弹劾的时候没有说呢？难道吕诲对王安石还有所保留吗？其实，这肯定是后来恨王安石的那些人看到吕诲的那些话，在这里变本加厉，编造出来，又被后来写史的人采用了，结果与吕诲弹劾的原文完全对不上号，这又是他们诬蔑王安石的一个例子。

现在将当时因为争论新法而辞去官职的人列举在下面：

熙宁二年（1069 年）五月，翰林学士权开封府郑獬因为在审判一个谋杀的案子时不依据新法，离开开封府知杭州。宣徽北院使王拱臣、知制诰钱公辅都因为在与王安石讨论新法时意见不合，王拱臣离开开封，判应天府，钱公辅出知江宁府。

六月，御史中丞吕诲弹劾王安石，皇帝将他的奏章发还给他，吕诲于是要求离开这里，他出知郑州。

八月，知谏院范纯仁说，王安石改变祖宗法度，搜刮民间财富，老百姓心里很不踏实。皇帝不听他这一套。范纯仁要求离开，出知河中府。不久又转任成都转运使，因为新法施行起来不方便，他就告诫州县不要马上施行新法，王安石对他的阻挠感到非常愤怒，就把他贬到知和州。

同月，侍御史刘述、刘琦、钱颢连续上表章弹劾王安石，结果，贬刘述知江州，刘琦监处州盐酒务，钱监衢州盐税。

同月，条例司检详文字苏辙，因为和吕惠卿讨论新法，意见不合，贬为河南推官。

十月，同平章事富弼自称有病，要求引退，出判亳州。

熙宁三年（1070 年）正月，判尚书省张方平极言新法的危害，要求离开京城，出判应天府。

二月，河北安抚使韩琦因为给青苗法提了很多意见，不被接受，上疏请求辞去安抚使的职务，只领大名府路，皇上同意了。

（考异十四）

史书上记载，王安石大肆诋毁韩琦和富弼，说富弼貌似恭敬，实际上很高傲；又说他把依附韩琦视为欧阳修的错误，还说他的儿子曾说，如果将韩琦、富弼斩首于市，新法就可以施行了，等等。种种诬陷诽谤之词不一而足。假使王安石果然说过这样的话，就是说他丧心病狂也不过分。但是，我们看《临川先生文集》，恰恰与此相反。书中有《赐允富弼辞免左仆射诏》，其中讲道："您辅佐我的祖父，在当时功劳卓著，鞠躬尽瘁，始终如一，忠心耿耿地为国家着想，大义可以长存。如果国家有了疑难，还是要求助于你。"还有《赐允韩琦乞州诏》也说："您以公师之官的身份将相的地位统管四路，守卫一方，在您身上，寄托着十分重大的责任，群臣没有能够和您相比的，虽然您身患疾病，但希望早日痊愈。您频频发来奏章，以病相告，朝中尊贵的大臣元老对您都有特殊的感情，无论从恩情上说，还是从礼义上说，都是很重视您的，怎么敢对您薄情呢？只好违背您的意愿，姑且这样安排吧。"又有《贺韩魏公启》，其中写道："（前略）尊敬的韩魏公，您秉承天地间的正气，就像我们这个时代可以卜知吉凶的大龟。忠诚不渝的节操为当时所推重，德行和声望也是我们的表率。您负责起草皇帝的诏令，掌管着中枢机构的大权，对您的毁誉几乎多得数不胜数，而国运的顺利与艰险却常在您的一念之间。所以，天下的百姓都把您是否被重用视为国家安危的征兆。（中略）像您这样，进退都想到国家的大义，出去还是留下则选择适当的时机，从您的所作所为来看，真是太完美了。我一直受到您的庇护和信赖，实在想得到您的帮助和支持。我现在身为近臣，想要尽一点儿为皇上竭力谋划的义务，又赶上当世这个大好的时机，更怀有对于'下比'的嫌恶，虽然我任用的人没有来自显贵门第的，却并不敢忘记您旧日的德行。（后略）"由此看来，王安石对韩琦、富弼二人实在是非常真诚地向往与他们合作的，而韩琦、富弼与王安石虽然对新法的看法不同，但他们的私交却始终没有改变。他们屡次请求休息，的确是因为年老生病，未必是新法的缘故。而史书上的传闻说王安石诋毁韩琦、富弼，一定是诬陷，这是毫无疑义的。

熙宁三年（1070年）二月，任命司马光为枢密副使，他没有接受。

三月，知审官院孙觉因为议论青苗法被贬出京城，知广德军。

四月，御史中丞吕公著因为议论青苗法，被贬出京城，知颍州。

同月，参知政事赵抃恳求辞去职位，被贬出京城，知杭州。

同月，监察御史林旦、薛昌朝、范育上疏弹劾王安石有罪，没有上报，他们三人也没有被罢官。

同月，监察御史里行程颢、张戬，右正言李常，御史王子韶，都上交奏章，指出新法的问题，各自请求辞职。程颢被贬为京西路提刑，张戬知公安县，王子韶知上元县，李常做了滑州通判。

七月，枢密使吕公弼弹劾王安石，被贬出知太原府。

九月，翰林学士司马光屡次要求辞职，留也留不住，贬为知永兴军。

十月，翰林学士范镇弹劾王安石，在户部侍郎位置上辞去官职。

熙宁四年（1071年）三月，皇帝下诏检查那些执行新法不能尽职负责的人，最初是知山阴县的陈舜俞不发放青苗钱，知长葛县的乐京、知湖阳县的刘蒙不施行募役法，都罢了他们的官。因为有了这个诏书，知陈留县的姜潜来此做官刚几个月，青苗法的诏令就下来了，姜潜把这个诏令贴在县衙门口，三天没有人来，又把它揭了下来，交给小吏，说："老百姓不愿意呀。"他很快就称病辞官回家了。

四月，监官告院苏轼上疏谈论新法的问题，皇上不接受他的意见，他请求外任，贬他为杭州通判。

五月，知开封府韩维因为谈论保甲法不合理，极力请求外任，留也留不住，贬为知襄州。

六月，知蔡州的欧阳修因为年老有病，请求辞官回家。

（考异十五）

据《纲目》记载欧阳修因为固守自己的风骨节操，接连被人诬蔑，六十岁就请求辞去职位。到了他做青州太守的时候，上疏请求停止发放青苗钱，皇帝想再召他回来执政，王安石极力诋毁他，于是把他迁徙到蔡州。到这里他请求辞职的心情更加迫切，冯京请求留下他，王安石说："欧阳修依附于韩琦，把韩琦当作社稷之臣，像这样的人，在一郡就会把一个郡的事情搞坏，在朝廷就会把朝廷的事情搞坏，留下来有什么用呢？”于是，就让他以太子少师的身份退休回家了。蔡上翔辩解说：“自从宋朝的天圣、明道（均为宋仁宗年号，分别为1023—1032、1032—1033）年间以来，欧阳修以文章、风节一直被天下人寄托着厚望。”庆历四年（1044年），曾巩的《上欧公书》写道：“王安石虽然已经通过科举取得了功名，但是他知道自重，不愿意被别人知道，认为只有欧阳修这样的人才可以了解他。”这一年王安石二十四岁。至和二年（1055年），欧阳修第一次见到王安石，从此以后，在他们的书信以及各种奏章当中都能见到互相爱慕、交口称赞的内容，他们的关系好得无与伦比。这在欧阳修的全集中都可以见到。熙宁三年（1070年），欧阳修批评青苗法对国家有很大危害，而且还擅自停止青苗钱的发放。这些也只是讨论国家大事，希望对国家和百姓都更有好处罢了，哪里就曾斥责王安石是奸邪之人，恶狠狠地好像面对仇人，就像吕诲等人那种过分的言辞呢？社会上流传王安石做了宰相，曾大肆诋毁欧阳修。考察欧阳修擅自停止发放青苗钱是在熙宁三年（1070年）夏天，到了十二月，王安石被授予同中书门下平章事。第二年的春天，欧阳修写了《贺王相公拜相启》，其中写道：“你在整个翰林都很超群出众，被整个朝廷寄托了厚重的希望；晚年执掌了朝政，得到皇帝对你的特殊礼遇。”像欧阳修这样刚直的人，如果在王安石做参知政事时二人之间真的发生过不愉快的事，那么在王安石做了宰相之后，却又献上这样阿谀奉承的文字，这难道是欧阳修能够做得到的吗？过了一年，欧阳修去世了，王安石作了《祭欧阳文忠公文》，对于欧阳修的为人与为文、他在朝廷上的大节、他所遭遇的坎坷困顿，以及他们之间平生如知己一样的感情、死后临风遥想和怅望的心情都显露出来。就凭王安石在皇上那里得到的宠信，推行新法又如此坚决，对于欧阳修，有什么必要忌恨他，而且非要把他排挤走呢？再说，人家活着的时候诋毁人家是天下最大的恶人，人家死后又赞美他是整个天下不可多得的人，这难道也是王安石的所作所为吗？欧阳修在治平三年（1066年）因为“濮议”遭到吕诲、彭思永的攻击。第二年，又因为流言蜚语受到彭思永、蒋之奇的诋毁。由此他坚决要求离开京城，到外地做官，于是知亳州、知青州、知蔡州，一直到他去世。在熙宁元年到熙宁四年(1068—1071)之间，他不曾有一天在朝廷做官，每年都告病请求辞职，尤其是在王安石没有执政以前，这与王安石有什么关系呢？“在一国则乱一国”这样的话出自杨立中的《神宗日录辨》，这种诬蔑之词是很容易辨别的，后来的人根据这样的话认为王安石做得不对，但他们二位的全集都放在那里却都不翻开来看一看，这是为什么呢？今天我们来看蔡上翔的文字，辩驳得非常清楚，不用我们再增加一些赞美了。欧阳修的辞职不是因为王安石，在这里说了这么多，就是为了驳斥王安石排斥忠良的诬蔑之词。欧阳修是这样，那么，各种杂史笔记中所记载的王安石诋毁他人的言论又怎么能全信呢？王安石的《祭欧阳文忠公文》实在是在中国可以数得上的文章之一，我已将它放在“王安石的学术成就”一章，大家可以参考、欣赏。

熙宁四年（1071年）七月，御史中丞杨绘、监察御史里行刘挚上疏谈论免役法的害处，贬杨绘为知郑州，贬刘挚为监衡州盐仓。

熙宁五年（1072年）三月，判汝州富弼上疏，他说，新法是他不明白的，不能用来治理州郡，愿意回到洛阳养病，皇上答应了他的请求，授予他司空武宁节度使，辞职回家。

熙宁六年（1073年）四月，枢密使文彦博请求辞官，授予他司空河东节度使，判河阳。

熙宁七年（1074年）二月，监安上门郑侠进献《流民图》，说天下大旱是新法造成的，不久就因为擅自派发“马递”传送文书被交付御史审问治罪。八年（1075）正月，他被放逐到了英州。

综上所述都是当时阻挠新政的大概情形。德高望重的元老们在朝堂之上作梗，盛气凌人的谏官们在下面哄然而起，而王安石孑然一身，挺立在他们中间，整个天下的艰难危险，没有超过此时的了！王安石在熙宁三年（1070年）写有《谢手诏慰抚札子》，其中写道：“我观察老天给了皇上聪明睿智，要实现尧舜那样的理想，确实是有希望的，所以才没有考虑自己的能力和时机是不是合适，就大胆地用我这个不很强壮的身体承担起天下的怨恨和诽谤，不过是想帮助皇上实现您的志向。自从我参与政事以来，已经有一年了，也没有什么作为，但他们内外勾结，联合起来，在一边非议我们所做的事情，对下专门欺骗百姓，对上企图蒙蔽皇上，流俗像波涛一样鼓荡起来，汹涌澎湃，以至于到了这种程度。皇上又好像不能不被他们迷惑，恐怕像我这样一个渺小的人最终不能完成这项使命。”他的危难痛苦之情令百世之后的读者仍然感到十分哀伤。

如果不是像王安石这样坚忍不拔的人，他能成就什么事呢？后世那些批评王安石的人就不必说了，即使是赞赏王安石的人也不免因为他任用了小人而为他感到惋惜。王安石所任用的那些人，果然都是小人吗？我将在后面的章节中论述，但是，当时阻挠新政的那些人难道不是世人所说的君子吗？像程颢、苏辙，都是王安石最初提拔起来帮助做事的官吏。其余像韩琦、富弼、文彦博、吕公弼等元老，他们和王安石共事，或一年，或二三年，或四五年，王安石从始至终何曾想到要排挤他们？但他们动辄就以去留相威胁，以此来争论新法是否可行，王安石能因为要安慰挽留这些同僚和朋友就扭曲自己的信仰，改变自己的志向吗？或者，为了坚持自己的信仰，实现自己的理想，就得罪这些同僚和朋友吗？二者不得不选择其中之一，真的是很难的，所以王安石在熙宁三年（1070 年）曾经上疏请求罢免他的职务，也就是因为他觉得既然志向不能够实现，那么还不如退隐山林守住自己的身体呢。但神宗对他的信任越来越深厚，对他的任用也越来越专一，有这样的皇上，他又怎能忍心辜负皇上的期望呢？只有鞠躬尽瘁，使得改革的大业能够最终完成。那些所谓的贤人既然对王安石的新法不肯苟同，并且发誓不与他同在一个朝廷为官，也就只有听从他们的意愿离开这里了。我们生在今天，如果设身处地地为王安石想一想，有可以两全的办法吗？

王安石当时所立的各项新法没有不好的，他要革除的弊端也是那些贤人们曾经皱着眉头提出来的，后来所取得的成绩也许不像最初预想的那样，但也是因为推行新法的人不是很适当而已，如果这些贤人能和王安石和衷共济，时常能互相弥补并防止过分的行为，那么怎么见得成绩不会更加显著呢？但事实上，他们却不问是非对错，凡是新法，一定拼了性命来攻击，明明知道这种攻击是不能让皇上回心转意的，却一定要上弹劾王安石的奏章，请求辞去职位，使自己出名，甚至有些地方官竟然要求州县不要执行朝廷的命令，这些人都是豪门大户，士子庶民都看着他们是如何做的，于是那些从新法中得不到好处的人都依附到他们周围。他们鼓动起来，影响到四面八方，使得老百姓无所适从，就好像一只手画圆，十只手画方，虽然有很好的法令，但是得不到很好的推行，这是必然的。

然而，新法的好处不能补偿它的弊端，是谁的过错呢？逼迫王安石不得不用小人，又是谁的过错呢？尽管如此，王安石对待那些攻击自己的人可以说已经够仁至义尽了。对于各位要求居住到京城之外的元老，仍然经过了再三挽留，不同意，坚持要走的，也只好让他们走。对于其他的官员，也不过降职或外放补缺，不曾有一个人因为这件事被罢免官职，治罪的就更不用说了。其间只有郑侠一个人被放逐到边远的地区，但那是王安石罢相回到江宁以后的事了。想看看子产、商鞅是怎么对待贵族的吗？想看看张居正是怎么对待那些言官的吗？想看看孔子是怎么杀少正卯的吗？

我的朋友——南海潘博曾经谈到王安石，他说："可惜王安石纯用儒家的那一套，缺乏法家的精神。"这是非常中肯的说法。世上那些议论王安石的人都说他实行法家那一套，用严刑峻法来约束百官，为什么他们的说法和当时的情形完全相反呢？王安石是以礼来对待那些士大夫的，虽然他的新法由于这些人的反对没有完全施行，但以大臣的风度，他足以成为千古以来的模范。而元祐（宋哲宗年号，1086—1094）年间诸位贤人对待熙宁（宋神宗年号，1068—1077）年间的大臣做得怎么样呢？我写到这里不禁有一种茫然的感觉。

章衮的《〈王临川文集〉序》说：

（前略）熙宁（宋神宗年号，1068—1077）的新政，君主用尧、舜对待百姓的心意，在上面坚持自己的主张；臣子像对待尧、舜那样对待自己的君主，在下面努力拥护他的主张。根本的一条都是为了天下的百姓，而不是为了自己。各位大臣如果能推究他们本来的用心，再议论他们的新法，发扬它的优点，补救它的过失，在推广的过程中探究它尚未显露出来的意义，通过互相弥补来矫正那种非要争个高低的情绪，务求同心同德，广求天下贤才来推行新法，对于宋朝来说，不见得没有好处啊。但竟然是一个法令刚颁布，诽谤就跟着来了，今天哄然而攻击的是王安石，明天哗然而议论的就是新法。言官借此邀买敢说话的名声，公卿借此博得体恤民情的赞誉，远方的小官吏随声附和，把自己托付给朝廷之中的某一党，而议论政事的朝堂几乎变成了相互憎恨仇视的地方。

况且，当时的情况是，下面没有不法之徒要借变法的由头来造反，外面也没有夏辽的使节借变法提出过分的要求，倒是这些在朝廷做官的大人先生先开始互相攻击和诬陷，像决堤的洪水一样汹涌而来，像一群怀有必胜之心的狂人似的，牢固得谁也打不破。祖宗之法大概都认为是好的，果然都是好的吗？新创的法令大概都被诋毁为坏的，果然都是坏的吗？又如在他们的议论中，还有出于一人之口而前后自相矛盾的，如苏辙曾经说过官府自办借贷的便利，但他却极力诋毁青苗法，认为它不是一个好办法；司马光在宋英宗的时候曾经说过，农民在租税之外不应该有别的负担了，衙门里的这些事也不用募民来做，但是他却极力诋毁募役法；苏东坡曾经说过，不夺取灵武，就无法打通西域，西域不通，契丹的强大就很难阻止，但他却极力诋毁熙河之役，认为不应该打；苏东坡还说募役法有问题，不能施行，过些天又力争要让募役法不被废止，都是这种情况。还有一些类似的事，从来都是这样做的，没有人说不对，王安石做了，别人就认为是错的。比如河北的弓箭社，其实它是与保甲法相表里的，苏东坡曾经请求增修社约，并且很关照他们，却单单仇恨保甲法，都是这种情况。

（中略）像这种情况，既不是关于是非的定论，也不是详尽分析利弊得失之后得到的宏大计划，所以王安石把这些一概都看作是流俗，因而主张更加坚决，法令施行得也更加有力，一时间的议论也就是这样了。而那些负责记载历史的官员，还有后世那些舞文弄墨的人，又都务求巧妙地诋毁他，有的使文字和意义分离，有的断章取义，夸大其词，然而当时攻击新法的人并非真的攻击新法，而是攻击王安石而牵连到他的法。

（中略）子产、商鞅这几个人都是诸侯的贵臣，他们都凭借自己的计划周密，果敢坚忍，在他们的国家内施展才华。而王安石凭借任何时代都不经常出现的奇异才能，又赶上了天下一统的好日子，君臣之间也很默契，就像鱼水之间的情形一样，但他却是一副落落寡合的样子，显得很孤独，这是为什么呢？因为时势不同了，很多人都嫉妒他。国内有很多变故，四面边境都有窥伺的敌人，他就像河流中的一条小船，不知道会漂向哪里，只有他的才智是众人必定向往的，这就是管仲他们获得成功的原因。

宋朝的统治本来就有些宽厚温和，真宗、仁宗以后，这种风气更加强盛。士大夫们竟然把含糊当作宽厚，把因循守旧当作老成，又有人喜欢高谈阔论，不肯删除繁杂、解决疑难来成就功名。而那些小人们则悠闲得如同一年到头养在厩里的马，一旦养马的人要为它们整理和擦拭，它们却会跳起来，用蹄子踢，用牙齿咬。这就像有人想要立刻改变以前的做法而施行新法，他们的惊骇和诽谤也就没有什么可以大惊小怪的了。王安石为什么不为舆论所理解呢？这是原因之一吧。

贾谊年轻又有才华，他不是皇帝亲近的大臣，却慷慨激昂地想要为国家改制立法，当时的周勃、灌婴等人虽然也想害他，但并没有像人们攻击王安石那样厉害。这是因为贾谊一直没有得到执政的机会，汉文帝也只是像对待众人一样对待他。王安石的人气和声誉倾倒当世，无人能比，已经被许多人忌妒，再加上南方人忽然发迹，他们父子兄弟相继来到皇帝近旁，神宗又动不动就把他当作圣人，并把他当作主心骨，等到众人议论纷纷的时候，他又悍然将天下的怨恨全部自己承担下来，极力与他们对抗而无所顾忌。王安石为什么不为舆论所理解呢？这也是原因之一。（后略）

章衮的这番议论说到王安石被人非议的原因，可以说是洞见了其中的关键问题。他说到因为南方人突然发迹，嫉妒的人很多，尤其说到了点子上。

啊！凭王安石洁白的品质、远大的胸怀，就像凤凰翱翔在万里云天，哪里就意识到有宛雏腐鼠在他的下面呢？而他的失败竟然也是在这个地方。

庄子说："中原的人对礼义搞得很明白，却不了解人心里是怎么想的。"又说："人心的险恶超过了山川，了解它比了解天的意愿还难。"王安石就是不了解人们心里是怎么想的，所以－让他遇到这些世上的小人，他会失败；让他遇到这些世上的君子，他也会失败。要说王安石的缺点，没有比这个更厉害的了。尽管如此，假如他真的很了解人们心里是怎么想的，并且跟着大家一起随波逐流，众人想找出他的错误，却拿不住他的把柄，不仅可以侥幸得到别人一时的曲意逢迎，而且还将有好名声流传于后世，又怎么肯为了国家而牺牲自己的安乐与名誉，被众人诽谤而不后悔呢？

啊，我中国数千年来的士人君子，其中很了解别人心思的人太多了，而糊涂的又有几人呢？

王安石新政受到的阻挠和破坏（下）

元丰八年（1085年）三月，神宗驾崩，哲宗登基，宣仁太后临朝执政。五月，任命司马光为门下侍郎，于是将新法全部废除了，并且流放驱逐神宗朝的旧臣。现在将当时的主要事情记载如下：

真是一朝天子一朝臣哪！

元丰八年（1085年）七月，废除保甲法。

十一月，废除方田法。

十二月，废除市易法。

同月，废除保马法。

元祐元年（1086年）闰二月，蔡确出知陈州，章惇出知汝州。

同月，废除青苗法。

三月，废除免役法。

四月，废除熙河经制财用司。

六月，放逐邓绾、李定于滁州，放逐吕惠卿于建州。

元祐二年正月，禁止使用王安石的《经义》《字说》。

四年四月，废除明法科。

五月，放逐蔡确于新州。

以上所列举的不过是其中比较明显突出的，其他的就不再一一叙述了。一言以蔽之，当时对于熙宁、元丰年间所做的事，没有一件不被废除的，对于熙宁、元丰年间所用的人，没有一个不被罢免的。范纯仁曾经对司马光说：“去除那些过分的法令就可以了，就像废除差役法这件事，尤其应该慢慢研究以后再说，不然的话，有可能增加老百姓的痛苦。希望您能虚心听取大家的意见，不一定非要自己拿主意。自己拿主意，想要逢迎你的人就可能乘机迎合你，差役法也许很难改回去，可以先一路试行，看其效果如何。”司马光不听他的意见，更加固执己见。范纯仁说：“你这是不让人说话呀！如果我想取悦你，向你表示好感，还不如年轻的时候迎合王安石很快地得到富贵呢。”过去，司马光曾经对神宗说过，王安石有贤能却刚愎自用。司马光的贤能如何？我不敢拿他和王安石比，但他的刚愎自用和王安石不仅相似，而且更厉害了。于是，新法从此就销声匿迹了。

新法应不应当废除，我在前面几章中已经详细讨论过了，这里不再多说。根据俗史的记载，据说在元祐（1086—1094）初年国家形势好得不得了，天清地明，全国欢欣，四周的异族国家都为之震动。我没有时间和他们辩驳这些事，让我引用先儒的一两个说法，来帮助我做一些说明。

陈汝锜的《司马光论》说：

靖康（宋钦宗年号，1126—1127）年间发生的祸患，有人说是从王安石开始的，我认为是从司马光开始的。不是说司马光直接造成了靖康年的祸乱，而是说他的所作所为引发了靖康年的祸乱。新法的施行不是随随便便姑且尝试一下，每个法令的确立，皇帝和宰相都经过了反复的讨论和商议，就像家人朋友，经过成年累月地商讨才开始颁布为法令。而宋神宗又不是一个生长在深宫，不了解民间疾苦和希望的人，推测有利的一面，计算有害的一面，推究事务的起因，探讨它的结局，法令尚未在国内发布，施行以后的情形已了然于胸中，看得真切无疑了。所以，虽然有太后的尊严、岐王的忧虑，上自执政的官员，下至官里的守门人，都来苦口相劝，仍然不能使神宗停止改革。虽说在施行的过程中有过分之处，但应该允许有好处也有不足，实际情况与预先设想有不一致的地方，关键在于要在旧的基础上变法图新，挽救它的缺失，成就它的美好，使得对下面不伤害百姓，对上面又不违背先帝的意愿。在这里，小人们没有可乘之机，报复的祸患也就无从说起了，为什么自以为是要把前面做过的全部推翻呢？

这是因为前有太后等人反对新法却不能得到神宗的支持，后有范纯仁、苏东坡等人请求不要尽废新法也不能被司马光接受。一遇到逢迎自己的蔡京，就高兴地认为他是守法的人，而先帝的尸骨未寒，各种法令都已被破坏了。这是把臣子凌驾于君主之上，谋划了数十年的事，一天之内就被废除了。这就是说，自己的见识和思虑比先帝还要高明，过去被认为是良法，如今却认为是恶政，这不是太蛮横了吗？孔子为什么称赞孟庄子不改变父亲的大臣和父亲的政策呢？如今司马光说："先帝的做法，好的百世都不能变，如果是王安石创立的新法，危害于天下，改变它就要像救火和搭救落水的人一样不能耽搁。"然而，神宗作为皇帝，岂能所有的事情都由王安石做主呢？神宗难道是个让臣子牵着鼻子走的人吗？说新法都是王安石一人创立的，有什么根据呢？何况，王安石不做宰相以后，在金陵（江宁，今南京）居住了八年，在这八年中，新法施行如故，并没有因为王安石不在就被废止了。王安石创建的法令，神宗终其一生都在坚持施行，为什么没有像"手实法"和"鬻祠"的主张那样被制止呢？可见神宗是有所选择的，也是有自己的主见的。而且，元祐（宋哲宗年号，1086—1094）期间，对新法的铲除和改变非常彻底，一点儿遗漏都没有，所谓百世都不能变的法在哪里呢？我担心先帝有灵，在地下也会一天都不能瞑目的。

又有人说，太皇太后是作为母亲更改儿子的做法，而不是皇帝作为儿子更改父亲的做法。然而，一切对以往政策的继承和改变，以及所做之事，在告知宗庙并向天下臣民颁布的时候，都说是我君之子，不说是我君之母，皇帝的母亲可以废止或搁置先帝做过的事，这正是吕后灭刘家的天下，武则天篡夺唐朝政权而建立周朝的原因。臣子可以借母后的权势而不把皇帝放在眼里，这种做法与徐纥、郑俨、李神轨之流没有什么区别？都是因为权势太大了。这就是教训啊！

何况，元祐之初哲宗皇帝已经十几岁了，并非是个遗腹子或婴儿做皇帝，朝廷做什么或不做什么都取决于宣仁太后，皇帝一点儿都不能参与。即使皇帝询问，大臣们也不回答，这是什么礼义呢？苏颂（字子容）觉得这事很危险，总是对那些老臣们说不要自找麻烦，皇上是谁都可以批评指责的吗？而且，哲宗也说，只有苏颂懂得君臣之礼。大概哲宗在绍圣（1094—1098）亲政之前，就已经蓄积窝藏了很多怨恨，而小人们借助皇帝进行报复，也不用等到章惇、蔡京执政的时候。为什么？既然臣子一定要力求超过皇帝，以为这就是忠，那么儿子一定要力求继承父亲来显示自己的孝。皇上显示一点儿他的意愿，下面就会有异常的表现。首先出来表现的是章惇，他所做的就是拘禁和放逐，没有一天是虚过的；接下来就是蔡京，他在朝廷兴妖作怪，假借绍述即继承神宗遗产的名义来谋求私利，宋朝的事情终于不可挽回了，司马光不应该稍微分担一些责任吗？

孔子说："说话一定要考虑后果，行动一定要算计成败。不考虑后果，不计算成败，把自己的前途交给老天。"说老天会赐福给大宋，一定没有这样的事。老天是可以期待的吗？老天让神宗死去是赐福给大宋吗？其实，太甲颠覆典章制度，就是老天在赐福给商朝了；而汉惠帝与曹参这些人坚守天下的整齐划一和清净无为，就是老天不赐福给汉朝吗？

王夫之的《宋论》说：

宋哲宗在位只有十五年，太后发号施令就有八年，哲宗亲政之后的日子不过六年。绍圣改元以后，他提拔小人，恢复苛政，被天下人诟病，可以不必再说了。元祐年间的政治也有很多是难以说得清楚的。绍圣时的所作所为，说是反对它，其实是仿效它，元祐时的所作所为，说是矫正熙宁、元丰（宋神宗年号，分别为1068—1077，1078—1085）时的做法，其实也未尝不是效法它，而且启发了绍圣，从而成为可以效法的对象。啊！宋朝没有发生动乱甚至亡国的危机，但它还能挺多久呢？天子提拔士人是为了这个国家，君子出来做官是为了皇帝，怎么能够把朝廷当作定流品、分清浊的场所呢？这里一定会有事发生，但这里的事一定是国事，其根本是君王的品德，其主要功能是治理国家，教化百姓，其紧急之事是异邦侵犯边境，要在这里进行谋划。施行于老百姓的，看他们太辛苦了，就要让他们休息；看他们丢弃了的，就要使他们发扬光大；他们遇到天灾了，要进行拯救；他们受到官吏的肆虐，就要惩治官吏，用实实在在的措施使百姓得到安宁。而选拔士人，就要涵养他的恬静之心，调动他的新鲜之气，从底层把他们选拔出来，用真正的君子来劝导他们，要求他们。难道只有绍圣时的人做不到吗？元祐时的那些大臣能够做到这些的又有几个人呢？

能够卓然提出诚恳的意见，并超出纷纭争论之外向皇帝禀告的，只有这么几件事：刘器上疏对寻找乳母一事提出意见；程颐请皇帝到崇政殿继续讲读，不要因为暑热而停止；范祖禹劝皇帝好好读书。除此之外，都是和已死成灰的王安石争论是非，提出的建议没有几个是能够用于实际的施政措施，所提拔的人也不全是不肖之徒。但只要是熙宁、元丰时遭到贬斥的人，就急急忙忙地起用他们，好像赶不及了似的，难道新选拔的这些人里面就没有一个可以担当大任，成为国家百年栋梁之才的吗？而将他们流放到岭南海岛，使自己憋了很久的郁闷之气得以舒展，这样就可以不辜负老天了吗？他们要体恤百姓，王安石的新法肯定要改变。哪一年有没有水旱之灾，要看采取了救灾的措施没有；四海之内有没有被冤枉的人，要看及时地复查审问了没有；监督施行新法之外有没有鱼肉百姓的贪官污吏，要看有没有人去弹劾；除了触犯王安石的人，有没有行为端正的好官，要看他是否被尽快地提拔。西部边陲发生了十分紧急的情况，没有听说派遣一名将领来捍卫边境不被侵扰；契丹屡次要求增加岁币，也不闻谁拿出个主意来杜绝他的欺辱。就像这个样子，宋朝还怎么拥有它的天下呢？它不过是元祐诸君扬眉吐气、抒发愤懑的区区一方土地而已。

司马光、吕公著二人并非没有为国家担忧的诚心，但除了刚直正大之气，别的都没有了。那些一时被流放到远方，暂时屈就于此，以求将来有大发展的人，正在蛮烟瘴雨中拂拭着身上的尘土，一副暗暗得意的样子。出去的，不知道有一个志向未定的孩子；里面的，不知道有个靠不住的女主人；在朝的，不知道有尚未发扬光大的对法度的尊重；在野的，不知道有难以倾诉的疾苦；对外，不知有傲慢地盯着我们尚未得逞的强敌，把一切都寄托在梦想着别人不到这里来骚扰。大家都把司马光、吕公著二位当作宗主，每天提一些改变法令的建议。二位已经耳聋眼花，以为只有废除了这些法令，罢免了这一派的官员，召回原来被罢免的人，恢复从前的老办法，社稷民生就能有救，国家就能长治久安，他们的办法不会超过这些了。啊，这样做难道就能酬谢天子的重托而不愧对皇天，坦然面对先祖的责问，告慰漂泊四海的孤独之人，使西北狡猾的敌寇也能折服，而敢说尽到了大臣的职责吗？

我如果诚心诚意地修养君子正直的品德，邪恶的东西自然没有办法来窥视我；我如果诚心诚意地做一些实实在在的政事，那么一些非分之想就没有办法影响我；我如果真能谨慎地选择捍卫国家的将领，保卫我们的家园，那些邀功生事的说法自然就平息了；我如果真能革除中饱私囊的弊病，来充裕我的财富，从百姓中搜刮聚敛的计划也就自己消失了；我如果真能用纯净的风气来影响士子，从慎于进取的人中选拔贤才，为国家百年之后储备人才，那些盯着官位的奸佞之徒也就自己收敛了，而好人则能通过自我修养洗礼磨炼，自己显露出来。但没有人这样做，而是夜以继日，像寻找丢失的孩子一样，提拔一个人，就说他是熙宁、元丰时被罢官的；罢免一个人，就说他是熙宁、元丰时被提升的；施行一种法令，就说这个法令是熙宁、元丰时废除的；废除一个法令，就说这个法令是熙宁、元丰时施行的。然而，如果让元祐时的这几位处在仁宗、英宗的年代，他们将一句话也说不出，一件事也做不成，就这样悠哉游哉地过一辈子吗？没见到他们有什么道理，仅仅是负气而已。气一动就停不下来了，于是吕公著、范纯仁在朝房不能协调，洛党、蜀党、朔党在官署闹出矛盾，一个人站在上面，更多的人在下面呼应，怎么能说元祐时仍然有皇上，宋朝仍然有国家呢？而绍圣（宋哲宗年号，1094—1098）时的那些奸人驾驶着四匹马拉的大车，驰骋在升官的康庄大道上，没有人能够阻挡他们。反对他们的所作所为的人又学习他们的所作所为。所以说，哲宗在位的十四年，没有一天不在为祸乱进行谋划，没有一天不处在危亡的境地，不只是绍圣是这样。那个时候，契丹的君臣也处在昏聩、淫乱而不能自保的情况下；李元昊的子孙们也只能偷安而不能再逞强了，如果不是这样，靖康年的灾祸不会等到那个时候。而契丹衰落，西夏孱弱，就像是遇到了汉宣帝北击匈奴的大好时机，但是全国的注意力却集中在争论你我之间的短长，而不能振奋起来。啊！难道只是宋朝的存亡吗？无穷的祸患就从这里开始了。站在今天的立场，回头再看哲宗时代的所作所为，他们的言辞洋溢在史书中，用实际的行为要求他们，没有一个是有人心的。如果明白得失之间的道理，怎么能与愚昧的百姓一样，共同来庆贺呢？

王夫之的这篇文章中有“将他们流放到岭南海岛，使自己憋了很久的郁闷之气得以舒展”和“正在蛮烟瘴雨中拂拭着身上的尘土”两句话，这是失于考证之处，因为王安石执政时，不曾流放一个人，这根据前面排列的名单已经看得很清楚了。即使在王安石辞职之后，八年间，也没有听说贬谪官员到岭南海岛的事。所以，元祐时流放蔡确于新州，范祖禹说，这条路上生长的荆棘都已经有七十年了，可以作为证据。

章衮的《〈王临川文集〉序》说：

元丰末年的时候，王安石早已辞去官职，不久，宋神宗与他相继去世，对王安石的议论随之也平息了，事情慢慢地安定下来。元祐（1086—1094）时如果能坚守新法不加以改变，因循习惯之后，效果自然就显现出来了，谁说继承发扬没有好处呢？然而，非要追究过去的怨恨，一定要将熙宁、元丰时的新法全部废除，王安石先用使人头晕目眩的猛药进行救治，司马光又用使人头晕目眩的猛药制造混乱，于是国家的政治屡次动摇，民心一再被扰乱，回想当时说新法不可以废除的，应当不只是范纯仁、李清臣等人，只是因为书写历史的人排斥王安石，不想把当时的说法都保存下来。不仅如此，哲宗非汉献帝、晋惠帝能比的，为什么杨畏的一句话，章惇就做了宰相，而章惇一做宰相，党人就全被驱逐了，新法也全部恢复了呢？悲哀呀！开始的时候是群臣共同结为一党来对抗皇上，最终是君子和小人各自结党来求得胜利，纷争不断，互相决裂，耗费时日，耽误国家大事，直到新的皇帝登基了，仍然不能停止，自古以来，像闹成这个样子而不给国家带来祸患最终导致败亡的，有这样的道理吗？王安石当年对仁宗说，晋武帝因循守旧，不思进取，不为子孙做长远打算，当时在位的官员也都是苟且偷安，贪图享乐，抛弃礼义，不要法度，后来果然天下大乱，中原被夷狄占据了二百多年。王安石又说：“可以有所作为的时机，没有比今天更急迫的了，错过这个时机恐怕后悔都来不及了。”由此看来，对于靖康时发生的祸乱，王安石是早已预料到了。他苦心经营，不畏艰难，不逃避别人对他的议论和诽谤，每件事一定亲自去做，他就是这样，天未下雨时就想到事先要把门窗遮挡好。而古今那些议论他的人却要把靖康时发生祸乱的责任归于王安石，这不是说明秦人斩首、车裂、灭族的习俗没有消亡吗？

陈汝锜、章衮都是平时崇拜王安石的人，他们的言论或许不免与我的言论有同样的毛病，即阿谀我们喜欢的人。像王夫之对王安石的诋毁大概和那些俗儒没有什么区别，但他论述元祐时的政治也像陈汝锜、章衮一样，那种把宣仁太后比作尧舜，而把司马光、吕公著比作皋陶和夔的说法都可以省略了。而且，元祐时的那些人可以议论的还不止这些呢。宋朝人王明清的《玉照新志》记载：

元祐党人，天下后世没有不推崇尊重他们的。绍圣（宋哲宗年号，1094—1098）时定下来的，只有三十二个人，到了蔡京执政，凡是和自己意见不合的都被写了进去，已经增加到二百零九人，然而祸根其实基于元祐时疾恶如仇太过分了。吕汲公、梁况之、刘器之定王安石亲党吕吉甫、章子厚以下三十人，蔡持正亲党安厚卿、曾子宣以下十人，张榜贴在朝堂之上。范祖禹上疏说，应该惩治首恶，胁从不问。范忠宣叹息着对旁边的人说："我们也将不免有今天这样的下场啊！"后来形势发生变化，章子厚建了元祐党，果然像范忠宣说的那样，大抵都是出于士大夫的互相报复，终于使国家遭受祸乱，真是悲哀呀！

章惇、蔡京制造党狱，至今稍有见识的人都是深恶痛绝的。章惇、蔡京应该受到大家的厌恶是绝对没的说的，但怎么知道造下这个孽的肇始者不是章、蔡，而是天下后世所推崇尊敬的元祐诸位贤人呢？如果不是有《玉照新志》偶然记述了四十个人张榜在朝堂之上这件事，我们到今天也不会知道。党籍榜和党籍碑有什么区别吗？何况刻碑公布于天下，是崇宁（宋徽宗年号，1102—1106）年间的事，他们在绍圣（宋哲宗年号，1094—1098）时，也不过是张榜而已。由此看来，始作俑者其实是吕汲公、梁况之、刘器之这几个人，章惇、蔡京不过是学他们的做法罢了，他们的罪过反而从来没有减轻过。党籍碑成了遭人万世唾骂的材料，党籍榜却从未有人提及，难道这有幸运和不幸运的区别吗？不过是史家赋予他们的幸运与不幸运罢了。

蔡确已经被贬官，但台谏仍然议论不停，谏议大夫范祖禹也说蔡确的罪恶天下不能相容。执政者要杀蔡确，范纯仁、王存二人认为不可，极力争取不杀他。文彦博要贬蔡确到岭峤，范纯仁听说了，对吕大防说："这条路自从乾兴（宋真宗年号，1022 年）以来，荆棘已经生长七十年了，我们听说了它，恐怕将来自己也免不了。"吕大防于是不再说了。过了六天，竟把他流放到了新州。范纯仁又对太后说："圣朝应该务求宽厚，不能凭借语言文字之间有些暧昧不明的话就诛杀或流放大臣。今天的举动应该就是将来的法律，这件事千万不可有个开头啊。"太后没有接受他的意见，蔡确于是死在了流放地。啊，这件事可以对比王安石在执政时是如何对待异己的。但王安石却蒙受了苛刻严厉的名声，而对于元祐的各位贤人，至今还有评论者认为他们除恶不尽，这样来看，天下还有是非吗？

陈汝锜又说："杨立中正当靖康遭遇祸乱之时（1127 年），说到这场祸乱虽然是蔡京一手造成的，其实是从王安石那时就开始酝酿了。这种说法一出来，各种支持它的材料也翩翩而至，把熙宁（宋神宗年号，1068—1077）时的变法作为靖康时祸败的根由，把王安石当作了鼓舞蔡京的开路先锋，这种诬陷太过分了。如今事实俱在，凡是蔡京所喜欢做的——沉溺在虚无的生活之中，大兴土木，建造楼堂宫观，在下面大肆搜刮盘剥老百姓的民脂民膏，在上面极尽奢靡享乐、荒淫无度之能事，蛀蚀国家、残害百姓的事做了不止一件——哪一件是熙宁时做过的？凡是蔡京结交的人，如内侍有童贯、李彦、梁师成，佞幸小人有朱冲、朱勔父子，执政者有王黼、白时中、李邦彦等人，惹是生非的不是一个人，哪个人又是熙宁时的人呢？虽然蔡京的弟弟蔡卞是王安石的女婿，但他并没有因为蔡卞的缘故就受到王安石的提拔，在熙宁、元丰的时候当权。他与王安石有什么关系？竟有人认为今天这个祸乱是王安石造成的，蔡京推尊王安石，加以王爵，配享孔庙，是把王安石当作他欺君邀宠的工具了，多少掩盖一点儿他的野心。就像篡夺汉朝天下改为魏国的人，未尝不拿舜和禹禅让的事作为借口，制造所谓的符命来糊弄小孩子于股掌之上，未尝不以周公摄政的故事作为解释，但曹丕篡汉怎么能说是三让登坛，是汉朝皇帝的谦让品德给自己带来了祸端，使得篡位者可以登上皇位呢？又怎么能教给后世如何使假皇帝变成真皇帝的谋略呢？”

这番话说得可谓痛快。我曾经说过，绍圣时章惇主持工作，他还是有意想要继承王安石的，还不至于嫁祸于宋朝，真正给宋朝带来祸乱的只有蔡京。但是，蔡京能够跻身显要位置，是谁举荐提拔了他呢？不是王安石，而是司马光。司马光要废除募役法，恢复差役法，周围的官吏同僚都认为非常困难，蔡京五天就把事情搞定了。司马光欣赏他的才干，于是委以重任。如果援引举荐连坐的法律，那么司马光难道没有不可推卸的责任吗？司马光也是一个贤人，我不敢学习史家深文周纳、歪曲史实的伎俩，把蔡京祸乱宋朝的罪过归于司马光，但我无论如何也没想到，那些善于骂人的怪兽反而将这个罪名强加给与蔡京风马牛不相及的王安石了！

王安石的用人和交友

古往今来，很多人谈论王安石，其中把他当作小人的就不必说了，即使那些奉他为君子的人也未尝不认为他的缺点是喜欢任用小人。然而，他果真喜欢任用小人吗？他任用的人果真像史书中记载的那样，没有一个不是小人吗？我希望大家能心平气和地做一番考察。

我曾经说过，王安石不得不任用小人的原因是当时的所谓君子没有人愿意让他任用。实情就是这样，王安石曾经说过："洪水之患，不可能等到有了治水的人才发生，而这些大臣中，只有鲧的才能在治水方面表现得比较优秀，所以虽然刚刚下令毁了全族的人，也不能舍弃鲧这个人。"由此推断，即使说他好用小人也没有什么不合适的。等到他辞官归乡之后，也曾经说过，自己的智慧不足以知人，所以给自己带来麻烦的往往是那些平日与他交往很多、情谊深厚的人，他受到小人的牵累，自己也非常后悔，这也是事实，我们不必为他隐讳。而且，小人也不是什么时候都不能用，但能否任用小人，一定要看任用他的是什么人。如果是个纯粹的君子要任用小人，天下没有比这个更危险的事了。一个人所以被人称为小人，一定是他的机巧变诈太厉害了，任用他的人在这方面要能与他相匹敌，或者超过他，虽然他很善于欺骗，但即使他用尽浑身伎俩，却仍然不会逃

以毒攻毒，小人才能对付小人。对于小人，君子常常显得无能为力。

出自己的掌握之中，只有这样的人，才能任用小人。比如张江陵（张居正），就是这样的人，比如胡文忠（胡林翼），也是这样的人，像曾国藩就不是这样的人了，像王安石就更不是这种人了。为什么呢？因为王安石就是个纯粹的君子啊，因为他是个太不懂得权术的君子啊。

尽管如此，说王安石专门喜欢任用小人也是不对的，说他任用的人都是小人更是不对的。王安石在给神宗的《论馆职札子》中说：“皇上即位以来，由于在职的这些人能够做事的很少，所以提拔任用的这些人中许多人有点儿小的才能但大节却很成问题。如果这样的人能得志，就会败坏社会风气。想要改变这种状况，只能是亲近忠良之人。”他这样规劝他的皇上，难道自己倒不这样做吗？在制置条例司刚成立的时候，神宗多次问王安石，王安石说：“如今要理财，就必须使用能人。但是，天下的人一旦看到朝廷优先使用能人，而不把任用贤人作为当务之急，恐怕风俗会因此而变得很糟糕。那样的话，恐怕会贻害无穷，所以皇上考虑国家大事是有先后缓急的。”这是王安石关于亲近贤人、疏远小人的谆谆告诫，是非常深切的告诫。所以，与其说王安石喜欢任用小人，不如说神宗喜欢任用小人，而王安石一直想要矫正他，但没有完全做到。事实上，被王安石提拔任用、关怀过的人，其中被后世称为君子的有很多位，然而这些人有的后来不再支持新法，有始无终，史家于是不认为他曾被王安石任用过。王安石既然一心一意要推行新法，那么凡是不赞成新法的人，虽然想要任用他们，也不可能善始善

20世纪80年代，我国改革开放之初也有类似的争论，时至今日，这个问题也还没有完全解决。

罕见珍品“宋三彩”

1966年在河南省密县挖掘出土，为999年（北宋咸平二年）制，高98厘米。河北及河南各地出土的舍利容器，大都被称为“宋三彩”，是罕见的珍品。

终，此事在道理上就是这样。说王安石无心任用他们，其实不是这样。而对于始终奉行新法的那些人，后来的史家并不问这个人平日的品行如何，就凭他附和新法这一件事，已经把他当作罪大恶极之人了。不仅如此，往往还虚构事实，一定要给他扣上个恶名才觉得痛快。不一定是和王安石一起共事的人，就是平时与他来往较多、关系比较密切的人，也没有一个可以幸免。如果是这样的话，那么，王安石所用之人怎么能不是小人呢？不是王安石喜欢任用小人，而是只要这个人曾经得到过王安石的关心，再经过史家的一番修饰处理，虽然是君子也成了小人。我不敢说王安石任用的人中没有小人，我觉得即便有小人，也绝不像有些人说得那么严重。凭着王安石的高风亮节，经史家刻画，仍然使后来的读者觉得王衍、卢杞就在眼前一样，那么其他那些在道德节操方面不如王安石的人，授人以可乘之隙，他们受到的诬蔑可能就更加严重了。像韩琦这样的人还可以指责他结交宦官，凭着欧阳修的名声还有人指责他盗淫甥女，而且整个朝廷都为此闹得不可开交，说他希望得到皇上的恩宠而不择手段，甚至欺骗皇上。当时的这种意气之争哪里还有是非之心，他们说的那些话又怎能让人相信呢？孙固因为“濮议”一事在朝廷上争论几句，马上被人们斥责为“奸邪”。然而，近千年来指责王安石所用之人为奸邪的，又怎能知道他们的品行连孙固都比不上啊？我并非一定要为王安石任用的人进行辩解，但确实有我不能不说的话，下面就把可以考证的人一一列在这里，并加以评说。

陈升之（1011—1079） 陈升之在仁宗时就已经做了执政官员，并非王安石特别提拔。然而，王安石的文集中有《送陈升之序》，大概在陈升之的名声还没有很显著的时候，就希望对陈升之委以重任。到了制置条例司刚建立的时候，就把他调来一起共事，所以神宗以陈升之为宰相一定是王安石推举的，这是毫无疑问的。陈升之担任谏官五年时间，谈到的事情有百余件，这个人不是一个庸碌无为的人，只是因为和王安石共事，史书上说他狡猾多变，善于附会别人来谋取富贵，这种说法是否可信就不是我所能判断的了。

王珪（1019—1085） 王珪自熙宁初年开始，连续为皇室起草诏书十八年，到熙宁三年（1070年）做了参知政事。熙宁九年（1076年），为同平章事，在整个神宗朝一直担任宰相。他是否得到王安石的推荐和提拔我不知道，然而他是一直奉行新法的人，《宋史》本传对他执政前多是褒奖赞美的话，在他执政之后却有很多讥讽、批评的话。平心而论，这是一个中和的人。

苏辙（1039—1112） 王安石最初设立制置条例司的时候，首先提拔他为检详文字。王安石专门提拔小官吏就是从苏辙开始的，后来苏辙因为不赞成新法，出为河南推官。

程颢（1032—1085） 制置条例司刚刚设立时，派遣八个人到各路去视察农田水利，程颢就是其中的一个，程颢实际上就是王安石特别提拔的人才。后来他因为不赞成新法，出为签书镇宁军判官。但是，《宋史·王安石传》和《宋史·程颢传》都不记载程颢曾经做过条例司官员一事，大概是觉得受到王安石的赏识是程颢的一个污点，所以要为他隐讳吧？

刘彝（1017—1086） 条例司派遣的八个人之一。在这之前他本来是县尉，也是王安石特别提拔的人。史书上说他因为不赞成新法被罢官，又说神宗选拔管水利的官员，因为他熟悉东南的水利，让他做了都水丞，并不是不用他，因为他有自己的专长，便委派他专门去做一件事罢了。由于他没有在关键的部门工作，所以本传没有贬低他的言辞，而且极力称赞他有才干。

卢秉（？—1092） 也是条例司派遣的八个人之一。史书记载他与薛向施行盐法时骚扰百姓，然而他请求辞去发运使一职并交出财物，经过综合考察，他的名声和他的实际情况还是可以看出来的。后来他出征西夏，建立奇功，他突出的才干才被人了解。他的父亲卢革因为谦让而闻名，而卢秉很小的时候就已经有了很好的声誉。他曾经说，树木如果不培植根是长不好的，就像士大夫要立名节一样。蒋堂体味他的话，认为他将来必成大器。王安石因为读了他的《壁间诗》，喜欢他的谦虚、淡泊，不争名利，所以特意提拔他。卢秉后来去戍守边关，因为父亲年老，多次请求辞官回家，神宗手诏挽留他，他的父亲卢革听说了，也以国家大义为理由不让他回来，后来父亲病重，他才得以回家，从此不再复出。由此说来，卢秉的名节真是非常卓越、鲜明，令人赞赏，也不辜负王安石对他的期望。但《宋史》却说他迎合屈从世俗的爱好，父子二人的为人相差很远。然而，卢革并没有说过他的儿子品行不好，而且是用国家大义要求他，不许他退休回家，而史家竟不许卢革有儿子，这是为什么呢？只是因为他奉行新法。

谢卿材、侯叔献、王汝翼、曾伉、王广廉 是条例司派遣的八个人中其他的五个人，《宋史》中都没有传，事迹也不可考。以程颢、刘彝、卢秉为例，他们应当也是很优秀的人才。

蔡上翔说，谢卿材、侯叔献在当时都号称是贤人，不知根据的是什么书，有待考证。

吕公著（1018—1089） 吕公著后来与司马光一起破坏新法，史家都把他看作是大贤人。然而他被破格提拔为显要的官员，其实是王安石推荐的。史家唯恐玷污了吕公著，所以在吕公著的传中讳而不谈这件事，但在他的哥哥吕公弼的传中记载：“王安石知政事，对吕公弼不附和自己很不满，对他说要用他弟弟吕公著为御史中丞，以迫使他就范。”大概这里又想给王安石编织罪名，于是忘了给吕公著隐讳，留下了这个痕迹给人们看。但我确实不能理解，对他的哥哥不满意，为什么还要举荐他的弟弟？而举荐了他的弟弟又为什么能够逼迫他的哥哥呢？真可谓欲加之罪，何患无辞啊！关键是王安石举荐吕公著是明显的，没有异议的。那些诋毁王安石专门任用小人的人又将如何解释呢？

韩绛（1012—1088） 韩绛是王安石推荐选拔的，代替陈升之领导制置条例司，不久又做了参知政事，并继王安石之后担任了宰相。他一心一意地守护新法，当时有“传法沙门”的称号，由于这个原因，《宋史》本传极力丑化和诋毁他。然而，考神宗刚登基的时候，韩琦就举荐韩绛有辅佐天子的气度，这个人的才干、品德都很优秀，并非只有王安石一个人了解他。他在早年断案清正廉明，抚慰百姓非常周到，政绩历历可观，做谏官的时候屡次谈到宫廷中积存的问题，尤其是一般人难以做到的。庆州的羌民叛乱，被他一举平定了，可以看出他在军事谋略上也很优秀。他知成都府、开封府，屡次打击豪强来缓解百姓的困苦。仁宗感叹地说：“大家都姑息他们，只有你能不屈服于世俗。”一些大臣数次冒犯皇帝的恩泽，韩绛执意认为不应该，他对皇帝说：“我惹得众人不高兴，恐怕会有流言蜚语。”皇帝说：“我没有做皇帝的时候，就听说官员们常拿国家的事情做人情，你能这样坚持是对的，怕什么谗言呢？”他的这种刚正不阿的气节在朝廷中其实是很罕见的。他曾经说，国家要富裕，就应当充分利用土地。他还第一个提出要改革差役法，是一个当政者中非常识大体、顾大局的人。他还数次推荐司马光一点儿都没有党同伐异的想法，这一点尤其令人敬佩。由此说来，王安石举荐韩绛来代替自己，实在是太合适了。以韩绛的贤能，他唯独对王安石心悦诚服，坚持施行新法，不加以改变，新法的好处也是可以看得到的。《宋史 · 韩绛传》只因这个缘故，在韩绛做了宰相之后就增加了许多诋毁他的话，不顾自己前后矛盾，我于是更加知道《宋史》是不可信的了。

韩宗师 对于韩绛的儿子，王安石举荐他为度支判官提举河北常平仓，史书上说他孝顺，这也可以看出王安石并不是随便举荐人的。

元绛（1008—1083）元绛因为王安石的举荐做了参知政事，神宗对他关怀备至。他的生平政绩都非常优秀，《宋史》本传也不能进行诬蔑和诋毁，只是在传的末尾说：“元绛到哪里都有很大的名声，但没有独特的操守，也少了一些规矩，对王安石和他的子弟谄媚逢迎，受到当时舆论的鄙薄。”在他的传后有论述说：“王安石为政的时候，一些士大夫中平素很有名气的人，都改变了自己所坚持的，追随王安石去了，这种情况到处都是。元绛在他的职位上有很独特的成绩，然而他也逢迎王安石，沾染了这种陋习。”如果是这样的话，凡是不肯攻击王安石的人，虽然有千百种美德，都可以用一个“谄”字给抹杀了，于是成了没有独特操守的人。凡是被王安石任用的人，怎么能不都是小人呢？史书中的《韩绛传》也说他是个贤人，但在最后加了两句话：“终于因为与王安石为同党，得以从政，好的议论也就少了。”这与《宋史》本传用的是同一笔法，这种议论、这种舆论，它们的价值有多大也就看得很清楚了。

吕惠卿（1032—1111） 吕惠卿是《宋史》中被列入奸臣传的人。他肯定不是个君子，这没的说。然而，王安石知道吕惠卿其实是欧阳修介绍的，书信见于欧阳修的文集。嘉祐六年（1061 年）欧阳修又有一篇《举惠卿充馆职札子》，其中写道：“吕惠卿的才干和见识都很不一般，文章写得也很好，他喜欢用古代的礼法约束自己，可以说是个端庄高雅的人。欧阳修向来以善于识别人才著称，他推荐的人都是当时的优秀人才。而对于吕惠卿，特别说他能够自我约束，说他端庄高雅，这个人恐怕不仅是才学很优秀而已。根据《宋史》本传所记载的罪状，大半是他奉行新法的情况。然而我以为，这些非但不应该是他的罪状，而且可以作为他的功劳。本传又记载他在绍圣（1094—1098）年间知延州，西夏人来进犯，将以全部军队围困延安，吕惠卿在米脂修建山寨来防备。敌寇来了，想要攻城却不能靠近，想要劫掠但野外没有什么可劫掠的，想要求战可诸位将领都按兵不动，想要绕道南方又担心腹背受敌，过了两天就退兵了。根据这个记载，看起来吕惠卿不仅有政事方面的才干，而且在军事方面也很有办法。吕惠卿果然是奸邪的人吗？这应当根据他是否曾经背叛王安石来决定。根据元祐初年苏辙弹劾他的文章，其中说到他与王安石的势力互相倾轧，变成了仇敌，私自拆看王安石的书信等，后来的史家说这是发生在王安石初次罢相时的事。今天，我们看元丰三年（1080年），王安石有《答吕吉甫书》，其中写道（吕惠卿在来信中称王安石为特进相公，王安石恰在这一年被授予“特进”称号，所以推测这封信是在当年或稍后写的）：

我和您本来是一条心的，现在却有了不同的意见，但都是因为国家的事情，没有其他的原因。整个朝廷的官员都对新法议论纷纷，只有您独自支持我、帮助我，我为什么要怨恨您呢？别人或许对您说三道四，但我却不想参与。然而，您为什么要责怪我呢？如果说对待世事采取逢迎的态度，我不知他们在说什么；而考察实际情况，您应该很明白，事情就是这样的。您对我的开导，我很明白，看罢以后感到十分怅然。过去对我来说，既没有细微的嫌隙可以怀疑；如今对您来说，又有哪些旧恶值得念念不忘呢？（后略）

吕惠卿来信说：“我看自己虽然浅薄，却还没有因为细小的毛病令人嫌弃；仰望您的高大光辉形象，又有哪些旧恶一直挂在心上呢？”所以王安石在信中这样回答他。这段话的原文见于宋代周煇《清波别志》卷中。

看到这里，王安石与吕惠卿开始合作而最终分手，应该是事实。然而，他们的分手是因为国事呢，还是因为私事呢？还不清楚。根据王安石在书信中的说法，是因为国事。如今我们从各种史籍中考察，也能见到蛛丝马迹。王安石刚刚辞去官职不久，吕惠卿接替他做了宰相，吕惠卿创立了“手实法”和“鬻祠法”，都是残害百姓的政策，不符合王安石的意愿。所以，王安石恢复宰相职位之后，就把这两个法废除了。吕惠卿敢于搞乱王安石的法令，说他背叛王安石也没有什么不可以。然而，这是因为他的学识有所不足，仍然是可以原谅的。但吕惠卿说自己觉得自己很浅薄，不知道是否还有别的意思，或者王安石大度包容不再与他计较？我认为，吕惠卿当时一定对阻挠新法、改革的人特别愤恨，想要整治他们，但常被王安石制止。我们看王安石罢相之后不出数月，就发生了流放郑侠的事，就可以想到这一点。如果真是这样的话，那么那些阻挠新法的人恨吕惠卿应该超过恨王安石。又因为他与王安石有了分歧，更加给别人留下了把柄。于是史家说到他的为人，认为他猪狗不如。我认为，吕惠卿当然不是优秀的人，但我怀疑"商纣王的错误也没有他严重"这种说法。

（考异十六）

《宋史·吕惠卿传》引用司马光的话说，吕惠卿才是变法的主谋，王安石不过是极力地推行新法罢了。好像一切新法都是吕惠卿提出来的，王安石不过就是一个傀儡罢了。我认为这一定不是司马光说过的话，如果真是司马光说过的话，也是他头脑发昏时说的话。王安石的新法平日就在他的心中酝酿，已经很久了，看他平时写的诗和文章，以及《上仁宗皇帝言事书》就很清楚了。《答吕吉甫书》说："整个朝廷的官员都对新法议论纷纷，只有您独自支持我、帮助我。"这里说的是吕惠卿帮助王安石，怎么能说是王安石帮助吕惠卿呢？

（考异十七）

《宋史》记载王安石和吕惠卿相互攻击的事情很多，他们说的话都很粗俗不堪。如果真像记载的那样，那么不仅吕惠卿是奸邪之人，王安石则是更厉害的奸邪之人。在这方面，蔡上翔辨析得很详尽，这里就不再引述了。但是我们看他的《答吕吉甫书》，他是多么宽宏大量啊，以王安石这样的为人，他怎么肯做这种卑劣无耻的事呢？读者如果相信王安石是个言行一致的人，那么读这封信就够了，如果仍然不信，我在这里唠唠叨叨说得再多也毫无用处，也就不再辩驳了。

曾布（1036—1107） 曾布是曾巩的弟弟，他辅佐王安石施行新法，功劳和吕惠卿是一样的。《宋史》也把他列入奸臣传，我根据本传的文字进行考辨，实在不知道它所谓的奸表现在哪里。当时，各种新法虽然都是由王安石提出大纲，但斟酌条目、编为法典多半是由曾布完成的。朝廷上的大臣对新法提出质疑，也由曾布一一进行解答。《文献通考》还记载了他的一些事，其中说到他文思缜密，逻辑性强，以及知识渊博，善于雄辩，他一定有超过别人的地方。本传记载他初次被神宗召见时就上疏，请神宗推诚置腹，振奋精神，让所有人都明明白白地知道皇上的意志是不可违抗的，新法是不可侮辱的。这些话都说到了根本上，可以弥补王安石的不足。他对于新法，每件事都是赞许支持的，只有在吕嘉问施行市易法造成恶劣后果的时候严厉地弹劾了他，认为官府不应该参与实行兼并，最终因此得罪了吕惠卿，被出知饶州。我们经常说和而不同，难道不对吗？司马光执政的时候，命令曾布对募役法进行修订，他拒绝了，说："免除劳役这件事，法令制定得非常详细具体，都是从我的手上出去的，现在让我来改变，我没有理由这么做。"他可真是不会变通，太倔强了。后来他在崇宁（1102—1106）年间又得罪了蔡京，蔡京诬陷他收了贿赂，让吕嘉问逮捕他的几个儿子，严刑拷打，刑讯逼供，诱使他诬陷自己，也是因为他不肯依附于蔡京罢了。《宋史》对曾布丑化得很厉害，以至于把他列入奸臣传中。但是，记述他的所作所为却是这样，其中很多他说过的话和做过的事都被删除了，没有记载下来，真是数不胜数。他们指责他为奸臣的原因不过是绍圣（1094—1098）和建中靖国（1101 年，宋徽宗年号，只用了一年）年间他两次倡导继承熙宁（1068—1077）变法的成果而已。如果这就说是"奸"，那么为什么不把王安石也并入奸臣传呢？在我看来，曾布是千古以来正直的人，以他的才学完全可以辅佐王安石。曾巩可以说有个很好的弟弟，王安石也得到一位忠实的助手，就像得到夔一样，是很知足的。王安石的冤屈，数百年来为他平反昭雪的还有十余人，而曾布的冤屈千古以来却像是在漫漫长夜之中，我怎么能不为他澄清呢？

章惇（1035—1105） 章惇也是奸臣传中的一个人物。王安石最初任用章惇，让他做的是编修三司条例官，后来派他去平定南北江的蛮族，开辟湖南四个州府的土地，有功还是有罪，前面已经讲得很详细了。元丰三年

（1080 年），他拜为参知政事，当时王安石已经罢相，过了不久，因为他的父亲冒占民田而被罢免，出知蔡州。元祐初年，他驳斥司马光更改后的役法，滔滔不绝说了数千言。司马光的役法依然施行，他在朝廷之上激愤地与司马光争辩，史书上说，他的言辞非常不客气，甚至很荒谬，大臣们都上奏攻击他。他随之被罢了官。而元祐的七八年间，他还有几次因言论被人弹劾。哲宗亲政之后，起用他为宰相，专门把恢复继承熙宁（1068—1077）年间的法令作为国家大事，凡是元祐时被废除的都要恢复起来，大兴党狱，并且想追废宣仁太后。哲宗去世以后，皇太后与大臣们商议立谁为国君，章惇说："根据礼法律条来说，他的同母弟弟简王应当册立。"太后说："我没有儿子，每个王都是神宗庶出的儿子。"章惇又说："如此应以长幼为序，申王应该册立。"太后说："申王有病，不能册立。"最后立了端王，就是宋徽宗。章惇因此被贬到越州，不久又被贬到潭州，再被贬流放到雷州，最后迁徙到睦州，死在那里。章惇不肯用官爵照顾自己的亲友，四个儿子参加科举考试都被录取，只有三儿子章援曾被授予校书郎，其余的都按部就班地走程序，在州县里工作，至今没有特别显赫的。《宋史》本传的记载大致就是这样。根据这些来判断，就足以称他为奸臣吗？就以他不肯用官爵来照顾亲属这一件事来说，他的正直孤傲、洁身自好已经可以使世俗之人感到是一种鞭策了。

哲宗去世以后，他和太后争论册封谁做皇帝，就因为这件事遭到贬谪和流放，最终死在那里。虽然我们不知道他主张立的简王、申王究竟如何，不过宋徽宗荒淫无道，最后使得宋朝灭亡，是从古到今大家都能看到的。怎么知道章惇不是平时观察宋徽宗这个人不适合做皇帝，故意出来阻拦呢？即使不是这样，也没有理由指责章惇有罪，如果只是因为他延续了熙宁、元丰的改革，就说他是奸人，那么他也只是奸其所奸而已。

他最为世人诟病的主要是两件事，一是放逐元祐时的那些大臣，二是请求废除宣仁太后的名号。请求废除皇太后的名号确实是有罪的，至于放逐元祐时的那些大臣，也还是以元祐时人对待熙宁、元丰时人的办法对待他们而已。元祐时的各位大臣做得对，章惇也做得对；章惇做得不对，元祐时的各位大臣也做得不对。有人一定会说，元祐时的那些人都是君子，君子是可以放逐小人的；章惇是小人，小人是不能放逐君子的。我不知道这些人所说的君子、小人是以什么为标准的。如果说私德，和章惇的耿直孤傲相比，恐怕元祐时的各位贤人仍然会感到愧疚的；如果是说政见，我没听说过还有根据政见来判断君子、小人的。攻击新法的人既然可以指责信奉新法的人为小人，那么信奉新法的人也可以指责攻击新法的人为小人，他们之间能相差多远呢？章惇报复元祐时的人，那种残酷的程度确实比元祐时厉害，但是我们也要看到，元祐时的人报复熙宁、元丰时的人的残酷程度也比熙宁、元丰时厉害多了。用正直来报答怨恨，这是一种美德。然而这只有崇尚道德的三皇五帝才能做得到，怎么可以拿来要求章惇呢？而且，元祐的各位都自称是君子，他们的道德还达不到这样的要求，何况章惇这样的人呢？我认为，章惇就是一个有才干但喜欢负气的人，至于说他是奸臣，我不能理解。

蔡确（1037—1093） 根据《宋史》本传记载的事实考察他，他其实就是个小人。然而，王安石在他执政的八年中，始终没有委派他太重要的工作，官职也只是到知制诰而已。王安石施行新法，也没有借助他的力量。他不能说是被王安石任用过的人。

王韶（1030—1081） 王韶的功劳已在前面具体介绍过了，《宋史》本传仍然严重地诋毁他，这里不再辩驳。

熊本（1026—1091） 熊本的功劳也在前面介绍过，但《宋史》本传对他也有微词，这里也不再辩驳。

郭逵（1022—1088）**赵卨** 郭逵、赵卨都是王安石任用过的边将，在对西夏、安南的作战中都立过功，《宋史》对他们也有微词。

前四个人都是功劳和过错不能相抵的。古代的名将往往都是这样。使用他们是因为他们有某种才能，为了取得成功而已，这些根本不是王安石的缺点。

范子渊 王安石任用的兴修水利的人。《宋史》中没有他的传，但《河渠志》记述他建设过的水利工程非常详细，大概他极力主张疏通河道，并能发明一些新的器具用于水利工程，也是一个有才干的人。《宋史》对于王安石的政绩没有不进行诋毁的，所以也说范子渊迎合王安石来邀宠，又说他发明的器具没有用，但如今历史陈迹已经湮灭很久了，他们的是非我也无法查明了。

薛向 唐坰弹劾王安石，说他对薛向、陈绎颐指气使，就像对待自己的家奴一样。王安石在嘉祐五年（1060 年）曾经举荐薛向管理马政，熙宁初年又举荐他为江淮发运使，不久又举荐他为权三司使，对他的信任是很深厚的。薛向在这些单位工作成绩都很突出，马政、漕运经过他的治理，都革除了过去的弊病。在熙河战役中，物资转运没有出任何差错，他在理财方面的功绩大概和刘晏相当，即使是《宋史》也很称赞他。王安石善于使用有才干的人，这也是一个例子。只是我很奇怪，《宋史》在薛向的传中，对王安石屡次举荐他只字不提，是不是不想用这样的事“玷污”薛向呢？唉！

陈绎（1021—1088） 唐坰把他和薛向并举，他们都应该是王安石非常信任的人。熙宁年间他曾经知开封府，《宋史》本传只有寥寥数行，只有“论事不避权贵，当政的时候坚决摧毁豪强结成的朋党，审理案件常常为人平反”这三句。此外就是诋毁他的私德，揭发他的隐私，说他的儿子和媳妇一天晚上都死在士兵手里。又说他善于伪装成忠厚老实的样子，多事的人看他像“山寨版”的颜回。在他的传的后面，史家说：“陈绎喜欢迎合别人做事，这本来没有什么可说的，但对闺门管理不严，发生了那样的事，廉耻都没有了，虽然他很有管理才能，又有什么可取之处呢？”根据这些材料来推论，陈绎一定是个操守严正、做事很敏捷也很聪明的人。古代那些老实守法的官吏，他们的政绩有很多是非常可观的，只是历史很少记载，却说他“伪装成忠厚老实的样子”，我不

本传称赞他的三句话是神宗对他的评价。

知道写史的人是怎么知道他一定是伪装的；他的儿子和儿媳死于非命和他有什么关系，凭什么指责他“廉耻都没有了”？“虽然很有管理才能，并没有什么可取之处”，古往今来有这种评论人的方法吗？从古至今有这样的“史笔”吗？关键的是，只要是王安石关怀过的人，即使是好人也会被说成是强盗，这是《宋史》的一贯宗旨。

邓绾（1028—1086） 邓绾的确是个反复小人，在王安石提拔的人当中，这个人是最为不肖的。王安石虽然曾经推荐了他，但后来讨厌他谄媚自己，于是自己弹劾自己举荐失误，王安石绝不文过饰非，从这里可以看到了。然而，世上却说他喜欢谄媚的人，为什么他做的正好相反呢？

许将（1037—1111） 他究竟是不是王安石举荐的，史书上没有明确记载。然而，他在熙宁初年被破格提拔，不能说没有王安石的作用。欧阳修曾经称赞他的文章风格像王沂公，他考中进士授予外任做满一届之后，不愿参加馆职考试，这点与王安石一样，对荣誉和利益都看得很淡泊。王安石很欣赏他，也许就是这个原因吧。他在担任流内铨判官时，因为考核汇总官员的名声、政绩而闻名。辽国用二十万大军威胁代州边境，要求割去代州土地，朝廷派出的使节都不敢去，许将慷慨请求派他去，当面使得辽国的使节萧禧折服，完成了他的使命安全返回。他在酒席宴前、杯酒之间，用外交谈判的手段使敌人折服的功劳不在富弼之下啊。他做尚书兵部判官，整理保甲法，成绩卓著。他知郓州，老百姓没有犯法的，父老乡亲感叹地说：“自从王沂公后五十六年，才见到监狱空了。”他做兵部侍郎，逐条讲述军事策略非常全面，等到用兵西夏的时候，神宗让宦官问他兵马的数量，他马上写好呈递上去。第二天神宗再问那些大臣，没有人说得上来。到了绍圣初年，有人提议要挖司马光的墓，他又进谏制止了这件事。由此看来，许将这个人的才干、谋略、品德、度量都是非常优秀的，王安石在执政的时候特意提拔他，不是没有原因的。而《宋史》在他的传后面评论他的时候只说他努力制止挖司马光墓这件事是可取的，其他的事一概不提，这样做是随意地表现自己的好恶公正吗？

邓润甫（1027—1094） 由于王安石的推荐被任命为编修中书户房事，不久又被提升为谏院知制诰，多次升迁后做了御史中丞。他在成为进士后，曾被举荐为贤良方正的人，召他参加考试，他没有参加。王安石喜欢他的淡泊名利。元丰末年，神宗派遣李宪征西夏，邓润甫极力谏阻，不久就被蔡确陷害了，丢了职位，被贬知抚州。这个人也是个很耿直的人。《宋史》谈论他的时候说："邓润甫最早称赞提出继承熙宁、元丰变法遗产的主张，虽然还有其他长处，也就没有什么可观之处了。"啊，这又是和韩绛、元绛、陈绎各传的笔法相同啊，一旦和奉行新法沾边，有了再多的优点也装作看不见，王安石任用的人怎么能不都是小人呢？

王子韶　王子韶也是一个善于钻营奔走、追逐名利的人，王安石最初用他为制置条例司属官，后来提拔他做了监察御史里行，但他很快就被罢官，知上元县，也许王安石自己意识到用错人了？

吴居厚（1039—1114）　吴居厚虽然不是王安石举荐使用的，但王安石记录了他的功劳并提拔了他。开始时他做武安节度推官，推行新法特别用力，统计闲置的土地，均给梅山的瑶民进行耕种，取得了一定成绩，升为大理寺丞，后又补司农属，后来出任河北常平仓提举。他以新法为典范，增订补充调整《役法》五十一条，史书上说他工于心计，精心筹划，查考审核，征得赋银盈余数百万。又说他鼓励莱芜、利国两个地方的官员自铸大钱，每年可获得十万缗（一缗为一千文钱）的收入。元祐时，治他的罪。绍圣年间，他为江淮发运使，疏通支家河，以利漕运，楚、海之间的人都靠它来获得好处。崇宁（1102—1106）年间，他被任命为宰相。史书上说他在位的时间长，没有非常明显的毛病，但善于聚敛财富，这被看作最大的污点。如今以《宋史》本传指责他的罪状来看，他核实闲置的土地均给瑶民，非常符合招抚的政策。冶炼铸钱，使得一个国家的金融货币更充实，国家与百姓都得到它的实惠。如果说到他疏通河道，以利漕运，这是史家也肯定的，这些都不能说他搜刮民财。只有每年征得赋银盈余数百万，果然是用损害百姓的办法来使得国家获利吗？也许是他办理得法，自然取得的效果？今天已经很难臆断了，为功为罪大概也没有定论。然而，即使史家特别讨厌他，也仍然说他没有明显的毛病，可见这个人是很能知道自尊自爱的，既然能够知道自爱，而理财的能力又如此厉害，那么王安石把他从一个小官吏提拔上来，也不能说是做错了。

张商英（1043—1121） 唐坰说，张商英是王安石的鹰犬，而近代的大儒颜习斋也说张商英善于理财，可以和薛向相比，不知颜习斋依据的是什么书。《宋史》本传记载，张商英曾当面说服了章惇，章惇对他非常敬重，回来就把他推荐给了王安石。因此，他得以被召见，被提拔为监察御史，但很快又被贬出朝廷，直到熙宁末年也没有被委以重任。他是否被王安石特别倚重，已经很难考察。哲宗亲政以后，张商英上疏严厉弹劾元祐时的那些大臣，所以当时的所谓士人君子特别讨厌他。宋徽宗崇宁（1102—1106）初年，蔡京做了宰相，张商英又上疏弹劾蔡京，说他身为辅佐皇帝的宰相，却一门心思地巴结逢迎皇帝。蔡京因此怀恨在心，把他编入元祐党人籍。大观四年（1110年），他代替蔡京做了宰相，他说，蔡京虽然主张“绍述”，即恢复熙宁、元丰时的新政，但他的目的却是要挟持皇帝，禁锢士大夫。于是，他大力改革弊端。蔡京曾铸造一种大钱，一枚可以当十枚用，可大钱的实际重量还不到三枚小钱的重量，张商英对此进行了改革，规定一枚大钱只能当三枚小钱，稳定了货币；他还恢复了转般法，禁止运送漕粮的漕船直接抵达京城，以推行货币交换的办法促进商品的流通，以免除对老百姓的横征暴敛来解放民间的生产力。他还劝宋徽宗不要太奢侈，要崇尚节俭，不要大兴土木，不要心存侥幸，要有一点儿危机意识，宋徽宗颇有些惧怕他，而且张商英也不辱没王安石对他的知遇之恩。

这也是一个较早具有金融意识的人，所以为士人君子所讨厌。

孙觉（1028—1090） 孙觉与王安石关系很好，

王安石执政以后，举荐他为直集贤院，后来他因为对新法有意见，被罢了官，史书对他很赞赏。不过，他与王安石的友谊始终不变。王安石去世以后，孙觉写了一篇诔文来纪念他，极力称颂他的美德。

李常（1027—1090） 王安石举荐他为三司条例检详官，后来因为新法发生争执，被罢官，史书对他大加赞赏。

陆佃（1042—1102） 王安石的学生，王安石执政以后让他做了学官，他始终能尊敬他的老师，只是不参与政事，所以《宋史》也很少诋毁他，只有一点儿不满意而已。

李定 《宋史》本传说，李定年轻的时候在王安石那里求学。熙宁二年（1069 年），孙觉举荐他，他被召到京城，拜见谏官李常，李常问他："你从南方来，老百姓对青苗法反映如何？"李定说："老百姓觉得很方便，没有不愿意的。"李常说："整个朝廷正在为这件事争得不可开交，你不要说这番话。"李定说："我只知道要实话实说，不知道京城这里不是这样。"王安石举荐他，让他做知谏院，御史陈荐弹劾李定，说他的庶母仇氏去世他没有报丧，也不穿丧服。皇帝下诏让江东淮浙转运使调查此事，上奏说："李定因为父亲年老，请求回家伺候养老，没听说他为生母服丧。"李定说："自己确实不知道是仇氏所生，因有疑问，所以不敢服丧。"于是，皇上以伺候父亲养老为理由解除了他的官职，不久又改他为崇政殿说书。御史林旦、薛昌朝说，不应该让不孝之人占据劝讲的讲台，并且弹劾王安石，奏章上了六七道。元丰（1078—1085）初年，提拔李定为御史中丞，弹劾

此即有名的乌台诗案。

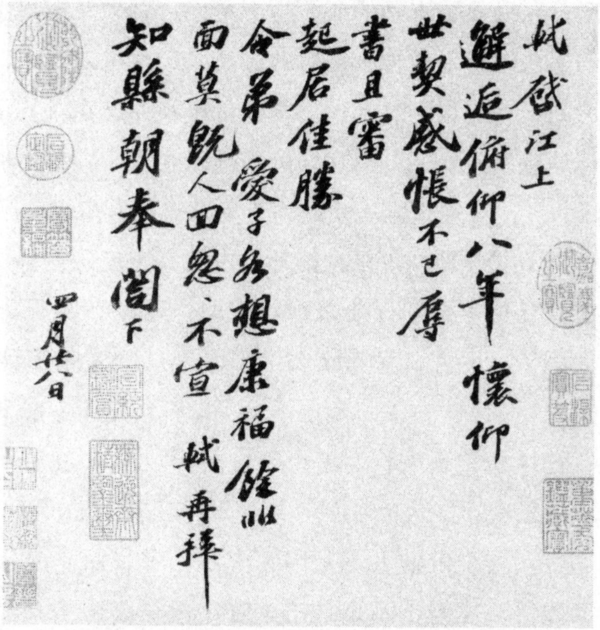

苏轼书法

苏轼，并把苏轼抓进了牢狱。哲宗即位，他遭到贬谪，住在滁州。李定对家族有恩，分财物给族人，救济他们，自己家里却没有多余的财物。得到让子孙当官的机会，他先让给哥哥的孩子，他死的时候，儿子们都还是布衣百姓，没有一个做官的。只是因为依附王安石，突然做了大官，又陷害苏轼，罗织他的罪名，因此舆论对他的评价都很差，不孝的名声尤其显著。唐坰曾说李定是王安石的爪牙，而当时弹劾王安石的人都喜欢拿李定说事，乱哄哄的，真是当时的一大公案。所以，今天我要详细列出本传的文字进行辩驳。根据本传所说，李定是孙觉推荐的，孙觉，字莘老，以学问、品行闻名于当时，他与王安石虽然是老朋友，但由于对新法意见不同被罢官。这是这个人在当时被许多贤人称许的原因，他怎么会举荐不孝的人呢？又根据本传的记载，说李定对家族有恩，得到让子孙当官的机会，他先让给哥哥的孩子，没有照顾自己的孩子。孝顺父母和兄弟友爱的道理是一样的，李定友爱兄长能做到这种程度，他怎么可能对父母不孝顺呢？陆游的《老学庵笔记》记载："仇氏最初在民间生了个孩子，后来做了和尚，就是佛印。以后做了李问的妾，生下李定。后来又嫁给了郜氏，生了蔡奴，蔡奴的工艺做得很传神。这时的仇氏已经嫁过三次人，她死的时候与李家已经恩断义绝很久了。孔子不为生母服丧，这在《礼记》中是有记载的，何况他的母亲是妾呢？用这样的道理来衡量，即使不服丧，也不能说是错。何况仇氏是在郜氏家里死的，李定说确实不知道自己是仇氏所生，因有疑问，所以不敢服丧，也是在情理之中的。李定还是不忍心不为母亲服丧，所以才假托侍养父亲，要求解除官职，这是在实行心丧啊，也可以说是情至义尽了。而且，又怎么知道不是李定的父亲不许儿子为这个过去的妾服丧呢？”由此来说，李定不是不孝很清楚了。就算是李定不孝，又与王安石有什么关系呢？而整个御史台都以此来攻击李定，再由攻击李定进而攻击王安石，气势汹汹连续上疏六七道，这是什么道理？这就很明显了，那些攻击李定的人不是因为李定不孝，而是因为他说青苗法给百姓带来了方便。他们也不是攻击李定，而是攻击王安石。因为他不肯随大家一起破坏新法，大家就不惜编造故事来侮辱他的名节，这是剥夺别人的言论自由啊。对于这样的谏官，不用张居正的办法，一一拉来在朝堂之上打屁股，不能让这些凶蛮的人得到教训，然而后世那些史家都赞美他们耿直，真让人叹息啊。我并不是非要为李定辩白，只是看到当时攻击新法的那些人，他们的无赖竟然到了这种地步！

吕嘉问　字望之，帮助王安石施行市易法的人。《宋史》本传极力丑化、诋毁他，但王安石曾经写过祭奠他母亲的文章，其中写道：“你生了一个有才干的人，我对他只有叹服和称赞，他秉公守法，遇到再大的困难也不改变初衷。”王安石辞官回到江宁后，吕嘉问知江宁府，王安石的文集中有《与吕望之上东岭》一诗，诗的最后一段是：“何以况清明，朝阳丽秋水。微云会消散，岂久污尘滓。所怀在分衿，藉草泪如洗。”吕嘉问的为人一定有值得我们欣赏的，而《宋史》的记载真是不敢都相信啊。

常秩（1019—1077）　常秩字夷甫，有道的人，也是王安石的好朋友。《宋史》因为他是王安石的朋友而诋毁他、丑化他。本传说：“神宗即位，三次让人去聘请他，他都辞谢不应。熙宁三年（1070 年），下诏让郡里以礼恭送他上路，不要听他辞谢的话。第二年他才来到朝廷，奏对之后就要辞谢回家。皇帝说，‘你既然来了，为什么不能多住些日子，将来不能用你，再回去也不迟啊’。就拜他为右正言。”本传还写道：“最初，常秩隐居不出来做官，大家都以为他一定是个隐者。后来王安石做了宰相，施行新法，引起天下沸腾，认为他不便出来。常秩在民间，见到他所颁布的新法，认为很好，再一下诏，他就来了。在朝廷中担任谏官和侍从，低头看人脸色行事，没有什么建树，声望也就一天天衰退了，当时很多人讥笑他。常秩对《春秋》很有研究，著有讲解《春秋》的文章数十篇，等到王安石废止《春秋》时，才完全避讳不再讲他的学问了。”

今天看来，在同一传记之中，前后相去不过数行，就记载了这么多的矛盾，这是在以前的史书中从未见过的。神宗是在治平四年（1067年，神宗在这一年即位）十月下诏请他来京城的，常秩多次辞谢，没有去，直到熙宁四年（1071年）他才开始入朝，本传前面的记载是对的。王安石被任命为宰相是在熙宁二年（1069年），常秩被召，是在以王安石为宰相的前两年，而常秩来到京城朝见神宗是在王安石做了宰相的两年之后，而且仍然有三次派遣使者聘请，又让郡里以礼恭送他上路，他才勉强来到京城，这怎么能说是“一召即起”呢？为什么他们喜欢诬蔑别人竟到了这种程度？但又为何这么笨呢？刘敞的《杂录》说：“隐士们得道的有孙侔、常秩、王令。常秩是颍州人，开始时不为人所知，欧阳修在颍州做太守，要求官吏整理郡中的户籍，核实订正他们的等级，常秩的资质排在第七等，众人马上请求说，常秀才清廉贫苦，希望能放宽他的等级。欧阳修感到很奇怪，向他们询问，都说常秀才很讲孝悌，是个有道德的人，不是个一般的庸人。欧阳修为了修改他的户籍请他来相见，很喜欢他的为人，常秩这才出名了。”如今来看欧阳修的文集，从治平三年（1066年）到熙宁三年（1070年），他与常秩的诗和书信有十几条。欧阳修比常秩年长六岁，还称他为“常夫子”，又说，愿意包着头巾，拄着竹杖，穿着葛屦，和先生一起四处走走。到他去世的时候，王安石为他写了墓表，称他是“违俗而适己，独行而特起”。凭着刘敞、欧阳修、王安石三个人的贤德，他们都这么向往常秩这个人，这个人的贤德也是可以想见的了。而《宋史》却这样诋毁他，而且还说他：“做学问不能坚持自己的观点，反而追随着时尚，不断变化，就像装在水井上的桔槔，想要它不动几乎是不可能的。”啊！只是因为他与王安石往来，就把他抨击得体无完肤，想不称它为“秽史”都不行啊。它还说常秩因为避讳不再讲他的《春秋》了，根据我的考证，王安石并没有废除《春秋》，常秩就是有取悦王安石的想法，也用不着讳谈《春秋》啊，对于这种诬蔑，辩都不用辩了。

这个问题将在“王安石的学术成就”一章详细讨论。

崔公度（？—1097）字伯易，学问渊博，文章写得也好，当时人们称他为“曲辕先生”。曾经作七千字的《感山赋》。欧阳修和韩琦都很器重他，刘沆举荐他“茂才异等”，他以生病为理由谢绝了他的好意，没有应召。英宗时（1064—1067），授予他国子监直讲，他以母亲年老为理由再次辞谢。幼时他与王安石就是好朋友，王安石在嘉祐三年（1058年）有《与崔伯易书》，为王逢原的去世感到悲痛，说：“世间能够了解王逢原的只有我们两个人。”王逢原安贫乐道，超越凡俗，和王安石正是同样的节操。而崔公度能够得到他们二人这样的称赞，那么他的高风亮节也是可以想象的。但《宋史》本传说他：“只知道取悦王安石，拍他的马屁，不管白天还是晚上，他去拜访王安石，王安石蹲在厕所里见他，他也不在意。还从后边握住王安石衣带的一端，王安石回过头去看他，他笑着说‘你的带子上有污垢，让我用袍子把它擦去吧’。看到的人都笑了，也够恬不知耻了。”嘿，不知王安石蹲厕所时为什么还有人在旁边，说见到的人都笑了，为何厕所里会有这么多人呢？这真是不尽情理而且极其肮脏、卑劣的话，居然写到正史中去了，这是什么样的用心啊！关键是，只要这个人稍微得到王安石的礼遇，务必丑化、诋毁他，使他不能和人类站在一起才罢休。

王令（1032—1059） 字逢原，王安石生平第一敬畏的朋友，刘敞所说的隐士得道的三个人，有一个就是他。王安石的文集中关于与他往来的诗文不下数十篇。他去世的时候，王安石为他写了墓志铭，把他称为“天民”。《宋史》没有他的传，《王直方诗话》说：“王逢原被王安石赏识，王安石执政以后，一些要来依附他的人每天都把门口挤得满满的，一个个都是满嘴奉承话，王逢原非常反感，就在王安石的大门上写了一首诗，‘纷纷闾巷士，看我复何为？来即令我烦，去即我不思’。意思是说，应该有知道羞耻的人，但是来请求拜见的还是这么多。”考王安石所作墓志铭，王逢原去世是在嘉祐四年（1059 年），实际上是在王安石执政前十年，这样的诗从何而来？可知宋朝人对待王安石只要能够诬蔑他的，都要发挥到极致，所有的亲友没有一个可以幸免的。幸好《宋史》没有为王逢原立传，如果立传，那么就像常秩把《春秋》束之高阁，崔公度在厕所中擦拭衣带的事情一样，又要弄得满纸都是了。

这三位君子，常秩、崔公度虽然曾经一度在朝廷做官，但都没有担任繁重的职务，他们和新法可以说没有半点儿关系。王逢原则在新法施行前已经去世多年了。但后来那些舞文弄墨的人还是竭尽全力地诬蔑他们，由于这样的缘故，使得我对史书中所记载的吕惠卿和章惇等人的可恨之处也不敢完全相信。不是我爱屋及乌，实在是过去这些挥笔写作的人讨厌一个人甚至连带到他的仆人，不能让我完全相信他们。

王安石任用的人不止这些，他所结交的朋友也不止这些，但就是以这四十个人来说，他们中的贤才占了一半多，不肖的人只有十分之二三。这里所说的不肖，他们的罪状也还没有定论呢。凭着王安石的宽宏大量，他是不肯用“不肖”来看待一个人的，有时也会被人出卖，这种情况也是有的，如果说他喜欢谄媚逢迎的人，难道王安石肯这样做吗？所有的人，如果你曾经被王安石任用过，或者你是王安石的亲友故交，或者你不肯随声附和来诋毁新法，虽然你是个君子，也一定要诬蔑你是小人。这样一来，他们说王安石专门任用小人也就有根据了。只有一个罪大恶极的祸首蔡京，他与王安石是远亲，熊本又曾以奉行新法机敏多才举荐过他，但他取悦于人、投机钻营、谋求仕进的本领在王安石这里完全用不上，反而用在司马光的身上了。所以，王安石虽然说不能知人，但比司马光还是高出一筹了。

王安石的家庭

王安石以孝顺、友爱闻名于当时，他的家庭实在可以说是个模范家庭。王安石十七岁的时候，父亲王益去世了，他继续侍奉祖母十余年。他的祖母是永安县人，姓谢，曾巩为她作墓志铭，收在《南丰集》中。他的父亲名益，字损之，官职是都官员外郎。王安石写过一篇《先大夫述》，收在他的文集中。他的母亲是仁寿县人氏，姓吴，曾巩也曾为她作过墓志铭，收在《南丰集》中。他们兄弟七人，其中王安礼、王安国在《宋史》中都有传。他的文集中收有《亡兄王常甫墓志铭》《王平甫墓志铭》，王常甫就是他的长兄王安仁，王平甫就是王安国。王安石早年因为贫穷才出去做官，他的俸禄要用来奉养祖母、母亲以及寡嫂，他家的境况在他的文集中记载得都很详细，他与王安礼、王安国唱和的诗作极多，他写的《亡兄王常甫墓志铭》《王平甫墓志》都称赞他们最讲究孝顺友爱，那么王安石的孝顺和友爱也就可以知道了。

王安石有两个儿子，一个叫王雱，一个叫王旁。王旁的事迹没有流传下来，只有王安石的文集中有一首《题旁诗》，也可以证明他早年是很聪明的。王雱，字元泽，十分机敏，没有成年的时候已经著书数万字了。十三岁的时候，听到来自陕西的士兵谈起西北洮河一带的情况，感叹起来，他说："这是可以安抚并拥有他们的，如果让西夏人得到了，就会使敌人的力量增强，而边境的忧患就多了。"治平四年（1067 年），他二十四岁，考中了进士，调旌德县尉（在今安徽），作策论二十余篇，大胆谈论天下大事。又著有《老子训传》和《佛书义解》，也有数万字。熙宁四年（1071 年），由于邓绾、曾布的推荐，他受到皇帝的召见，被授予太子中允、崇政殿说书，受诏撰写《书义》《诗义》，不久又提升他为天章阁待制兼侍讲。书写好以后，他升任龙图阁直学士，因为有病没有接受。熙宁九年（1076 年）去世，只活了三十三岁。

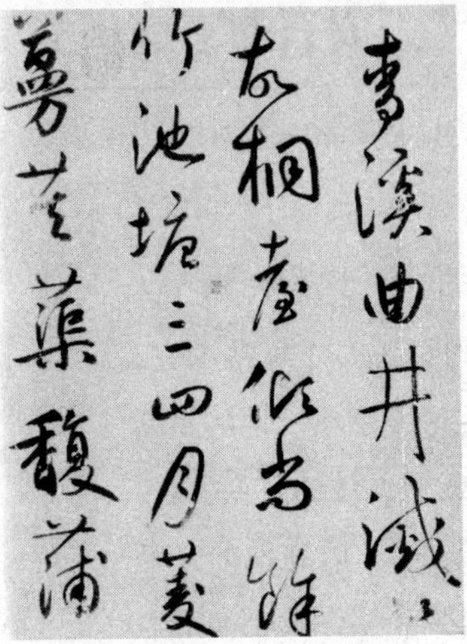

元鲜於枢书王安石诗

（考异十八）

《邵氏闻见录》说：“王安石的儿子王雱性情险恶，凡是王安石所作所为中不近人情的地方，都是王雱教的，吕惠卿像奴才一样侍奉他。王安石设置条例司，开始用程颢作为下属。程颢是个贤士，一天，天气很热，王安石正与程颢说话，王雱蓬头散发，光着脚，手里拿着女人的帽子走出来，他问王安石，‘你们在谈什么’？王安石说，‘新法一再遭到人们的抵制，我在与程颢商议办法’。王雱伸腿坐在地上，大声说道，‘在大街上把韩琦、富弼的头砍下来，新法就能施行了’。王安石说，‘他胡说呢’。程颢说，‘我正在和参政大人谈论国家大事，孩子怎么能够干预，请你退下’。王雱不愿意离去，程颢从此与王安石有了隔阂。王雱死后，王安石罢相，有一天他坐在钟山上，恍惚之间看见王雱戴着枷锁，像一个囚犯的样子，王安石于是将他所居的牛山园宅捐献出来，建了寺庙，为王雱祈福。后来，王安石生了疮，非常痛苦，曾对他的侄子说，‘快把我的那些《日录》烧了吧’。侄子哄他，烧了一些其他的书来代替，于是王安石就死了。还有人说，后来又有人见到了他。”李绂的《穆堂初稿》有《书（邵氏闻见录）后》一文，其中说：“《虞书》戒无稽之谈，《周礼·大司徒》用实行于乡中的八种刑罚纠察百姓，第七种是针对制造谣言的刑罚。制造谣言一定要施加刑罚，为什么要这样做呢？因为他的这些虚妄不实的话完全可以搞乱是非，使相关的人受到伤害，即使在他的身后，也会在很长时间之内受到人们的侮辱和耻笑。如果幸好这样的话出

《宋史》在王雱传中采用了这种说法。

自轻薄浮浪的小人之口，听到这些话的人还可能半信半疑；如果不幸这些造谣的人被错误地当成了有名望的士大夫，那么，虽然是贤人君子，也可能相信他说的话。而受到诬陷的人万世都要蒙受不白之冤，这不是很残酷吗？从唐朝开始，人们喜欢编写小说，宋朝、元朝更加兴盛，像钱世昭的《钱氏私志》、魏泰的《东轩笔录》，在这些书里，'孟主贤臣'，动辄就会遭到诬蔑。至于《碧云》《焚椒录》，胡言乱语已经到极点了。这些书中看上去可以相信的东西不会超过《邵氏闻见录》。现在看来，他们随意谈论的这些东西毫无根据，完全是诬告妄言，失去了真实性，与钱世昭、魏泰之流没什么区别。《邵氏闻见录》所记载的最骇人听闻的事，没有能超过王雱谈论新政这件事的。在父亲面前，还有贤人在座，就蓬头散发，拿着女人的帽子，随口妄谈，要砍韩琦、富弼的头。容貌和言语竟狂妄、丑恶到这种程度，使得天下后世的读者因为讨厌王雱而讨厌王安石。我曾经想过这件事，王雱以贤人的资质早年就致力于经学，著书立说，在尚未成年的时候已经写了数万言，怎么可能是个无知无识的人呢？今年消暑有余暇，偶然翻阅了一些书，简单地核查考证了一下这件事发生的时间，才知道《邵氏闻见录》是在无端地造谣和诽谤，绝对没有这样的事。王安石担任参知政事是在熙宁二年（1069年）二月，四月开始施行新法，八月举荐程颢做了条例司的官员。第二年的五月，程颢就因为与人意见不合转任签书镇宁节度使判官，而王雱是治平四年（1067年）丁未科许安世榜的进士。第二年是戊申年，也就是熙宁元年（1068年）。到了熙宁二年（1069年），王雱已经由进士授予旌德县尉的职务，远到江南去做官了，这样看来，王安石与程颢谈论新政的时候，王雱并不在京城。直到熙宁四年（1071年），皇上召见王雱并让他担任了太子中允和崇政殿说书，这时他才回到京城，而程颢到外地任职已经一年多了。怎么能像邵氏记载的那样，他听到程颢他们的议论呢？邵氏想要形容王雱的丑陋，就诬蔑他蓬头散发，光着脚，想要坐实他的蓬头散发，光着脚，就说那天正好是夏天暑热，却没有想到程颢任条例司官员是在八月，第二年五月就转到外地任职了。他是从深秋开始，到初夏，其间并没有暑热的日子。程颢比王雱大九岁，大约就是他的兄长，而韩琦、富弼甚至是王安石的前辈，他们的威望不是程颢可比的。邵氏说，程颢很严肃地指责王雱，'我与你父亲正在谈捕风捉影，甚至无中生有，编造段子，现在这也是一些人败坏别人声誉的重要手段。这种所谓戏说之法，近年来更为影视剧视为法宝。

论国家大事，孩子不应参与，请你退下’。王雱听了这话，当即就退下了。这个王雱既然敢说斩韩琦、富弼的头，却很在意比自己大不了几岁又是父亲属下的人，一受到训斥就离开了，这是不合乎情理的。邵氏又说，王安石在钟山恍惚之间看到王雱戴着枷锁等，这种鬼魅的传说是不值得辩驳的。司马光说，三代以前，为什么没有一个人误入地狱见到所谓的十王呢？那是因为没有人记载这样的事，如今邵氏的这种传言却被采纳到正史之中，又不能不辩，目的是不想让王雱在后世还蒙受这个恶名声，遏制稗官小说编造历史之风的滋长，不让人心风俗受到更多的危害。有人说，《邵氏闻见录》大约是邵伯温死后绍兴二年（1132年）他的儿子邵博编辑的，邵伯温不应该编造到这种程度。也许是邵博做的吧，大约当时社会舆论正在对王安石进行攻击，邵博希望借助于他所编造的这些离奇故事来讨好社会舆论，是不是这样呢？我不知道。”

蔡上翔的《王荆公年谱考略》说：“程颢与王安石讨论新法，王雱很狂妄地说要砍韩琦和富弼的头，李绂考证了发生这件事的时间，当时王雱并不在京城，邵氏无端地造谣诽谤是毫无疑义的。然而，李绂只说它被正史采用，是由于《邵氏闻见录》，却不知道朱熹在《程氏外书》和《宋名臣言行录》中也都采用了，于是写作《宋史》的人既然以为程朱这样的大贤人是可信的，也就使得王雱这个千年的奇冤不可能再被昭雪了。王安石平生是要实践道义、拯救时世的，他推行青苗法开始于他在鄞县做县令的时候，那时王雱只有四岁，嘉祐三年（1058年）王安石写了《上仁宗皇帝言事书》，嘉祐五年又写了《度支副使厅壁题名记》，讲的都是慎重地选拔人才，进行变法改革这是熙宁新法的最初起源。治平四年（1067年），王雱成为进士，做了旌德县尉，熙宁五年（1072年），他才来到京城。这时，新法已经一个接一个地施行了，和王雱有什么关系呢？当时像韩琦、欧阳修、司马光、刘攽等人上疏，也只是说新法不便于施行，没有人说王安石做事不近人情。第一个编造王安石十大罪状，丑化、诋毁他的人是吕诲，即使是吕诲，也不曾有一句话涉及他的儿子王雱。即使从熙宁、元丰、元祐、绍圣以来，数十年间一直有人攻击那些帮助施行新法的人，甚至到了势如水火、狠如仇敌的程度，也只是针对吕惠卿、章惇等人，没有人提到王雱。王雱很久以来一直在生病，熙宁七年（1074年），王安石还写了《谢赐男雱药物表》，熙宁九年（1076年），王雱就去世了，一定不是由于背上的疮发作而死的，却又纷纷编出闹鬼的故事，这是那些有学问的君子应该做的事吗？"

现在来看李绂、蔡上翔二人的辩驳，真像热水泼在雪上，或像快刀斩乱麻，令人有大呼痛快的感觉，我不必再用什么言辞称赞他们了。此外，史传和杂书中诋毁、丑化王雱之处还有很多，有了这样一个例证，其他的也都是不实之词，大概不用多说了，所以不再广引详辩来浪费纸墨。又如蔡上翔考证，北宋的那些人中从未有人攻击王雱，到底是什么原因，南渡以后，王雱忽然成了众矢之的呢？根据我的思考，这大概是由学术之争引起的。熙宁、元丰、元祐时对王安石的攻击，目标只是他的新法，没有涉及学术问题。此后分成了洛党、蜀党，他们的争论波及王安石，杨时著《三经辩》十卷，专门攻击《三经新义》，又写了《书义辩疑》一卷，专门攻击王雱。大概章惇、吕惠卿等人是帮助王安石施行新法的人，所以攻击王安石政策的人一定要攻击章惇、吕惠卿。王雱是帮助王安石著书立说的人，所以攻击王安石学术的人一定要攻击王雱，这也是很自然的事，不值得大惊小怪。但悍然触犯了《周礼》规定的"造言之刑"，即针对造谣者的刑法，这是那些肆无忌惮的小人才做的事，想不到讲学的大儒们也这样做。

王安石的夫人姓吴，被封为吴国夫人，曾有小词《约诸亲游西池》，其

中有一句："待得明年重把酒，携手，那知无雨又无风。"在当时曾被人传诵。

王安石的妹妹嫁给张奎做妻子，被封为长安县君，诗写得尤其好，佳句很多，其中比较突出的是："草草杯盘供笑语，昏昏灯火话平生。"王安石很爱他这个妹妹，到老仍然经常亲自接她回家省亲。

王安石有两个女儿，大女儿嫁给了吴充的儿子吴安持，被封为蓬莱县君，小女儿嫁给了蔡卞（字元度）。大女儿也工于文学，有一首诗写道："西风不入小窗纱，秋气应怜我忆家。极目江南千里恨，依然和泪看黄花。"王安石次韵一首诗寄给女儿："孙陵西曲岸乌纱，知汝凄凉正忆家。人世岂能无聚散，亦逢佳节且吹花。"过了几天，王安石又寄了一首绝句给女儿："梦想平生在一丘，暮年方此得优游。江湖相忘真鱼乐，怪汝长谣特地愁。"他又有《寄吴氏女子》（古风一首）：

伯姬不见我，乃今始七龄。
家书无虚月，岂异常归宁。
汝夫缀卿官，汝儿亦搢綎。
儿已受师学，出蓝而更青。
女复知女功，婉嫕有典刑。
自吾舍汝东，中父继在廷。
小父数往来，吉音汝每聆。
既嫁所愿怀，孰如汝所丁。
而吾与汝母，汤熨幸小停。
丘园禄一品，吏卒给使令。
膏粱以晚食，安步而车軿。
山泉皋壤间，适志多所经。
汝何思而忧，书每说涕零。
吾庐所封殖，岁久愈华菁。
岂特茂松竹，梧楸亦冥冥。
芰荷美花实，弥漫争沟泾。
诸孙肯来游，谁谓川无舲。

姑示汝我诗，知嘉此林垧。

末有拟寒山，觉汝耳目荧。

因之授汝季，季也亦淑灵。

这大概是王安石的女儿在京城中思念亲人，而他在为她化解忧愁，不仅诗写得很美，而且慈爱和孝顺的本性都跃然纸上。其中说到的“授汝季”，指的就是他的二女儿，蔡氏女子。王安石还有《寄蔡氏女子》二首：

建业东郭，望城西堠。千嶂承宇，百泉绕溜。青遥遥兮纚属，绿宛宛分横逗。积李兮缟夜，崇桃兮炫昼。兰馥兮众植，竹娟兮常茂。柳蔫绵兮含姿，松偃蹇兮献秀。鸟跂兮上下，鱼跃兮左右。顾我兮适我，有斑兮伏兽。感时物兮念汝，迟汝归兮携幼。

我营兮北渚，有怀兮归女。石梁兮以苫盖，绿阴阴兮承宇。仰有桂兮俯有兰，嗟汝归兮路岂难。望超然之白云，临清流而长叹。

王安石的女婿蔡卞是蔡京的弟弟，《宋史》把他入了奸臣传。如今我们看传中的记载，他们所说的“奸”的证据大部分暧昧不明，例如说蔡卞性情深沉不爱说话，章惇尚且在他的算计之中。章惇的行为很容易看清楚，蔡卞的心思就很难猜测。又说他中伤好人，都是秘密上疏给皇上，凡是这些都是所谓莫须有的罪名。又说他毫不怀疑岳父王安石的所作所为，认为那都是完全正确的，专门支持“绍述”的主张，对上欺骗皇上，对下胁迫同僚。但这只是《宋史》所说的“奸”，难道要强迫天下后世的人都认为这是“奸”吗？后来，蔡卞因为蔡京勾结童贯，当面指责他，蔡京在皇帝面前极力诋毁蔡卞，蔡卞最终因此被罢免官职。蔡京和蔡卞就像是盗跖和柳下惠，虽然是兄弟，但性情、人品完全不同。还有王雱，他也是不会玷污王安石的。

王安石居家很俭朴，自己主张生活要淡泊，从小到老不曾有太大的改变。这些散见在他文集中的诗文，历历在目，可以证明。《续建康志》说：“王安石再次辞官之后，以名义上的宰相判江宁府，在白下门外建造府第，这里离城七里，离蒋山也是七里。平日骑着一头驴和几个随从游览各个寺庙，想进城了就从湖上划着小船过去，大概从未骑马或坐轿。他住的地方四外没有人家，他的宅子也只能遮挡风雨，又不建院墙，看起来很像个旅馆。有人劝他把院墙建起来，他也不听。元丰末年，他得了病，上奏将这个宅子舍给了寺院，赐名‘报宁’。后来病好了，在城里租了一所房子居住，不再造房子了。当地的百姓说，‘如今江宁县治后面废弃的惠民药局就是王安石在城中租住的房子’。”刘安世（字器之，号元城）也说，王安石质朴俭素，终生好学，不把官爵放在心上。吴草庐也说，王安石的行为不同一般，他的意志非常坚决，不把富贵看在眼里，没有任何利益能把他淹没，从年轻的时候一直到老都是这样。啊！世上怎么能有这样的人啊！

王安石的学术成就

王安石的学术对于他自身来说是认识天命，激励节操，把握个人命运；对于外部来说，在于治理国家，用于社会实践。凡是他用来进行个人修养和施行于国家政治的，都是他的学术，为什么还要在此之外再来探讨他的学术呢？尽管如此，在这里也还是有可以探讨的地方。

两千年来，谈起学术，没有不把经学作为根本的。但所谓的经学究竟说的是什么？各种解释完全不一样。汉代刚开始的时候，传授经学的人都讲解经里面所包含的大道理，即经的主旨，不在章句上下功夫。而且，他们所讲的这些道理都靠口口相传，很少写到竹帛上面。因为是口口相传，一定是有所体会才讲得出来，不会凭想当然来进行解释，应当能得到经的本意。但是，由于他们很少写在竹帛上，听他们讲解的人很少，也就没有办法长久地流传下来，自从各位大师去世之后，经学就很难解说了。长安和洛阳的那些儒生多半都用谶纬、灾异、阴阳、五行等学说来解释儒家典籍，他们果真是从孔氏一门得到的传授吗？已经不能确定了。即使有人说是得到了孔氏一门的传授，也不过是诸多解释中的一种罢了，它并不能囊括对儒学典籍的所有解释，这是很明显的。其间有董仲舒以《繁露》来解说《春秋》，还有刘向以《新序》来解释《诗经》，都不是完全按照老师的意思，常常是根据自己的理解来推测经典的内涵，把经典中的意义加以引申和发挥，实际上是为经学研究开辟了一条新路。到了东汉末年，离古代更远了，口口相传的方式也更少了，贾逵、马融、服虔、郑玄这几位大儒出现了，开始专门把章句训诂当作学问来传授，在分析文句方面用力最勤，而经的主旨大概就弄不清楚了。从魏晋六朝到了唐朝，文人不喜欢学习儒学典籍，他们互相推崇的只有文辞，有三五个学问渊博的，还是出于佛学门下，儒学很不成气候，没有像样的领军人物，其间出现的像徐遵明、刘焯、刘炫、陆德明、孔颖达、贾公颜等人，也不过是贾逵、马融、服虔、

北宋著名理学家程颐

程颐（1033—1107），早年与兄程颢师事周敦颐。他与兄程颢，被世人合称为“二程”。认为“理”或“道”为万物的本原。二程著述被后人合编成《二程集》。

北宋思想家程颢

程颢（1032—1085），理学奠基者。提出“天者理也”和“只心便是天，尽之便知性”的命题，把理作为宇宙的本原。程颢是主观唯心主义心学的发轫者，他的“天地万物之理，无独必有对”对后来的理学，尤其对陆王心学影响很大。

郑玄的追随者，虽然用力更勤，但理论上的新发现也更少。到了宋朝，周敦颐的濂学，程颐、程颢兄弟的洛学，张载的关学，朱熹的闽学兴起，削去枝叶，深入开掘，经学的局面又为之一新。而他们更关注的却在于个人的身心性命，而用于治理国家、社会实践的学问却很少有人去讲。说什么只要在个人的身心性命方面，也就是个人的道德修养方面有了心得，治理国家、社会实践的学问不过是举手之劳、自然而然的事。发展到极点的时候，甚至于专门标榜《论语》《孟子》《大学》、《中庸》这四本书，把它们摆在其他儒学经典之上，而汉朝以来所讲的六艺几乎被束之高阁。固然，身心性命，即所谓个人修养是不能不讲的，然而这就是孔子所说的众人以上的人才可以和他讲的话，性命与天道不是所有的人都可以和他讲的，把这个当作普通的学问，怎么行呢？如果说治理国家、社会实践的学问都包含在身心性命的学问中，只要掌握了关于身心性命的学问，其他的学问可以不学就能掌握，那么六经就可以删除其中的十之八九了，孔子还要留这些让后人玩物丧志的东西干什么呢？这就是说，对于宋儒的学问，虽然不得不说他们是儒学的一部分，但他们绝不是儒学的全部，这也是很明确的。明代王守仁的姚江学派兴起，也在宋学的范围之内，但确实能独树一帜。说到经义学术，他的功罪与濂学、洛学、关学、闽学差不多是一样的。清朝承接着宋明以来学术的末流，而向着相反的方向用力，复古倾向十分严重。胡渭、阎若璩、江声、惠栋开了清代学术的先河，戴震、段玉裁、王念孙、王引之则建立起坚固的学术壁垒。自从乾隆、嘉庆以来直到今天，每一种经典都有了新的注疏，每个词、每一义都要寻求它的出处，空洞的言辞和没有根据的推测都被严格禁止，考证古代的名物制度，反复研究探索，刮去污垢，打磨出光亮，使事物露出了本来面目，于是使得古代的各种经典没有不可读的字，没有不可以解释的句子，功劳真是很大啊。但实际上，他们的这种功劳和徐遵明、刘焯、刘炫、陆德明、孔颖达之流没什么不同，只能像贾逵、马融、服虔、郑玄等臣子一样，就是再进一步，也只能成为贾逵、马融、服虔、郑玄的诤友，这已经是登峰造极了。一言以蔽之，他们都是致力于解读章句的学问，只是把这种技艺发挥到神乎其神的地步罢了。

综上所述，两千年来的所谓经学都在这里了。由宋到明，是儒学发展出来的另一支脉，虽然在理论上有一些新的开拓，但没有成为主流。而两汉隋唐的余绪在清朝发扬光大达到了极致，其中最伟大的成绩没有超出章句这个范围。当然，连章句都不能理解，更不用说主旨和道理了，但如果说只要把章句弄懂了，对典籍的研究就已经到头了，除此之外再没有可以研究探讨的问题了，天下难道有这种学术吗？即使是贾逵、马融、服虔、郑玄、徐遵明、刘焯、刘炫、陆德明、孔颖达、惠栋、戴震、段玉裁、王念孙、王引之等诸位经学大师又怎么敢说他们的学问就是经学呢？不过话说回来，我做这件事，目的是让世上研究经学的人省去他在解读章句上所付出的劳动，让他们能够专心致志地从事对经学主旨的研究。寻求经学的主旨，实际上是研究儒学典籍的唯一目的，解释章句，不过是为了达到这个目的而必需的手段。把手段误以为是目的，那么终其一生对于典籍都不会有什么发现，人人如此，代代如此，经学也就成了一个无用的东西。必须能够阐明儒学的主旨，然后才可以说是经学，这一点已经没有什么可怀疑的了。

但是，应当用什么方法来探求各个典籍的大义呢？这其实是最难解答的一个问题。两千多年来，许多大儒互相谦让不敢做这件事，就是因为它太难了。当然，我想要明白大义，也是想要明白这个大义的确是这一典籍的大义。然而，怎么做才能确定这个大义就是这部典籍应有的大义呢？这就要求必须得到删定这些典籍的孔子的亲自传授，即使做不到这一点，也应该从他的学生那里得到传授，更求其次则是应该从他的学生的学生那里得到传授，或从他的学生的学生的学生那里得到传授。从根本上说，没有口口相传，就没有人可以了解怎么来取正、调节，使之适中。如果同意这种说法，那么只有先秦的那些大儒才可以讲经学，其次则是西汉的那些大儒还勉强可以讲经学，从此以后，口口相传既然已经消亡，经学势必已经成为绝学，后来的那些儒学大师为什么不敢去探求儒学的大义，就是这个原因。然而，就这样长此下去一直到历史的尽头吗？那么，孔子删定六经，能够流传下来，是为了让后人玩物丧志吗？整个天下的人在章句训诂和名物制度的考据方面耗尽一生的精力，对于国家则没有一点儿好处，何必要用这种东西来扰乱人们的精神呢？

所以，后来的儒家学者既然不能从孔子或孔子的学生那里得到口口相传的亲授，没有其他办法，于是有人独自抱着一本流传下来的典籍，根据自己的理解来推测典籍的含义，自己去探求它的主旨和意义。他们探求来的大义果然就是孔子的大义吗？我不敢断定。然而，如果在十个意义中有一个意义是和孔子一致的，那就没有白费力气。就算都和孔子的意思不一样，但人人都这样去探求，那么一定会有一个是和孔子一样的。即使没有一个是和孔子一样的，但整个天下都能有思想的自由，人的性灵会因思想的沟通越来越深刻，也许有人能够发现古人未曾发现的奥妙，不专门做六经的注脚，而是要做六经的翅膀，他们的功劳不是更伟大吗？我认为，如果生在汉朝之后仍然想研究经学，除了这条道没有别的道。如果连这条道都不可取，那就等于说应当废除经学，不允许人们从事这项事业了。用这种办法研究经学的开创者是西汉的董仲舒和刘向，而发扬光大的就是王安石。

王安石在执政的时候写了《三经新义》颁发给各位学官。所谓"三经"，就是《周礼》《诗经》和《书经》。《周官新义》是王安石亲自写的，《诗义》和《书义》出自他的儿子王雱和门人之手，下面把它们的序摘录在这里。

《〈周官新义〉序》说：

士人被世俗流行的学问蒙蔽已经很久了，皇上很同情你们，要用儒家的学说来改变这种状况，就集中了儒臣来解释这些经典的宗旨，并将其传播到学校去，我就负责《周官新义》这部书。

道体现在政事上，就表现为人的贵贱是有一定区别的，做事是有先后次序的，得到的多和少是和命运有关的，变化的快与慢则要看时机是否合适。制定一项政策要能够施行，一定要有法律的保证，这项政策能否顺利地推行下去，要把希望寄托在合适的人身上。这个人可以胜任他的职务，这个官员可以很认真地遵守法律，这种情况没有哪个时期比周成王的时候做得更好。这种法律可以在后世实行，它的文字能在典籍之中见到，没有比《周礼》这本书记载得更完备的了。大概是因为习惯造成了对它的推崇，而历代的延续则使它更加完备，到了后来，已经不能再增加什么了。这难道只是周文王、周武王和周公的作用吗？这就像四时更替的运动，阴阳之气的积聚变化形成了寒暑，但不是一天形成的。

自从周朝衰落之后，一直发展到今天，已经过去一千多年了。太平盛世的遗迹已经被扫荡得所剩无几了，学者能够看到的也已经不是经典的全部了。在这个时候，想要用它来教育学生，并阐发它的宗旨，我感到诚惶诚恐，希望能做到这一点，但我知道这是很难的。从阐释和发扬经典的难处，我又想到了实行新法，推行新的政策，并追随在经典的后面，把它所描述的理想变成现实的难处。不过，我也看到了皇上推行新法，成就功业的勇气和决心，如果能使《周礼》的新义得到阐释和发扬，当今的学子能从这里得到教诲和启发，成为再造盛世的支持和帮助，就像给新政插上了翅膀，中原大地走向太平盛世的目标也就不远了。根据我今天看到的，结合我学过的古代经典，我就能将新义阐发得很好吗？我真感到诚惶诚恐，但我想还是可以的吧，所以才敢冒昧地接受这项任务，以为可以竭尽全力去完成它，而忘了我的才能也许达不到啊。

《周官新义》一书共有二十二卷，十余万字。本书先呈交给朝廷，副本送给有关部门，等到皇帝有了诏命再加以颁布。谨以此为序。

《〈书义〉序》：

熙宁二年，皇上要听关于《书经》的讲解，我因此来到皇帝身边，于是参与了朝廷的政事，我的儿子王雱接替我实际负责讲解的工作。皇上下旨，要求把讲解的内容写出来，献给皇上。熙宁八年，皇上又下旨把这些讲义颁发给太学，分赐给那里的学生。

《书经》中的《虞书》《夏书》《商书》《周书》等篇章经历了秦朝之后几乎消亡了。到了汉代，才保存下来一部分，有赖于学者的背诵和讲说，才没有失传，但君主也许并不知道它对于如何治理国家是有帮助的。

上天给了皇上莫大的智慧，他开始运用《书经》的思想进行实际操作，并检验它的效果，把它作为处理事物的依据；又任命我们阐释、发挥它的新义，使天下后世能因此了解这本书的价值，我们父子俩只好凭着有限的知识接受这项光荣的使命。

然而，《书经》是渊博、美好的，我们的解释却很浅薄，挂一漏万。使命是重大的，我们却是微不足道的。这种荣耀只能使我们感到深深的愧疚！谨以此为序。

《〈诗义〉序》：

《诗经》有三百一十一篇，它们的内容都还保存着，其中失传的只有六篇。皇上先派遣我的儿子王雱解释它的文辞，又派遣我阐发它的新义。这本书完成之后，皇上把它赐给太学，又颁布于天下，还让我为它作序。我只能恭敬地接受皇上的派遣。

一说三百零六篇，实际上是三百零五篇。

《诗经》向上可以达到“道”和“德”的最高境界，向下又能不超越礼义的约束和规范。充分发挥它运用语言的才华，君子就可以用这种方式寄托自己的情感；遵循着它的“道”的秩序，圣人可以成就他的事业。然而，我们看孔子的门徒端木赐和卜商，仅从《诗经》中得到一点儿体会，孔子就称赞和鼓励他们，可见要对它进行解说是多么难。但是，从周朝衰落直到今天，对《诗经》的解释一片混乱，众说纷纭，难道不应该重新进行解说吗？

皇上的道德纯良丰厚，连神灵都对他充满了好感，政令畅通无阻，通行于四方，没有人敢欺侮我们，我们每天都在进步，学问的积累日益深广，正在走向盛大光明的境界，即使用《颂》里的言辞来赞美，大概也不能将所有的美好都说出来。《诗经》中含义精微的言辞和思维深奥的道理，他既然已经得到了，又派遣我们来阐发遗漏的部分，希望能和天下的人共享。我们所了解的那点儿知识就像一支小小的火把，怎么能在太阳或月亮出来的时候显示自己的那一点儿光亮呢？姑且领受皇上的旨意，作为一点儿补充罢了。

《诗经》中说：“美好的成就来自长久的努力。”所以，《棫朴》一诗讲到培养人才时却要从周王的长寿说起，大概是希望有人能继承他的事业，使他的事业可以完成吧。我已经衰老了，大概还能见到这件事完成，也算是幸运了。谨以此为序。

这三篇序言的文字高尚简洁、深沉凝重，书中的内容由此也可以略见一斑了。而想要了解王安石研究经学的方法，更多的是在他写的《书洪范传后》这篇文章中。文中写道：

> 古代的学者，学生们虽然用嘴来提问，但他的传授却是通过心进行的；学生们虽然用耳朵来聆听，但他要让学生能够接受，一定要通过意会的办法。所以说，作为老师要不厌烦，学生们才能有所收获。孔子说："教导学生，不到他想弄明白而不得的时候，不去开导他；不到他想要说出来却不知怎么说的时候，不去启发他。教给他的知识，却不知道通过这一点来推想其他的方面，这样的学生也就可以不必再教他了。"孔子难道敢于专爱他的道理，就在天下的学生面前摆架子，不愿他们早一点儿觉悟吗？我认为，孔子的意思是说，因为他们问得不恳切，听得就不专注，他们思考得不深入，得到的知识也就不牢固，不专注又不牢固，那么知识只是进入了他们的口、耳而已。而我所要教的并不只是要求他们会说、会听啊。孔子去世之后，大道日渐衰落。随着时光的流逝，到了汉代，专门为经典作传和注释的学者出现了，做老师的只知道讲述却不管学生的回应，做弟子的只知道读书却不向老师提问，并不是不想问，只是以为经传的意思都写在这里了，可以不用再提问就得到了。难道只是不再提问吗？也将不再思考。并非不想思考，只是觉得经传的意思都写得很明白了。如果是这样的话，即使他们的传注都做得很好了，却也只能使学生们说和听的能力得到提高，不能提升他们的心智啊，何况他们的学问本身也不是没有问题啊。这应该就是历经上千年，而圣人的经典终于暗淡，学者也不能根据他的言论来治理这个社会的原因吧。

读到这里，王安石自己如何做学问以及如何教导学生做学问，我们都看得很清楚了。用心来传授，用意会的办法使人接受，恳切地提问，深入地思考，把自己学到的东西施行于国家和社会，这就是王安石所追求的治学的理想境界。我想，难道只是研究经学吗？对于任何一种学问，都应该有这样的求学态度。如果不是这样，只是在课堂上听老师传授讲义，虽然能记诵很多知识，最终却不能有新的发现和发明，一个国家的学术也就不能有所进步。

《宋稗类钞》说王安石闲居静坐，研究经义的主旨，精神非常专注，他在几案上放了百十颗石莲子，一边咀嚼，一边思考，石莲子吃光了，问题还没有想透彻，往往咬得手指流血自己还没有感觉。这种说法虽然不知道是否可信，但是他在求学时的坚韧刻苦、思考时的深邃细密，却可以略见一斑了。黄庭坚说："荆公六艺学，妙处端不朽。诸生用其短，颇复凿户牖。譬如学捧心，初不悟已丑。玉石恐俱焚，公为区别不。"这可以说是持平的看法。自从元祐初年国子司业黄隐毁了《三经新义》的书版，世间就很少流传了，元朝、明朝以来甚至就消亡了。清朝乾隆年间（1736—1795）修《四库全书》，从《永乐大典》中辑存《周官新义》一种，王安石遗留下来的言论才因此没有失传。我曾经找来读过，其中很多他的新发现、新阐述不是后来的那些儒学大师能达到的。全祖望说："王安石解读经典，最有孔、郑家法，言简意赅，只有牵扯到《字说》的那一部分仍有穿凿之处。"这仍然是在赞赏王安石在章句方面的学问，但章句之学恰恰是王安石学术中的糟粕。

后人动辄就说王安石曾诋毁《春秋》是"断烂朝报"，现在我们看看林希逸（字肃翁，号竹溪）在《鬳斋学记》中是怎么说的：

尹和靖说："王安石并没有废除《春秋》一书。废除《春秋》并把它当作'断烂朝报'的都是后来那些肆无忌惮的人假托王安石说的话。韩玉汝的儿子韩宗文（字求仁）曾经给王安石写过一封信，请教六经的主旨，王安石都一一做了回答，只有说到《春秋》的时候，他说，'此经和其他的经比起来尤其难解，大概是三传都不能相信吧'。王安石也有解释，只是他说得非常简略，有疑问的地方一律空缺。后来有人印成书，名叫《易义》，但不是王安石写的。"尹和靖与王安石隔的年代并不算远，他这么说还是很公道的。今人都以为"断烂朝报"是王安石的罪名之一，太冤枉他了。

王安石的《答韩求仁书》被保存在他的文集中，确实如尹和靖所说，王安石不仅没有回答韩求仁对《春秋》的询问，对于他问到的《易》也没有回答。大概这两部经典的微言大义和其他的经典相比更加博大精深，如果不是口传心授，是很难理解的，如果按照自己的理解去推测经典的含义，用这种方法研究这两部经典，没有不错到千里之外的，所以王安石不敢乱说。这正是孔子所说的，君子对于他所不知道的东西往往采取有所保留的态度。我辈正应当因此而赞美王安石的，怎么能因此诋毁他呢？何况古代的学校春秋之时教授《礼》《乐》，冬夏之时教授《诗》《书》，而孔子讲各地通行的话也仅仅是在读诗、读书和行礼的时候。难道不用它讲授《春秋》的大义吗？是的，因为这不是对谁都可以随便讲的。所以说，王安石只在官学中设立“三经”的课程，也是仿效古人罢了。

（考异十九）

周麟之在《孙氏春秋传后序》中说：“王安石想要阐释《春秋》并颁行天下，而孙觉的这部《春秋传》已经出来了，一见便有了忌恨之心，自知不能写得比人家好，于是诋毁《春秋》经典并废除它，说它是‘断烂朝报’，不把它列为学校的必读书，也不用于科举考试。李绂（穆堂）驳斥这种说法：，王安石想要阐释《春秋》，尚未著书，他人怎么知道一定不如孙著？见到孙著而心生嫉妒，诋毁他的传也就够了，为什么因为传而诋毁经典呢？诋毁他的传很容易，诋毁经典却很难，舍弃容易做的，去找困难的做，愚蠢的人都不干，难道王安石会去做吗？而且根据邵氏所辑的序文，说孙觉晚年因为儒生们的穿凿附会而心生忧虑，于是为《春秋》作传。那么，孙觉的这个传是在他的晚年写成的，应该没有问题。王安石死于元祐元年（1086年），死时六十八岁。孙觉在这一年才开始做谏议大夫，而死在绍圣年间（宋哲宗年号，1094—1097），死的时候六十三岁，这说明孙觉比王安石小十几岁。他晚年所著的书，王安石大概没有见过，嫉妒的说法又从何而来呢？周麟之妄造这种卑鄙的谎言，后来的一些人还相信他的说法，这些人的丑陋和周麟之没有什么不同。”又有人说：“‘断烂朝报’这种说法曾经从知名的前辈那里听说过，说是从《临汝闲书》（作者南宋人李璧）中看来的，大约是在讽刺解读经典的人，而不是诋毁经典本身。王安石的学生陆佃和龚原都研究《春秋》，陆佃著有《春秋后传》，龚原著有《春秋解》，遇到疑难问题就看作是‘阙文’。王安石笑着说，阙文如此之多，《春秋》成了‘断烂朝报’了。大概是讽刺他们，即使对经典不能完全理解，也不能作为‘阙文’来处理，意思其实是尊重经典而并非诋毁经典。”今天来看孙觉的《春秋传》，不但周麟之有跋，杨时（字中立，世称龟山先生）也有序。杨时说：“熙宁之初，尊崇儒生和儒家经典，启发开导了许多学生，以为《春秋》三传的异同没有办法考证，在六经中尤其难学，所以不把《春秋》列入学官的教学之中，并非废弃不用它，而学生们因为要急于应付科举考试，于是老师就放弃不讲了。”这种说法与尹和靖的说法恰好相同。杨时平时最喜欢诋毁王安石的学问，他这样说，为什么后来的人不注意，偏偏相信周麟之的说法呢？

王安石平生的著作，有《临川先生文集》一百卷，后集八十卷，《周官新义》二十二卷，《易义》二十卷，《洪范传》一卷（今存集中），《诗义》三十卷（今佚），《春秋左氏解》十卷（今佚），《礼记要义》二卷（今佚），《孝经义》一卷（今佚），《论语解》十卷（今佚），《孟子解》十卷（今佚），《老子注》二卷（今佚），《字说》二十四卷（今佚）。

王安石平生对于书没有不看的，到了老年更加有感情，他在晚年写有《与曾子固书》，其中写道：

（前略）我自诸子百家的书，一直到《难经》《素问》《本草》以及各种小说，没有不读的，农夫女工，没有不进行询问的，然后对于治理国家的学问才算懂得了一个大概而没有疑问。大概后来的学者，他们所处的时代与先王的时代不一样了，如果不这样学习，就不能全面地理解圣人的

曾子固来信大约是规劝王安石不要研究佛学，所以有这样的回复。

道理。扬雄虽然说过，他不喜欢非议圣人著作的书，但像墨子、晏子、邹衍、庄子、申不害、韩非等人的书，有哪些他没有读过呢？他是为了获取知识才去读这些书的，读书时又能有所取舍，所以各种各样的学说都不能使他迷惑。也正因为他没有被别的学说迷惑，所以他能够有所取舍，并用来进一步阐明自己的观点。你看我读了这么多书，就认为我可能被别的学说迷惑吗？那你太不了解我了。如今迷惑人的不是佛教，而是那些学者、儒生所沉溺的个人的名利欲望，互相吹捧，不懂得自己约束自己，你以为是不是这样呢？

王安石晚年更加潜心于哲理的研究，以求得到道的本质，在佛学和老子的学说方面都有心得，但他最根本的一条还是要对治理国家有所帮助。他有一篇读《老子》的文章说：

道有根本的道，有具体的道。根本的“道”，是万物赖以生成的元气；而具体的“道”，是由元气的运动、变化而生成的万事万物。根本的“道”出于自然，所以它不依赖人力而由万物自然生成。而具体的“道”由于涉及具体的事物，所以它必须依赖人力才能造成万事万物。对于不依赖人力就可以生成万物的根本的“道”，圣人固然可以不说话，没有作为；至于依赖人力才能造成万事万物的具体的“道”，圣人就不能不说话，也不能无所作为了。所以，昔日高高在上而以造就万物为自己的任务的圣人一定要制定四种措施。这四种措施就是礼、乐、刑、政，这就是万物能够生成的原因。所以，圣人只是致力于怎样造成万物生长，而不去议论谁生成了万物，大概就是因为万物赖以生成的元气是自然的主宰，不是人力所能干预的。

可是，老子却不这样看。他认为，凡是涉及具体事物的，都不值得议论，也不值得去做。所以他要去掉礼、乐、刑、政，而只讲一个“道”字，这是因为他不能洞察事理而一味追求高深的过错。根本的“道”既出于自然，又何必去干预它呢？正因为具体的“道”涉及具体的事物，所以才要依靠人来议论它，并且要人们去做啊。《老子》讲：“三十根辐条集中在一个车毂上，中间有个轴孔，车子才能动起来。”车毂和辐条之所以能够发挥作用，其原因固然在于车轮中间有个空无的轴孔，但工匠制造车轮的时候从来没有对轴孔的空无给予过特别的关注。因为空无的轴孔是自然形成的，工匠可以不去管它。如今制造车子的人只管制造车子的车毂和辐条，而从未把精力用在“无”上。不过，车子造好之后，由于车毂和辐条都已具备，这样轴孔自然就会发挥它的作用了。如果只想着发挥轴孔“无”的作用，却不去制造车毂和辐条，那么这种造车的办法也太离谱了。

现在，人们只知道轴孔的“无”对车子起作用，人们的“无为”对天下起作用，却不知道它为什么能起作用。其实，“无”能够对车子有用，正是因为有了车毂和辐条；“无为”能够对天下发挥作用，正是因为有了礼、乐、刑、政。如果有人造车子要去掉车毂和辐条，治理天下要废除礼、乐、刑、政，坐在那里等待“无”发挥作用，那就和愚蠢离得不远了。

今天西方学者谈论哲学，并以此来推动像社会学、国家学这样的学说。他们的理论很多，总的来说，不外乎两种说法：一种是说宇宙中的一切事物都是自然生成的，都是由自然规律支配的；另一种与此相反，反驳他们的人说，优胜劣败，老天并不发慈悲，或优或劣都是人们自己选择的。根据前面这种说法，就要遵从命运；根据后面这种说法，就要遵从力量。遵从命运而忽视人的力量，就会造成放任自流，而社会就不会进步；遵从力量而不了解自然规律，就会过分干涉自然的发展演变，社会也很难进步。明白了人的力量与自然的力量之间的关系，以及它们的相互作用，也就差不多明白了社会发展的道理。王安石的这种观点大概是有所创见的吧，两千年来学者们谈论老子，没有像王安石这样精辟的。

王安石的文学成就（上）

对于王安石的政治和学术，后世攻击他的人很多，唯独对于他的文学仍然表现出一定的尊重。这是因为文学这种东西不参与人与人之间的争斗，而且学起来很难，但文字的表现却是很容易见到的。所以，仅就文学而言，王安石已经在中国数千年文学史上占据了最高的地位。

吴澄（学者称草庐先生）在《临川王文公集序》中说："唐代的文章能够改变八代的弊端，追踪西汉踪迹的只有韩愈而已，柳宗元其次。宋代文人看上去比唐朝要兴盛，也只有庐陵欧阳修、眉山的苏洵和苏轼、南丰的曾巩和临川的王安石，这五家与唐朝的韩、柳两家不相上下。从东汉到今天，过去八百多年了，但是把唐朝和宋朝的文章合在一起，可以称道的只有这七个人，文学这件事真的是很难啊。"后人将吴澄列举的这七个人，再加上苏辙，变成八个人，于是有了"唐宋八大家"之称。这八家不一定完全代表了文章的美，但是，从东汉到中唐，没听说有文人能超过这八家的；从南宋到现在，也没听说有文人能和这八家相媲美的。那么，由此看来，这八家得到这样的名声也是应该的。尽管如此，王安石的文章还是在某一方面和其他七家的文章不一样。那七家的文章都是文人的文章，而王安石的文章则是学者的文章。那七家作者不是没有学问，但如果说都像王安石那样对于经学和治理国家的道理十分精通，对于九流百家的学问能够吃得很透，这不是那七个人能够达到的。所以，讲道理博大而精辟，文气深远而朴实、繁茂，这是王安石的特色，也不是其他七个人可以达到的。

这八家的地位固然有高下之分，柳宗元只有记行的文章写得最好，其他方面就显得不足。曾巩各种文体都有，但其范围还是稍微狭窄了一点儿。苏洵和苏辙都是因为依附着苏东坡才显出来的。这四家不过就像宋、郑、鲁、卫这样的小国一样；能像齐、晋、秦、楚这些大国那样，势均力敌而足以互相抗衡的，只有韩愈、欧阳修、苏东坡和王安石四个人而已。我试着将他们做一番比较。

苏东坡的文章很美，尽管如此，他的文章却像是纵横家的言论，文采往往胜过了道理。他的文章说理虽然也很透彻通达，但总是把希望寄托在比喻上，这完全可以证明他的笔力尚有不足。他的文章文气虽然很充沛，但是一泻而无余，少了一些含蓄和迂回曲折的姿态。王安石的文章不是这样，所以拿苏东坡的文章和王安石的文章相比，好比是野狐禅比正法门。比较王安石的《上仁宗皇帝言事书》和苏东坡的《上神宗皇帝书》，合在一起阅读，就可以对它们的风格得出结论。王安石的文章出自韩愈，欧阳修也学韩愈，但王安石对待欧阳修是在老师和朋友之间。欧阳修赠王安石的诗说："翰林风月三千首，吏部文章二百年。老去自怜心尚在，后来谁与子争先。"王安石酬欧阳修的诗说："欲传道义心犹在（一作"虽壮"），强学（一作"学作"）文章力已穷。他日若能窥孟子，终身何敢望韩公。"这是欧阳修深深赞许王安石能够追上韩愈的足迹，而王安石却不敢以此自居，表现出一种不自满的样子。根据我在前面的说法，有学者文章与文人文章的区别，在这个前提下，可以说王安石超过了韩愈，但如果只是从文学的角度看，那么韩愈就像是萧何建造未央宫，没有人能够再超过他了，王安石也只是继承了他的衣钵而已。王安石与欧阳修都学习韩愈，但都能充分吸收韩愈的技法又自成一家。不过，他们二人又各有自己的特点。欧阳修用韩愈的法度，但改变他的面目而自成一家；王安石则用韩愈的面目，却对他的法度有所增减，而自成一家。李光弼来到郭子仪的军中，号令不改，但旌旗壁垒焕然一新，王安石学习韩愈，正像是这个样子。曾国藩说到如何学习王安石的文章时，认为应当学习他的倔强之气，他是最能理解王安石文章的人。王安石论事说理的文章，文辞峭拔，严肃锋利，有棱有角，像韩非子；态度诚恳，感情真挚，又像墨子。就这点来说，即使是韩愈和欧阳修也不如他。苏东坡学庄子、列子，但没有一篇文章能赶上庄子、列子，王安石学韩非子、墨子，很快他就是韩非子、墨子了。

人们只知道尊崇王安石的议论文，却不知道他的记叙文是他文集中的上乘之作。文集中的碑志一类文章大约有两百篇，结构没有一篇是相同的，有的像长江大河，有的像层峦叠嶂，有的仿佛将小小的芥子放大成须弥山，有的仿佛将滔滔东海笼在衣袖之内没有他不擅长的文体，没有他不尝试的风格，除了韩愈，只有他一个人能达到这一点。

曾国藩说："写文章全靠气盛，想要气盛，全在段落清楚，每个段落的连接之处要似断不断，似咽非咽，似吞非吞，似吐非吐，古人做文章的无限妙境是很难领会的。每个段落开始的时候，要能够像是承接又不是承接，像是提领又不是提领，像是突起又不是突起，像是舒展又不是舒展，古人写文章的许多手法也是很难领会的。"这是对于写文章有着深刻体会的人说的话。让我说，想要领会写文章的奥妙，只要熟读王安石的文章就差不多了。

王安石的文章，我在前面的各个章节中已经介绍了二十多篇，都是用来说明他的政治、学术的，用意没有放在文学上。但是像《上仁宗皇帝言事书》、《本朝百年无事札子》《材论》《答司马谏议书》《周礼义序》《诗义序》《书洪范传后》《老子》等文章，都是可以永久保存的文章，永远可以作为世人写作的典范。在这里，我再介绍几篇，使得他的各种文体都能有所体现。就像行走在山阴道上，沿途的风光让我目不暇接，我一谈起王安石的文章，也有这种感觉，恨不能将他的全集都放在这里。

《读〈孟尝君传〉》：

世皆称孟尝君能得士，士以故归之，而卒赖其力以脱于虎豹之秦。嗟乎！孟尝君特鸡鸣狗盗之雄耳，岂足以言得士？不然，擅齐之强，得一士焉，宜可以南面而制秦，尚何取鸡鸣狗盗之力哉？夫鸡鸣狗盗之出其门，此士之所以不至也。

《书读〈刺客传〉后》：

曹沫将而亡人之城，又劫天下盟主，管仲因勿倍以市信一时可也。予独怪智伯国士豫让，岂顾不用其策耶？让诚国士也，曾不能逆策三晋，救智伯之亡，一死区区，尚足校哉？其亦不欺其意者也。聂政售于严仲子，荆轲豢于燕太子丹。此两人者，污隐困约之时，自贵其身，不妄愿知，亦曰有待焉。彼挟道德以待世者，何如哉？

《答韶州张殿丞书》：

某启：伏蒙再赐书，示及先君韶州之政，为吏民称颂，至今不绝。伤今之士大夫不尽知，又恐史官不能记载，以次前世良吏之后。此皆不肖之孤，言行不足信于天下，不能推扬先人之绪功余烈，使人人得闻知之。所以夙夜愁痛，疚心疾首而不敢息者，以此也。先人之存，某尚少，不得备闻为政之迹。然尝侍左右，尚能记诵教诲之余。盖先君所存，尝欲大润泽于天下。一物枯槁，以为身羞。大者既不得试，已试乃其小者耳，小者又将泯没而无传，则不肖之孤，罪大衅厚矣，尚何以自立于天地之间耶？阁下勤勤恻恻，以不传为念，非夫仁人君子，乐道人之善，安能以及此？自三代之时，国各有史，而当时之史，多世其家，往往以身死职，不负其意。盖其所传，皆可考据。后既无诸侯之史，而近世非尊爵盛位，虽雄奇俊烈，道德满衍，不幸不为朝廷所称，辄不得见于史。而执笔者又杂出一时之贵人，观其在廷论议之时，人人得讲其然不，尚或以忠为邪，以异为同，诛当前而不栗，讪在后而不羞，苟以餍其忿好之心而止耳。而况阴挟翰墨以裁前人之善恶，疑可以贷褒，似可以附毁，往者不能讼当否，生者不得论曲直。赏罚谤誉，又不施其间，以彼其私，独安能无欺于冥昧之间耶？善既不尽传，而传者又不可尽信如此，唯能言之君子，有大公至正之道，名实足以信后世者，耳目所遇，一以言载之，则遂以不朽于无穷耳。

伏惟阁下于先人非有一日之雅，余论所及，无党私之嫌。苟以发潜德为己事，务推所闻，告世之能言而足信者，使得论次以传焉，则先君之不得列于史官，岂有恨哉？

《宝文阁待制常公墓表》：

右正言、宝文阁待制、特赠右谏议大夫、汝阴常公，以熙宁十年二月己酉卒，以五月壬申葬。临川王某志其墓曰：公学不期言也，正其行而已；行不期闻也，信其义而已。所不取也，可使贪者矜焉，而非雕斫以为廉；所不为也，可使弱者立焉，而非矫抗以为勇。官之而不事，召之而不赴，或曰：

“必退者也，终此而已矣。”及为今天子所礼，则出而应焉。于是天子悦其至，虚己而问焉，使莅谏职以观其迪己也，使董学政以观其造士也。公所言乎上者无传，然皆知其忠而不阿；所施乎下者无助，然皆见其正而不苟。《诗》曰：“胡不万年？”惜乎既病而归死也。自周道隐，观学者所取舍，大抵时所好也。违俗而适己，独行而特起，呜呼，公贤远矣！传载公久，莫如以石。石可磨也，亦可泐也，谓公且朽，不可得也。

《给事中、赠尚书工部侍朗孔公墓志铭》：

宋故朝请大夫、给事中、知郓州军州事兼管内河堤，劝农同群牧使、上护军、鲁郡开国侯，食邑一千六百户，食实封二百户，赐紫金鱼袋孔公者，尚书工部侍郎、赠尚书吏部侍郎讳勖之子，兖州曲阜县令、袭封文宣公赠兵部尚书讳仁玉之孙，兖州泗水县主簿讳光嗣之曾孙，而孔子之四十五世孙也。其仕当今天子天圣、宝元之间，以刚毅谅直名闻天下。尝知谏院矣，上疏请明肃太后归政天子，而廷奏枢密使曹利用、尚御药罗崇勋罪状。当是时，崇勋操权力，与士大夫为市，而利用悍强不逊，内外惮之。尝为御史中丞矣，皇后郭氏废，引谏官御史伏阁以争，又求见上，皆不许，而固争之，得罪然后已。盖公事君之大节如此，此其所以名闻天下，而士大夫多以公不终于大位为天下惜者也。公讳道辅，字原鲁，初以进士释褐，补宁州军事推官，年少耳，然断狱议事，已能使老吏惮惊。遂迁大理寺丞，知兖州仙源县事，又有能名。其后尝直史馆，待制龙图阁，判三司理欠凭由，司登闻检院，吏部流内铨，纠察在京刑狱，知许、徐、兖、郓、泰五州，留守南京，而兖、郓、御史中丞皆再至。所至官治，数以争职不阿，或绌或迁，而公持一节以终身，盖未尝自诎也。其在兖州也，近臣有献诗百篇者，执政请除龙图阁直学士。上曰：“是诗虽多，不如孔道辅一言。”乃以公为龙图阁直学士。于是人度公为上所思，且不久于外矣，未几果复召以为中丞。而宰相使人说公稍折节以待迁，公乃告以不能。于是人又度公且不得久居中，而公果出。初，开封府吏冯士元坐狱，语连大臣数人，故移其狱御史，御史劾士元罪止于杖，又多更赦。公见上，上固怪士元以小吏与大臣交私，污朝廷，而所坐如此，而执政又以谓公为大臣道地，故出知郓州。公以宝元二年如郓，道得疾，以十二月壬申卒于滑州之韦城驿，享年五十四。其后诏追复郭皇后位号，而近臣有为上言公明肃太后时事者，上亦记公平生所为，故特赠公尚书工部侍郎。公夫人金城郡君尚氏、尚书都官员外郎讳宾之女。生二男子，曰"淘"，今为尚书屯田员外郎；曰宗翰，今为太常博士。皆有行治世其家，累赠公金紫光禄大夫、尚书兵部侍郎。而以嘉祐七年十月壬寅，葬公孔子墓之西南百步。公廉于财，乐振施，遇故人子，恩厚尤笃。而尤不好鬼神禨祥事。在宁州，道士法真武像，有蛇穿其前，数出近人，人传以为神。州将欲视验以闻，故率其属往拜之，而蛇果出。公即举笏击蛇杀之，自州将以下皆大惊，已而又皆大服。公由此始知名。然余观公数处朝廷大议，视祸福无所择，其智勇有过人者，胜一蛇之妖，何足道哉？世多以此称公，故余亦不得而略也。铭曰：展也孔公，维志之求。行有险夷，不改其辀。权强所忌，谗謟所仇。考终厥位，宠禄优优。维皇好直，是锡公休。序行纳铭，为识诸幽。

《泰州海陵县主簿许君墓志铭》：

君讳平，字秉之，姓许氏，余尝谱其世家，所谓今泰州海陵县主簿者也。君既与兄元相友爱称天下，而自少卓荦不羁，善辩说，与其兄俱以智略为当世大人所器。宝元时，朝廷开方略之选，以招天下异能之士，而陕西大帅范文正公、郑文肃公争以君所为书以荐。于是得召试，为太庙斋郎，已而选泰州海陵县主簿。贵人多荐君有大才，可试以事，不宜弃之州县。君亦常慨然自许，欲有所为，然终不得一用其智能以卒。噫！其可哀也已！

士固有离世异俗，独行其意，骂讥、笑侮、困辱而不悔。彼皆无众人之求而有所待于后世者也，其龃龉固宜。若夫智谋功名之士，窥时俯仰，以赴势物之会，而辄不遇者，乃亦不可胜数。辩足以移万物，而穷于用说之时；谋足以夺三军，而辱于右武之国。此又何说哉？嗟乎，彼有所待而不悔者，其知之矣！

君年五十九，以嘉祐某年某月某甲子，葬真州之扬子县甘露乡某所之原。夫人李氏。子男环，不仕；璋，真州司户参军；琦，太庙斋郎；琳，进士。女子五人，已嫁二人，进士周奉先、泰州泰兴县令陶舜元。

铭曰：有拔而起之，莫挤而止之。呜呼许君！而已于斯，谁或使之！

《金溪吴君墓志铭》：

君和易罕言，外如其中，言未尝及人过失，至论前世善恶，其国家存亡治乱成败所由，甚可听也。尝所读书甚众，尤好古而学其辞，其辞又能尽其议论。年四十三四，以进士试于有司，而卒困于无所就。其葬也，以皇祐六年某月日，抚州之金溪县归德乡石廪之原，在其舍南五里。当是时，君母夫人既老，而子世隆、世范皆尚幼。三女子，其一卒，其二未嫁云。呜呼！以君之有，与夫世之贵富而名闻天下者计焉，其独歉彼耶？然而不得禄以行其意、以祭、以养、以遗其子孙以卒，此其士友之所以悲也！夫学者将以尽其性，尽性而命可知也。知命矣，于君之不得意其又何悲耶？

铭曰：蕃君名，字彦弼，氏吴其先自姬出。以儒起家世冕黻，独成之难幽以折。厥铭维甥订君实。

《度支副使厅壁题名记》：

三司副使，不书前人名姓。嘉祐五年，尚书户部员外郎吕君冲之，始稽之众史，而自李纮已上至查道得其名，自杨偕已上得其官，自郭劝已下又得其在事之岁时，于是书石而镵之东壁。

夫合天下之众者财，理天下之财者法，守天下之法者吏也。吏不良则有法而莫守，法不善则有财而莫理。有财而莫理，则阡陌闾巷之贱人，皆能私取予之势，擅万物之利，以与人主争黔首，而放其无穷之欲，非必贵强桀大而后能如是，而天子犹为不失其民者，盖特号而已耳。虽欲食蔬衣敝，憔悴其身，愁思其心，以幸天下之给足，而安吾政，吾知其犹不得也。然则善吾法而择吏以守之，以理天下之财，虽上古尧、舜，犹不能毋以此为先急，而况于后世之纷纷乎？

三司副使，方今之大吏，朝廷所以尊宠之甚备。盖今理财之法有不善者，其势皆得以议于上而改为之，非特当守成法吝出入以从有司之事而已。其职事如此，则其人之贤不肖，利害施于天下如何也？观其人，以其在事之岁时，以求其政事之见于今者，而考其所以佐上理财之方，则其人之贤不肖，与世之治否，吾可以坐而得矣。此盖吕君之志也。

《祭范颍州文》：

呜呼我公，一世之师。由初迄终，名节无疵。
明肃之盛，身危志殖。瑶华失位，又随以斥。
治功亟闻，尹帝之都。闭奸兴良，稚子歌呼。
赫赫之家，万首俯趋。独绳其私，以走江湖。
士争留公，蹈祸不栗。有危其辞，谒与俱出。
风俗之衰，骇正怡邪。蹇蹇我初，人以疑嗟。
力行不回，慕者兴起。儒先酋酋，以节相侈。
公之在贬，愈勇为忠。稽前引古，谊不营躬。
外更三州，施有余泽。如酾河江，以灌寻尺。
宿赃自解，不以刑加。猾盗涵仁，终老无邪。
讲艺弦歌，慕来千里。沟川障泽，田桑有喜。
戎孽猘狂，敢齮我疆。铸印刻符，公屏一方。
取将于伍，后常名显。收士至佐，维邦宁彦。
声之所加，虏不敢濒。以其余威，走敌完邻。
昔也始至，疮痍满道。药之养之，内外完好。
既其无为，饮酒笑歌。百城宴眠，吏士委蛇。
上嘉曰材，以副枢密。稽首辞让，至于六七。
遂参宰相，厘我典常。扶贤赞杰，乱冗除荒。
官更于朝，士变于乡。百治具修，偷惰勉强。
彼阏不遂，归侍帝侧。卒屏于外，身屯道塞。
谓宜耇老，尚有以为。神乎孰忍，使至于斯。
盖公之才，犹不尽试。肆其经纶，功孰与计？

自公之贵，厩库逾空。和其色辞，傲讦以容。

化于妇妾，不靡珠玉。翼翼公子，弊绨恶粟。

闵死怜穷，惟是之奢。孤女以嫁，男成厥家。

孰堙于深，孰锲乎厚。其传其详，以法永久。

硕人今亡，邦国之忧。矧鄙不肖，辱公知尤。

承凶万里，不往而留。涕哭驰辞，以赞醪羞。

《祭欧阳文忠公文》：

夫事有人力之可致，犹不可期，况乎天理之溟漠，又安可得而推？惟公生有闻于当时，死有传于后世，苟能如此足矣，而亦又何悲？

如公器质之深厚，智识之高远，而辅学术之精微，故充于文章，见于议论，豪健俊伟，怪巧瑰琦。其积于中者，浩如江河之停蓄；其发于外者，烂如日星之光辉。其清音幽韵，凄如飘风急雨之骤至；其雄辞闳辩，快如轻车骏马之奔驰。世之学者，无问乎识与不识，而读其文则其人可知。

呜呼！自公仕宦四十年，上下往复，感世路之崎岖，虽屯邅困踬，窜斥流离，而终不可掩者，以其公议之是非。既压复起，遂显于世。果敢之气，刚正之节，至晚而不衰。方仁宗皇帝临朝之末年，顾念后事，谓如公者，可寄以社稷之安危。及夫发谋决策，从容指顾，立定大计，谓千载而一时。功名成就，不居而去。其出处进退，又庶乎英魄灵气，不随异物腐散，而长在乎箕山之侧与颍水之湄。

然天下之无贤不肖，且犹为涕泣而歔欷，而况朝士大夫，平昔游从，又予心之所向慕而瞻依！

呜呼！盛衰兴废之理，自古如此，而临风想望，不能忘情者，念公之不可复见，而其谁与归？

王安石的文学成就（下）

世人对王安石的诗的评价不如他的文章。尽管如此，王安石的诗事实上开了西江诗派的先河，而且在宋代也是开风气之先的，在中国文学史上，他的成绩尤其伟大，这也是不能不令人崇拜的。

千年以来，谈到诗，没有不认为应该尊崇杜甫的。然而，在杜甫活着的时候以及他死后不久，尊崇他的人并不是很多。韩愈在诗中写道："李杜文章在，光焰万丈长。不知群儿愚，那用故谤伤？"中晚唐的明白人是怎么看杜甫的，从这里也可以想象得到。特别提倡学习杜甫并且尊崇他，其实是从王安石开始的。他有《杜甫画像》一诗：

吾观少陵诗，谓与元气侔。
力能排天斡九地，壮颜毅色不可求。
浩荡八极中，生物岂不稠？
丑妍巨细千万殊，竟莫见以何雕锼。
惜哉命之穷，颠倒不见收。
青衫老更斥，饿走半九州。
瘦妻僵前子仆后，攘攘盗贼森戈矛。
吟哦当此时，不废朝廷忧。
常愿天子圣，大臣各伊周。
宁令吾庐独破受冻死，不忍四海赤寒飕飕。
伤屯悼屈止一身，嗟时之人死所羞。
所以见公像，再拜涕泗流。
惟公之心古亦少，愿起公死从之游。

王安石又得到杜甫的诗两百余首，编了一本《老杜诗后集》，并为它写了序："杜甫的诗全部呈现在今天的读者面前，从我得到这些诗开始。"又说："世上学习作诗的人到了杜甫这里然后才能作诗，如果到不了这里，你根本就不知道诗在哪里。"他诚心诚意地向往杜甫到了这种程度，这是他能够成为名家的原因。

宋朝继承了晚唐的陋习，西昆体盛行，起来矫正这种风气的有欧阳修和梅尧臣。从这里开始能够自立门户卓然成为一家的有王安石、苏东坡和黄庭坚。王安石早年在《张刑部诗序》中说：

> 您和杨亿、刘筠同处于一个时代。杨亿、刘筠凭借他们的辞藻影响那个时代，学习作诗的人都迷失了自己的根本和来路，很崇拜他们，穷尽了每天的精力来模仿他们。作品中堆砌了色彩华丽的辞藻，颠倒庞杂，没有文章应有的章法和次序，他们的诗在寄托情感和借用典故方面也都缺少依据。这个时候能够坚持自己的主张不同流合污的人是很少的。

西昆体风靡一时，大概天下的人都追随着温庭筠和李商隐，没有人能够发挥自己的性灵，诗道的凋敝达到了极点。对于这种情况，不得不加以破坏并进行新的建设，社会的发展要求这样做。首先打破这种风气的就是欧阳修和梅尧臣。王安石与欧阳修、梅尧臣是朋友，然而没听说他的创作是在欧阳修、梅尧臣的影响下才开始的，他从少年时代就已经确立了自己的风格。欧阳修和梅尧臣用冲和淡远、平易近人的风格一扫艳丽纤巧、浓艳雕琢的风气，到了王安石，更发扬一种瘦硬雄直的风格，这是欧阳修和梅尧臣所没有的。所以说，欧阳修和梅尧臣只能够破坏，王安石不仅能够破坏，而且还能够进行建设。

说到宋诗的壮丽景象，一定要提苏东坡、黄庭坚。拿王安石和苏东坡相比，苏东坡的千门万户、风骨天然的气象的确是王安石所不及的。但王安石的曲折多姿和严谨的风格给学习作诗的人树立了典范，指明了途径，似乎比起苏东坡又有他的长处。黄庭坚是西江派的鼻祖，他的特色在于拗硬深幽，生气远出，然而这种风格其实是从王安石开始的，黄庭坚只是尽力表现它的长处，使它发扬光大而已。效法黄庭坚的人一定认为黄庭坚的诗风是从王安石那里继承下来的。这样看来，即使说王安石开了宋诗的一代风气，也不为过。

王安石的古体诗与其说是学习杜甫，不如说是学习韩愈，这里举出几首作为例证。

《游土山示蔡天启秘校》：

定林瞰土山，近乃在眉睫。
谁谓秦淮广，正可藏一艓。
朝予欲独往，扶惫强登涉。
蔡侯闻之喜，喜色见两颊。
呼鞍追我马，亦以两髁挟。
敛书付衣囊，裹饭随药笈。
翛翛阿兰若，土木老山胁。
鼓钟卧空旷，簨虡雕捷业。
外堂廓无主，考击谁敢辄。
坡陀谢公冢，藏榟久穿劫。
百金买酒地，野老今行馌。
缅怀起东山，胜践比稠叠。
于时国累卵，楚夏血常喋。
外实备艰梗，中仍费调燮。
公能觉如梦，自喻一蝴蝶。
桓温适自毙，苻坚方天厌。
且可缓九锡，宁当快一捷。
彼哉斗筲人，得丧易矜怯。
妄言屐齿折，吾欲刊史牒。
伤心新城埭，归意终难惬。
漂摇五城舟，尚想浮河檝。
千秋陇东月，长照西州堞。
岂无华屋处，亦捉蒲葵箑。

碎金谅可惜，零落随秋叶。
好事所传玩，空残法书帖。
清谈眇不嗣，陈迹恍如接。
东阳故侯孙，少小同鼓箧。
一官初岭海，仰视飞鸢跕。
穷归放款段，高卧停远蹀。
牵襟肘即见，着帽耳才压。
数椽危败屋，为我炊陈浥。
虽无膏污鼎，尚有羹濡筴。
纵言及平生，相视开笑靥。
邯郸枕上事，且饮且田猎。
或昏眠委翳，或妄走超躐。
或叫号而寤，或哭泣而魇。
幸哉同圣时，田里老安帖。
易牛以宝剑，击壤胜弹铗。
追怜衰晋末，此土方岌嶪。
强偷须臾乐，抚事终愁慄。
予虽天戮民，有械无接摺。
翁今贫而静，内热非复叶。
予衰极今岁，倘与鸡梦协。
委蜕亦何恨，吾儿已长鬣。
翁虽齿长我，未见白可镊。
祝翁尚难老，生理归善摄。
久留畏年少，讥我两呫嗫。
束火扶路还，宵明狐兔慑。
蔡侯雄俊士，心憭形亦谍。
异时能飞鞚，快若五陵侠。
胡为阡陌间，踠足仅相蹑。
谅欲交辔语，呿予不能嗋。

这是王安石晚年的作品，结构、气象、格调、章法、句法都与韩愈的诗非常相似，把它放在韩愈的作品中，几乎是可以乱真的，可惜未能达到化境。

《思王逢原》：

自吾失逢原，触事辄愁思。
岂独为故人，抚心良自悲。
我善孰相我，孰知我瑕疵？
我思谁能谋，我语听者谁？
朝出一马驱，暝归一马驰。
驰驱不自得，谈笑强追随。
仰屋卧太息，起行涕淋漓。
念子冢上土，草茅已纷披。
婉婉妇且少，茕茕一女嫠。
高义动闾里，尚闻致财赀。
嗟我衣冠朝，略能具饘糜。
葬祭无所助，哀颜亦何施。
闻妇欲北返，跂予常望之。
寒汴已闭口，此行又参差。
又说当产子，产子知何时。
贤者宜有后，固当梦熊罴。
天方不可恃，我愿适在兹。
我疲学更误，与世不相宜。
宿昔心已许，同冈结茅茨。
此事今已矣，已矣尚谁知。
渺渺江与潭，茫茫山与陂。
安能久窃食，终负故人期。

《董伯懿示裴晋公平淮右题名碑诗用其韵和酬》：

元和伐蔡何危哉，朝廷百口无一谐。
盗伤中丞偶不死，利剑白日投天街。
裹疮入朝议军旅，国火一再更檀槐。
上前慷慨语发涕，誓出按抚除睽乖。
指㧑光颜战洄曲，阚如怒虎搏虓豺。
愬能捕虏取肝鬲，护送密乞完形骸。
筲兵夜半投死地，雪湿不敢燃薪藍。
空城竖守已可缚，中使尚作啼儿哇。
退之道此尤俊伟，当镂玉牒东燔柴。
欲编诗书播后嗣，笔墨虽巧终类俳。
唐从天宝运中圮，廊庙往往非忠佳。
诸侯纵横代割据，疆土岂得无离佤。
德宗末年惩战祸，一矢不试尘蒙鞍。
宪皇初起众未信，意欲立扫除昏霾。
追还清明救薄蚀，屡敕主府拘穷蛙。
王师伤夷征赋窘，千里亦忌毫厘差。
小夫偷安自非计，长者远虑或可怀。
桓桓晋公忠且壮，时命适与功名偕。
是非末世主成败，烜赫今古谁讥排。
贤哉韦纯议北赦，仓卒两伐尤难皆。
重华声明弥万国，服苗干羽舞两阶。
宣王侧身内修政，常德立武能平淮。
昔人经纶初若缓，欲弃此道非吾侪。
千秋事往踪迹在，岳石款记如湘崖。
文严字丽皆可喜，黄埃蔽没苍藓埋。
当时将佐尽豪杰，想此兵祷陪祠斋。
君曾西迁为拓本，濡麝割蜜亲劘揩。

新篇波澜特浩荡，把卷熟读迷津涯。

褒贤乐善自为美，当挂庙壁为诗牌。

上面这几篇都是经过精雕细琢的，锤炼出新鲜、奇特的语言，有意使用范围很狭窄的韵脚，追求险峻幽奇的艺术境界，完全体现了韩愈的风格和技巧。

《葛蕴作巫山高爱其飘逸因亦作两篇》：

巫山高，十二峰。

上有往来飘忽之猿猱，下有出没瀺灂之蛟龙，中有倚薄缥缈之神宫。

神人处子冰雪容，吸风饮露虚无中。

千岁寂寞无人逢，邂逅乃与襄王通。

丹崖碧嶂深重重，白月如日明房栊。

象床玉几来自从，锦屏翠幔金芙蓉。

阳台美人多楚语，只有纤腰能楚舞，争吹凤管鸣鼍鼓。

那知襄王梦时事，但见朝朝暮暮长云雨。

巫山高，偃薄江水之滔滔。

水于天下实至险，山亦起伏为波涛。

其巅冥冥不可见，崖岸斗绝悲猿猱。

赤枫青栎生满谷，山鬼白日樵人遭。

窈窕阳台彼神女，朝朝暮暮能云雨。

以云为衣月为褚，乘光服暗无留阻。

昆仑曾城道可取，方丈蓬莱多伴侣。

块独守此嗟何求，况乃低回梦中语。

这类诗是他学习杜甫同时又能独辟蹊径的作品，在他的诗作中也是上乘作品。黄庭坚的七言古诗很多都是从这里脱胎出来的。又如：

《对棋与道源至草堂寺》：

北风吹人不可出，清坐且可与君棋。
明朝投局日未晚，从此亦复不吟诗。

在这样一种晦涩、稚拙的作品中，他影响和启发黄庭坚的痕迹是非常明显的，很容易发现。王安石又有《拟寒山拾得》（二十首），在他的文集中为“别体”，即另一种风格。《寄吴氏女子》诗中有“末有拟寒山，觉汝耳目荧”，说的就是这组诗。这里录两首，看看它是什么样的：

我曾为牛马，见草豆欢喜。
又曾为女人，欢喜见男子。
我若真是我，只合长如此。
若好恶不定，应知为物使。
堂堂大丈夫，莫认物为己。

风吹瓦堕屋，正打破我头。
瓦亦自破碎，岂但我血流。
我终不嗔渠，此瓦不自由。
众生造众恶，亦有一机抽。
渠不知此机，故自认愆尤。
此但可哀怜，劝令真正修。
岂可自迷闷，与渠作冤仇。

这种诗虽然不是诗的正宗，但是自从苏东坡之后，把佛经中的典故和语言融入诗歌创作的人很多，这种体裁也是王安石倡导的。就像是他悟道悟出来的妙趣，使得学他的人读起来有一种超脱飘逸、意境高远的感觉，这其实来自王安石的学问和修养，不能单纯地把它当作诗来看。

王安石的诗真正别开生面的不是古体诗，而是近体诗。曲折多姿、瘦硬雄直的风格用在古体诗中比较容易，用在近体诗中就比较难，但王安石的近体诗却纯粹是因为这一点才出名的。

曾国藩谈论近体诗，说是要用对偶的句式将气息贯注在一句之中。王安石的七律最能启发人从这里入门。

王安石的七律诗比较多地学习杜甫晚年的作品，后来，黄庭坚更遵循这种方法，把它的妙处发挥到了极致，于是成为西江诗派的宗师。

王安石有一首《题张司业诗》，其中有："看似寻常最奇崛，成如容易却艰辛。"读王安石的诗都应当按照这句诗来探求和体会，读他的近体诗尤其应该如此。他的文集中名作很多，这里不能录太多，只选择几首，看看他的诗的面貌。

《次韵酬朱昌叔五首》（录一）：

去年音问隔淮州，百谪难知亦我忧。
前日杯盘共江渚，一欢相属岂人谋。
山蟠直渎输淮口，水抱长干转石头。
乘兴舟舆无不可，春风从此与公游。

《次韵送程给事知越州》：

千骑东方占上头，如何误到北山游。
清明若睹兰亭月，暖热因忘蕙帐秋。
投老始知欢可惜，通宵豫以别为忧。
西归定有诗千首，想肯重来贲一丘。

《登宝公塔》：

倦童疲马放松门，自把长筇倚石根。
江月转空为白昼，岭云分暝与黄昏。
鼠摇岑寂声随起，鸦矫荒寒影对翻。

当此不知谁客主，道人忘我我忘言。

《雨花台》：

盘互长干有绝陉，并包佳丽入江亭。
新霜浦溆绵绵白，薄晚林峦往往青。
南上欲穷牛渚怪，北寻难忘草堂灵。
便舆却走垂杨陌，已戴寒云一两星。

《寄题程公辟物华楼》：

吴楚东南最上游，江山多在物华楼。
遥瞻旌节临尊俎，独卧柴荆阻献酬。
想有新诗传素壁，怪无余墨到沧洲。
湡浯南望重重绿，章水还能向此流。

《酬俞秀老》：

洒扫东庵置一床，于君独觉故情长。
有言未必输摩诘，无法何曾泥饮光。
天壤此身知共弊，江湖他日要相忘。
犹贪半偈归思索，却恐提桓妄揣量。

《送李质夫之陕府》：

平世求才漫至公，悠悠羁旅士多穷。
十年见子尚短褐，千里随人今北风。
户外屦贫虚自满，樽中酒贱亦常空。
共嫌欲老无机械，心事还能与我同？

《贵州虞部使君访及道旧窃有感恻因成小诗》：

韶山秀拔江清写，气象还能出搢绅。
当我垂髫初识字，看君挥翰独惊人。
邮签忽报旌麾入，斋阁遥瞻组绶新。
握手更谁知往事，同时诸彦略成尘。

《思王逢原三首》（录一）：

蓬蒿今日想纷披，冢上秋风又一吹。
妙质不为平世得，微言唯有故人知。
庐山南堕当书案，湓水东来入酒卮。
陈迹可怜随手尽，欲欢无复似当时。

《送裴如晦宰吴江》：

青发朱颜各少年，幅巾谈笑两欢然。
柴桑别后余三径，天禄归来尽一廛。
邂逅都门谁载酒，萧然江县去鸣弦。
犹疑甫里英灵在，到日凭君为舣船。

《送僧无惑归鄱阳》：

晚扶衰惫寄人间，应接纷纷只强颜。
挂席每谙东汇水，采芝多梦旧游山。
故人独往今为乐，何日相随我亦闲？
归见江东诸父老，为言飞鸟会知还。

《落星寺在南康军江中》：

崒云台殿起崔嵬，万里长江一酒杯。
坐见山川吞日月，杳无车马送尘埃。
雁飞云路声低过，客近天门梦易回。
胜概唯诗可收拾，不才羞作等闲来。

《送李太保知仪州》：

北平上谷当时守，气略人推李广优。
还见子孙持汉节，欲临关塞抚羌酋。
云边鼓吹应先喜，日下旌旗更少留。
五字亦君家世事，一吟何以称来求？

《将次相州》：

青山如浪入漳州，铜雀台西八九丘。
蝼蚁往还空垄亩，骐驎埋没几春秋。
功名盖世知谁是，气力回天到此休。
何必地中余故物，魏公诸子分衣裘。

《和王微之秋浦望齐山感李太白杜牧之》：

齐山置酒菊花开，秋浦闻猿江上哀。
此地流传空笔墨，昔人埋没已蒿莱。
平生志业无高论，末世篇章有 逸才。
尚得使君驱五马，与寻陈迹久徘徊。

《次韵平甫金山会宿寄亲友》：

天末海门横北固，烟中沙岸似西兴。
已无船舫犹闻笛，远有楼台只见灯。
山月入松金破碎，江风吹水雪崩腾。
飘然欲作乘桴计，一到扶桑恨未能。

《送赵学士陕西提刑》：

遥知彼俗经兵后，应望名公走马来。
陛下柬求今日始，胸中包畜此时开。
山西豪杰归囊牍，渭北风光入酒杯。
堪笑陋儒昏鄙甚，略无谋术赞行台。

《金陵怀古四首》（录一）：

霸祖孤身取二江，子孙多以百城降，
豪华尽出成功后，逸乐安知与祸双。
东府旧基留佛刹，《后庭》余唱落船窗。
《黍离》《麦秀》从来事，且置兴亡近酒缸。

《除夜寄舍弟》：

一尊聊有天涯忆，百感翻然醉里眠。
酒醒灯前犹是客，梦回江北已经年。
佳时流落真堪惜，胜事蹉跎只可怜。
唯有到家寒食在，春风因泛灏溪船。

《送西京签判王著作》：

儿曹曾上洛城头，尚记清波绕驿流。
却想山川常在梦，可怜颜发已惊秋。
辟书今日看君去，著籍长年叹我留。
三十六峰应好在，寄声多谢欲来游。

《南浦》：

南浦东冈二月时，物华撩我有新诗。
含风鸭绿粼粼起，弄日鹅黄袅袅垂。

《木末》：

木末北山烟冉冉，草根南涧水泠泠。
缫成白雪桑重绿，割尽黄云稻正青。

《初夏即事》：

石梁茅屋有弯碕，流水溅溅度两陂。
晴日暖风生麦气，绿阴幽草胜花时。

《中年》：

中年许国邯郸梦，晚岁还家圹埌游。
南望青山知不远，五湖春草入扁舟。

《入瓜步望扬州》：

落日平林一水边，芜城掩映只苍然。
白头追想当时事，幕府青衫最少年。

《州桥》：

州桥蹋月想山椒，回首哀湍未觉遥。
今夜重闻旧呜咽，却看山月话州桥。

《壬子偶题》：

黄尘投老倦匆匆，故绕盆池种水红。
落日欹眠何所忆，江湖秋梦橹声中。

《送僧游天台》：

天台一万八千丈，岁晏老僧携锡归。
前程好景解吟否？密雪乱云缄翠微。

用集句的方式作诗，是王安石自己创造的一种形式。宋代作者写的笔记很多谈到王安石曾创作集句诗，信口说出。这本是一种闲暇时的语言游戏，没有什么不可以的，也恰好证明了王安石记诵广博。这里抄录几首。

《金陵怀古》：

六代豪华空处所，金陵王气漠然收。
烟浓草远望不尽，物换星移几度秋。
至竟江山谁是主，却因歌舞破除休。
我来不见当时事，上尽重城更上楼。

《沈坦之将归溧阳值雨留吾庐久之三首》（其一）：

天雨萧萧滞茅屋，冷猿秋雁不胜悲。
床床屋漏无干处，独立苍茫自咏诗。

《胡笳十八拍十八首》（录二）：

自断此生休问天，生得胡儿拟弃捐。
一始扶床一初生，抱携抚视皆可怜。
宁知远使问名姓，引袖拭泪悲且庆。
悲莫悲兮生别离，悲在君家留两（一作“二”）儿。（其十三）

春风似旧花仍笑，人生岂得长年少。
我与儿兮各一方，憔悴看成两鬓霜。
如今岂无腰袅与骅骝，安得送我置汝傍？
胡尘暗天道路长，遂令再往之计堕眇茫。
胡笳本出自胡中，此曲哀怨何时终？
笳一会兮琴一拍，此心炯炯君应识。（其十八）

信手拈来，天衣无缝，后来学他的人很少有人能达到他的水平。前人对王安石的诗评论很多，根据所见到的随手抄录几段。

《漫叟诗话》（宋·佚名）：

王安石隐居林泉之后作的诗，精深华妙，不是年轻时的作品能比的。他曾作《岁晚》一诗：“月映林塘澹，风含笑语凉。俯窥怜绿净，小立伫幽香。携幼寻新的，扶衰上野航。延缘久未已，岁晚惜流光。”自以为可以和谢灵运相比，赏识他的人也认为是这样。

《后山诗话》（宋·陈师道）：

黄庭坚说，王安石的诗到了晚年才妙，例如“遥闻青秧底，复作龟兆坼”，就是前人没有说过的。又如“扶舆度焰水，窈窕一川花”，包含好几个意思，然而，他学“三谢”的诗，还是有些刻意了。

《石林诗眼》（宋·佚名）（应为《石林诗话》——编注）：

蔡天启说，王安石经常称赞杜甫的“钩簾宿鹭起，丸药流莺啭”这句诗，认为它的寓意高邈峭拔，是五言诗的典范。有一天王安石作诗，得到一句“青山扪虱坐，黄鸟挟书眠”，自称不比杜甫的诗差多少。

《冷斋夜话》（宋·惠洪）：

讲究提炼运用语言，到了王安石、苏东坡、黄庭坚，已经穷尽了古今的变化。王安石的诗：“江月转空为白昼，岭云分暝与黄昏。”还有：“一水护田将绿绕，两山排闼送青来。”（中略）这就是黄庭坚所说的“句中眼”，学习作诗的人不了解这种妙处，写出来的诗总是差一点。

《石林诗话》（宋·叶梦得）：

王安石年轻的时候觉得自己意气风发，所以，他的诗句都带有这种倾向，不是那么含蓄。如“天下苍生待霖雨，不知龙向此中蟠”，又如“浓绿万枝红一点，动人春色不须多”，还有“平治险秽非无德，润泽焦枯是有才”之类，都是直接抒发他心里的那一点事。后来他做了群牧判官，从宋次师（应为宋次道——编注）那里借了所有唐人诗集来读，博览群书，体会其中的要领，到了晚年才懂得深沉委婉、从容不迫的意趣，才知道文字的好坏虽然是有限定的，但也要看是哪个年纪写的，即使像王安石，当他年轻的时候，也不能强迫他达到某种境界。

《苕溪渔隐丛话》（宋·胡仔）：

黄庭坚称赞王安石晚年作的小诗，典雅清丽，精美绝伦，脱去流俗，每次吟诵他的诗，都有一种将晨露含在口中的感觉。今天来看王安石的小诗，如“南浦随花去，回舟路已迷。暗香无觅处，日落画桥西”，“染云为柳叶，剪水作梨花。不是春风巧，何缘有岁华”，“檐日阴阴转，床风细细吹。偷然残午梦，何许一黄鹂”，“蒲叶清浅水，杏花和暖风。地偏缘底绿，人老为谁红”，“爱此江边好，留连至日斜。眠分黄犊草，坐占白鸥沙”，“日净山如染，风暄草欲薰。梅残数点雪，麦涨一川云”。看这几首诗，真是刻意一唱三叹啊！

《西清诗话》（宋·蔡绦）：

王安石在蒋山的时候，把新作的诗拿给苏东坡看，苏东坡说：“像繁茂的结满果实的李树，光彩显现于夜晚；像艳丽的灿烂如云的桃花，光彩照耀于白天。自从屈原、宋玉之后已经过去千年，一直没有见过《离骚》的句法，但今天见到了。”王安石说：“不是你奉承我，我自己也这样看，但不必和俗人们说。”

《三山老人语录》（宋·胡舜陟）：

王安石的诗：“细数落花因坐久，缓寻芳草得归迟。”欧阳修的诗：“静爱竹时来野寺，独寻春偶过溪桥。”两个人都描写闲适的心情，王安石的诗写得更真切。

《石林诗话》（宋·叶梦得）：

王安石晚年作诗尤其讲究律法，选词用字都严格按照诗律的要求，精心锤炼，细密到中间容不下一根头发。但语言与意义融会贯通，意到言到，言随意遣，浑然天成，一点也没有牵强附会的感觉，如“含风鸭绿粼粼起，弄日鹅黄袅袅垂”。开始不觉得有对偶，到了“细数落花因坐久，缓寻芳草得归迟”，就看到悠闲自得的神态了。但一个字一个字地仔细考究，都是经过仔细选择和权衡的，它们的用意也是很深刻的。

《唐子西语录》（宋·唐庚）：

王安石的五言诗，得到了杜甫的句法，例如“地大蟠三楚，天低入五湖。”

《冷斋夜话》（宋·惠洪）：

用典故来修饰诗句，妙在能发挥它的用途却不点明它的来历，这种方法只有王安石、苏东坡、黄庭坚三个人了解。王安石有诗：“含风鸭绿粼粼起，弄日鹅黄袅袅垂”，鸭绿就是水，鹅黄就是柳，但不明说。《苕溪渔隐丛话》说王安石的诗还有“缫成白雪桑重绿，割尽黄云稻正青”。白雪就是丝，黄云就是麦子。《碧溪诗话》中说：“萧萧出屋千竿玉，霭霭当窗一炷云。”都不直接说明事物的名字。

《蔡宽夫诗话》（宋·蔡启）：

王安石曾经说：“诗家的毛病是用典故太多，大概都是因为它们和诗的题目有关系，或有相近的地方，这样做就不是作诗了，而是编排故事，虽然工整，但又有什么意义呢？如果能有自己的想法，借这些典故来表现自己所要表达的意思，使得情感仪态都能表现出来，那么即使用典很多，也没有什么妨碍。”所以，王安石的诗如“董生只被公羊惑，肯信捐书一语真”，“桔槔俯仰何妨事，抱瓮区区老此身”，所用典故和诗的主题看上去没有关系，这才是真会使用典故的人啊。

《后斋漫录》（作者不详）：

王安石善于用字，如“荒埭暗鸡催月晓，空场老雉挟春骄”中，“挟”字就用得非常好。

《遁斋闲览》（宋·陈正敏，一说范正敏）：

王安石的集句诗，虽然长达数十韵，但顷刻之间就能完成，文字所表达的意义，就像是自己写出来的一样。很多人极力想要仿效他，但都达不到他的水平。

《沧浪诗话》（宋·严羽）：

集句诗只有王安石最擅长，《胡笳十八拍》简直浑然天成，一点痕迹都没有，就像从蔡文姬的肺腑中流出来的一样。

王安石在词方面不能算是名家，但是也有非常好的。李清照说，王安石、曾巩的文章好像西汉时的文章一样，如果作词，那么读者一定会笑翻的，没有办法评论。这自然是过于苛刻的评论，李清照对于晏殊、晏几道、欧阳修、苏东坡、柳永、张先、方回、秦观的词没有一个认可的，何况王安石呢？这里只录三首。

《桂枝香·金陵怀古》：

登临送目，正故国晚秋。天气初肃，千里澄江似练，翠峰如簇。归帆去棹残阳里，背西风酒旗斜矗。彩舟云淡，星河鹭起，画图难足。念往昔繁华竞逐，叹门外楼头，悲恨相续。千古凭高，对此漫嗟荣辱。六朝旧事随流水，但寒烟衰草凝绿。至今商女，时时犹唱《后庭》遗曲。

《浣溪沙》：

百亩中庭半是苔，门前白道水萦回，爱闲能有几人来。小院回廊春寂寂，山桃溪杏两三栽，为谁零落为谁开？

《南乡子·自古帝王州》：

自古帝王州，郁郁葱葱佳气浮。四百年来成一梦，堪愁，晋代衣冠成古丘。绕水恣行游，上尽层城更上楼。往事悠悠君莫问，回头，槛外长江空自流。

其中《浣溪沙》和《南乡子》二首就是集句，开创了《蕃锦集》的先声。王安石的词也是黄庭坚一派，不是词家的正宗。

王安石还喜欢搞一点儿文字游戏，他有一首诗："老景春可惜，无花可留得……每嫌柳浑青，追怅李太白……"他把四个古人的姓名藏在诗句中了，《石林诗话》对此很赞赏。王安石还作过一个诗谜："佳人佯醉索人扶，露出胸前白雪肤。走入绣帷寻不见，任他风雨满江湖。"诗中所藏四个诗人的名字就是贾岛、李白、罗隐、潘阆。这件事记载于《遁斋闲览》。《苕溪渔隐丛话》又说，有人说，霞头隐语是王安石作的。

王安石曾经编辑了《唐百家诗选》，他在自序中说：

我与宋次道同为三司判官的时候，宋次道拿出他家收藏的唐诗百余种，委托我选择其中的精品，他将选出的内容命名为《百家诗选》。我在这件事上花费了很多精力，很有些后悔。但是，想要对唐诗有所了解，读这本书也就足够了。

这本书本朝有宋牧仲（荦）的重刻本，现在已经很少见了。

（全书完）

图书在版编目(CIP)数据

王安石传 / 梁启超著；解玺璋译. — 长沙：湖南人民出版社，2013.8
ISBN 978-7-5438-9710-6

Ⅰ.①王… Ⅱ.①梁… ②解… Ⅲ.①王安石(1021 ~ 1086)—传记 Ⅳ.① K827=441

中国版本图书馆 CIP 数据核字(2013)第 202144 号

上架建议：人物传记

王安石传

作　　者：梁启超
译　　者：解玺璋
出 版 人：谢清风
监　　制：于向勇
责任编辑：胡如虹
特约编辑：王　娜

出版发行：湖南人民出版社 [http：//www.hnppp.com]
地　　址：长沙市营盘东路 3 号
邮　　编：410005
经　　销：新华书店

印　　刷：北京天宇万达印刷有限公司
版　　次：2013 年 9 月第 1 版
2013 年 9 月第 1 次印刷
开　　本：787mm × 1092mm　1/16
印　　张：21.5
字　　数：350 千
书　　号：ISBN 978-7-5438-9710-6
定　　价：35.00 元
(若有质量问题，请致电质量监督电话：010-84409925)